IMPERIALISMUS

Expansion im Industriezeitalter

Von Boris Barth
unter Mitarbeit von Harald Focke

BUCHNERS KOLLEG. THEMEN GESCHICHTE

Buchners Kolleg. Themen Geschichte

Imperialismus
Von Boris Barth
unter Mitarbeit von Harald Focke

Dieses Werk folgt der reformierten Rechtschreibung und Zeichensetzung. Ausnahmen bilden Texte, bei denen künstlerische, philologische oder lizenzrechtliche Gründe einer Änderung entgegenstehen.

1. Auflage 1 $^{4\ 3}$ 2010 09 08 07
Die letzte Zahl bedeutet das Jahr dieses Druckes.
Alle Drucke dieser Auflage sind, weil untereinander unverändert, nebeneinander benutzbar.

© C.C. Buchners Verlag, Bamberg 2007
Das Werk und seine Teile sind urheberrechtlich geschützt. Jede Nutzung in anderen als den gesetzlich zugelassenen Fällen bedarf der vorherigen schriftlichen Einwilligung des Verlages. Dies gilt insbesondere für Vervielfältigungen, Übersetzungen und Mikroverfilmungen.
Hinweis zu § 52 a UrhG: Weder das Werk noch seine Teile dürfen ohne eine solche Einwilligung eingescannt und in ein Netzwerk eingestellt werden. Dies gilt auch für Intranets von Schulen und sonstigen Bildungseinrichtungen.

www.ccbuchner.de

Lektorat: Alexandra Vullo

Grafiken und Karten: Artbox Grafik & Satz GmbH, Bremen
Satz, Gestaltung und Druck: creo Druck & Medienservice GmbH, Bamberg
Bindearbeiten: Stürtz GmbH, Würzburg

ISBN 978-3-7661-**4693**-9

Inhalt

Vorwort 5

1 Vom Kolonialismus zum Imperialismus 7
Der Beginn der europäischen Expansion 14
Das Ende der alten Kolonialreiche 15
Expansion im Zeichen des Imperialismus 16
Industrialisierung und Imperialismus: Antriebskräfte und Motive 17
Der Beitrag der modernen Seeschifffahrt 18
Methoden-Baustein: Statistiken 20
Wirtschaftliche, militärische und technologische Grundlagen 22

2 Europäische Varianten imperialistischer Politik 23

2.1 Das britische Empire als Vorbild 23
Ein Handelsimperium als Basis für ein Weltreich 33
„Pax Britannica" 34
Imperialismus des Freihandels 35
Innenpolitische Kontroversen 36
Das Empire wird ausgebaut 38
Vom Handel zur Herrschaft: das Beispiel Indien 39
Wie „regierten" die Briten ihr Empire? 41

2.2 Die Aufteilung der Welt unter den imperialistischen Mächten 43
„Wettlauf nach Afrika" 49
Triebkräfte der Expansion: „Subimperialismus" und „men on the spot" 50
Die „Kongo-Konferenz" 51
Ein „Platz an der Sonne": Deutschlands Einstieg in die Weltpolitik 52
Koloniale Rivalitäten werden zu internationalen Krisen 53
Flottenwettrüsten und veränderte Bündniskonstellationen 54
Wachsende internationale Spannungen am Vorabend des Ersten Weltkrieges 55

2.3 Legitimation und Praxis europäischer Kolonialherrschaft 57
Zivilisierung als Mission 65
Die Rolle der christlichen Missionen 66
Die rassisch-sozialdarwinistische Rechtfertigung 66
Koloniale Herrschaft in Afrika 67
Britische Indirect Rule in der Praxis 68
Ein Vergleich mit dem französischen Kolonialreich 68
Die deutschen Kolonien 69
Völker wehren sich: der Aufstand der Herero und Nama 70

3 US-Imperialismus im 19. und frühen 20. Jahrhundert 71

3.1 Von der kontinentalen zur überseeischen Expansion 71
„Winning of the West" 76
Leitlinien der Außenpolitik 77
Amerikanisches Sendungsbewusstsein 78
Nach Lateinamerika und Übersee 78

3.2 **Auf dem Weg zur imperialen Macht** 80
Grundlagen und Motive der imperialistischen Politik 88
Der Spanisch-Amerikanische Krieg 89
Imperialismus im Widerstreit der Meinungen 90
Interventionspolitik in Lateinamerika 90
Formen indirekter Einflussnahme: „Open Door Policy" und „Dollar Diplomacy" 91
Der Eintritt der USA in den Ersten Weltkrieg 1917 93
Grundbegriff: Imperien 94

4 China und Japan im Zeitalter des Imperialismus 95

4.1 **China und die imperialistischen Mächte** 95
Ostasien – was ist das? 104
China und Europa vor 1800 104
Opiumkrieg und „ungleiche Verträge" 105
Innere Krisen 106
„Scramble for China" 107
Die „Reform der hundert Tage" 108
Boxeraufstand und Ende des Kaiserreichs 109

4.2 **Japans Weg in die Moderne** 110
Herrschaft und Gesellschaft zur Zeit des Tokugawa-Shogunats (1603–1868) 120
Politik des „geschlossenen Landes" 120
Die erzwungene „Öffnung" Japans 121
„Verehrt den Tenno – vertreibt die Barbaren!" 121
Modernisierung und Wandel: die „Meiji-Reformen" 122
Japan lernt vom Westen 122
Imperialistische Expansion und Großmachtstreben 123
Methoden-Baustein: Karikaturen 124
Die japanische Großmacht bis 1945 126

5 Das Ende des Kolonialzeitalters 127

Die Kolonialreiche bis 1914 – eine ökonomische Bilanz 134
Die Kolonien im Ersten Weltkrieg und in der Zwischenkriegszeit 134
Der Weg in die Unabhängigkeit: die Entkolonialisierung 136
Von der Kolonie zum „Entwicklungsland"? 138
Das Werden der „Einen Welt": globale Folgen des Imperialismus 140
Grundbegriff: Globalisierung 141

Kompetenter Umgang mit Quellen 142

Literaturhinweise 146
Personenregister 149
Sachregister 150
Bildnachweis 152

So gekennzeichnete Arbeitsaufträge sind besonders geeignet,
die Methodenkompetenz zu trainieren.

Vorwort

Unsere moderne Welt hat viele und ganz unterschiedliche Wurzeln. Zwei von ihnen sind der moderne Kolonialismus und das Zeitalter des Imperialismus, das im frühen 19. Jahrhundert begann. Damals setzte die Globalisierung, d.h. das beschleunigte Zusammenwachsen ganz unterschiedlicher Kulturen und verschiedenster Lebenswelten ein: Nahezu alle Völker der Erde wurden direkt oder indirekt in unterschiedlicher Intensität durch die Folgen des Imperialismus geprägt.

Die zeitgemäße Behandlung eines solch weltgeschichtlichen Vorgangs macht es erstens erforderlich, sich mit jenen Völkern auseinanderzusetzen, die uns auf den ersten Blick als fremd erscheinen. Aus diesem Grund wurde ein Schwerpunkt auf China und Japan sowie weitere außereuropäische Kulturen gelegt – auch um die unterschiedlichen Reaktionen auf das westliche Vordringen aufzeigen zu können. Zweitens bieten insbesondere das britische Weltreich und der frühe Imperialismus der USA gleichermaßen vielschichtige wie exemplarische Zugangswege, die für die Frage nach Ursachen und Folgen, Anspruch und Wirklichkeit der imperialistischen Expansion sowie für das Verständnis des Werdens unserer „Einen Welt" unverzichtbar sind. Schließlich gehen drittens zahlreiche heutige Probleme auf den Imperialismus des 19. Jahrhunderts zurück: willkürliche Grenzziehungen in Afrika und Asien, ungleiche Wirtschaftsbeziehungen, wirtschaftliche und soziale Probleme der „Dritten Welt", Migrationsbewegungen und nicht zuletzt Rassismus als ein weiteres Erbe kolonialer Überlegenheitsvorstellungen.

Der vorliegende Band stellt historische Sachverhalte durch eine Vielfalt von Materialien vor. Die methodisch-didaktisch aufgearbeiteten Text- und Bildquellen bilden den Schwerpunkt. Der den Materialien folgende Darstellungstext ordnet diese in den historischen Kontext ein und liefert gemeinsam mit den chronologischen Überblicken zu Beginn der Kapitel, den Einleitungen zu den Textquellen und den Bildlegenden einen wichtigen Beitrag zum Verständnis komplexer Zusammenhänge. Ausführliche Exkurse („Methodenbausteine") sowie ein Anhang mit allgemeinen Hinweisen zum Umgang mit Quellen ergänzen den methodischen Teil des Bandes und helfen, die zahlreichen Arbeitsvorschläge zu bearbeiten. Darüber hinaus geben die Definitionen einiger zentraler Grundbegriffe weitere Orientierungshilfen.

Materialienauswahl und Autorentexte liefern kein fertiges Geschichtsbild und vermeiden monokausale oder moralisierende Deutungen der Vergangenheit. Vielmehr stellen sie die Grundlage für einen kontroversen und offenen Unterricht bereit, bieten Denkanstöße und versetzen den Leser in die Lage, sich ein eigenes, begründetes historisches Urteil zu erarbeiten.

1. Vom Kolonialismus zum Imperialismus

1492
Die Entdeckung Amerikas bildet den Auftakt der europäischen Expansion

Seit ca. 1760
In England beginnt die Industrielle Revolution

1776
Die britischen Kolonien in Nordamerika erklären ihre Unabhängigkeit von England

Seit 1810/11
In Südamerika beginnt die Unabhängigkeitsbewegung der spanischen und portugiesischen Kolonien

Nach 1815
Aus den Napoleonischen Kriegen geht Großbritannien als dominierende Kolonialmacht hervor

Um 1840
Auf dem europäischen Kontinent setzt die Industrialisierung ein

1880–1914
Ein Wettlauf um Kolonien kennzeichnet die Phase des „Hochimperialismus"

▲ Südindien nach einer Vorlage des Kartografen Guillaume de l'Isle aus dem Jahr 1723, Nürnberger Kupferstich von 1733 (Ausschnitt).
Detailliert gibt die Karte die Gebietseinteilung der unabhängigen indischen Königreiche (R.m. für Regnum/Königreich), Straßenverbindungen, Handelswege und den Küstenverlauf wieder. Die europäischen Handelsniederlassungen sind durch kleine Fähnchen und Großbuchstaben gekennzeichnet (A für Angli/Engländer, D für Dänen, G für Galli/Franzosen, H für Holländer, P für Portugiesen). In der Szene am unteren linken Bildrand werden dem Betrachter die Schätze Indiens vorgeführt: Um einen geschmückten Elefanten breiten Kaufleute und Diener Ketten, Stoffe, Hölzer, Früchte und Elfenbein aus.

M1
Vom Nutzen und Nachteil der Kolonien

Der britische Philosoph und Wirtschaftstheoretiker Jeremy Bentham stellt um 1798 die Frage, ob es noch sinnvoll sei, Kolonien zu erwerben. Zu diesem Zeitpunkt begann Großbritannien trotz der Niederlage in Nordamerika, wo sich die englischen Kolonien 1776 unabhängig erklärt hatten, in Indien ein Kolonialreich aufzubauen.

England hat in den unabhängigen Vereinigten Staaten einen neuen Quell des Reichtums entdeckt. Die Verselbstständigung dieses großen Landes hat mehr Menschen, mehr Kapital, mehr
5 Industrie dorthin gelockt. Großbritannien, von den Auslagen für dessen Verteidigung und Regierung befreit, hat einen vorteilhafteren Handel mit einem größeren und wohlhabenderen Volk weiterführen können, und so fügt sich alles zur
10 Einsicht, dass die Prosperität[1] einer Nation ein Gut ist, an dem alle andern Nationen, jede entsprechend ihren Mitteln, teilhaben, und dass das Kolonialsystem allein dann den Europäern schädlich ist, wenn es den Kolonien selbst scha-
15 det.
Sehen wir also, welche Folgerungen sich aus diesen Gegebenheiten ziehen lassen:
1. Sollten wir nicht eine koloniale Niederlassung gründen? Gewiss nicht in der Absicht, das Mut-
20 terland zu bereichern; damit sind immer gewisse Auslagen verbunden – bei der Aussicht auf unsicheren und fernen Gewinn. Aber wir haben gesehen, dass die Kolonisation als ein Mittel, die Bevölkerung zu entlasten, dem Überschuss vor-
25 zubeugen, jenen einen Ausweg zu öffnen, die sich in ihrer Heimat zu sehr bedrängt fühlen, eine vorteilhafte Möglichkeit darstellt. Wenn diese Kolonisation gut organisiert und von allen Regelungen befreit ist, welche ihrem Gedeihen im
30 Wege stehen, kann daraus ein neues Volk hervorgehen, mit dem wir durch alle Bande der Sprache, der gesellschaftlichen Gewohnheiten sowie natürlicher und politischer Beziehungen verbunden sind.[2]

2. Sollten bereits im Besitz befindliche Kolonien 35 aus ihrem Abhängigkeitsverhältnis entlassen werden? Ja, gewiss; wenn wir nur die Einsparung von Auslagen für deren Regierung und die noch höheren Vorteile des freien Handels betrachten. Aber es ist notwendig, die Pflichten zu 40 bedenken, die man kolonialen Niederlassungen gegenüber hat – einer Familie gegenüber, die man selbst schuf und die man nicht verlassen soll. Sind diese Niederlassungen in der Lage, sich selbst zu erhalten? Wird nicht ihre innere 45 Ruhe gestört werden? Wird nicht ein Bevölkerungsteil einem andern geopfert, zum Beispiel die Freien den Sklaven oder die Sklaven den Freien? Ist es nicht notwendig, dass sie in ihrem Zustand vergleichbarer Schwäche und Unerfah- 50 renheit noch behütet und angeleitet werden? Ist nicht ihr gegenwärtiges Abhängigkeitsverhältnis ein Schutz gegen Anarchie, Mord und Plünderung?[3] Solcher Art sind die Gesichtspunkte, unter denen die Frage betrachtet werden soll. 55
Wenn wir aufgehört haben, die Kolonien mit dem gierigen Blick des Fiskus zu betrachten, wird die Mehrzahl solcher Unannehmlichkeiten wegfallen. [...] Wenn man auf die Stimme der Weisheit hört, wird der Streitpunkt in neuem 60 Licht erscheinen – das Mutterland wird wünschen, seine Kinder mächtig und frei zu sehen; und die Kolonien werden den Verlust einer vormundschaftlichen Autorität fürchten, die ihnen innere Ruhe schenkte und sie vor äußeren Geg- 65 nern bewahrte.

Urs Bitterli (Hrsg.), Die Entdeckung und Eroberung der Welt. Dokumente und Berichte. 1. Band: Amerika, Afrika, München 1980, S. 153 f.

1. *Erörtern Sie, wie Bentham die Unabhängigkeit der amerikanischen Kolonien von Großbritannien bewertet.*
2. *Arbeiten Sie die von Bentham aufgeführten Vor- und Nachteile von Kolonien heraus.*
3. *Erläutern Sie das Bild, das er von den Kolonien zeichnet, und nehmen Sie dazu Stellung.*

---

[1] Wohlstand, wirtschaftlicher Aufschwung
[2] Bentham nimmt hier die Idee des „Commonwealth of Nations" vorweg; siehe dazu S. 41

[3] Während der Französischen Revolution wurde die Sklaverei abgeschafft, was in Haiti 1794 zu größeren Unruhen führte.

Vom Kolonialismus zum Imperialismus

M2
Kolonialismus und Imperialismus

Der Historiker Jürgen Osterhammel unterscheidet Kolonialismus und Imperialismus wie folgt:

▲ Kolonialismus aus der Sicht der beherrschten Völker, Holzplastik vom unteren Kongo, Ende des 19. Jahrhunderts.

„Kolonisation" bezeichnet im Kern einen Prozess der Landnahme, „Kolonie" eine besondere Art von politisch-gesellschaftlichem Personenverband, „Kolonialismus" ein Herrschaftsver-
5 hältnis. Das Fundament aller drei Begriffe ist die Vorstellung von der Expansion einer Gesellschaft über ihren angestammten Lebensraum hinaus. Derlei Expansionsvorgänge sind ein Grundphänomen der Weltgeschichte. [...]
10 Was aber ist „Kolonialismus"? Wie kann man den Begriff weitgehend unabhängig von dem der Kolonie bestimmen? Der Afrikahistoriker Philip Curtin spricht sehr allgemein von „Beherrschung durch ein Volk aus einer anderen
15 Kultur". Diese Formulierung enthält die beiden entscheidenden Elemente: „Herrschaft" und „kulturelle Fremdheit". [...] Um die historische Eigenart des neuzeitlichen – vielleicht kann man an dieser Stelle sagen: des modernen – Kolonia-
20 lismus scharf zu profilieren, muss Curtins Grundformel um drei Komponenten ergänzt werden. Erstens ist Kolonialismus nicht ein beliebiges Verhältnis von Herren und Knechten, sondern ein solches, bei dem eine gesamte Ge-
25 sellschaft ihrer historischen Eigenentwicklung beraubt, fremdgesteuert und auf die – vornehmlich wirtschaftlichen – Bedürfnisse und Interessen der Kolonialherren hin umgepolt wird. [...] Zweitens ist die Art der Fremdheit zwischen Ko-
30 lonisierern und Kolonisierten von großer Bedeutung. Charakteristisch für den modernen Kolonialismus ist der weltgeschichtlich seltene Unwille der neuen Herren, den unterworfenen Gesellschaften kulturell entgegenzukommen. [...] Im
35 19. Jahrhundert ist die Unmöglichkeit solcher Annäherung durch die Existenz angeblich unüberwindlicher „rassischer" Hierarchien begründet worden. Eine Kolonialismus-Definition muss diese mangelnde Anpassungswilligkeit
40 der Kolonialherren berücksichtigen. Der dritte Punkt schließlich hängt mit dem zweiten eng zusammen. [...] Seit den iberischen und englischen Kolonialtheoretikern des 16. Jahrhunderts ist die europäische Expansion grandios zur Erfüllung
45 eines universellen Auftrags stilisiert worden: als Beitrag zu einem göttlichen Heilsplan der Heidenmission, als weltliches Mandat zur „Zivilisierung" der „Barbaren" oder „Wilden" [...]. Nur im modernen Kolonialismus nahm ein solcher eth-
50 nozentrischer[1] Hochmut eine aggressiv-expansionistische Wendung, nur hier wurden die Vielen von den Wenigen unter ein „geistiges Joch" gebeugt. [...]
„Imperialismus" ist der Begriff, unter dem alle
55 Kräfte und Aktivitäten zusammengefasst werden, die zum Aufbau und zur Erhaltung [...]

---
[1] *Ethnozentrismus meint die einseitige Beurteilung anderer Völker und Kulturen ausschließlich vom eigenen kulturellen Standpunkt aus.*

Vom Kolonialismus zum Imperialismus

transkolonialer Imperien[2] beitrugen. Zum Imperialismus gehört auch der Wille und das Vermögen eines imperialen Zentrums, die eigenen nationalstaatlichen Interessen immer wieder als imperiale zu definieren und sie in der Anarchie des internationalen Systems weltweit geltend zu machen. Imperialismus impliziert also nicht bloß Kolonialpolitik, sondern „Weltpolitik", für welche Kolonien nicht allein Zwecke in sich selbst, sondern auch Pfänder in globalen Machtspielen sind. Die seit dem letzten Drittel des 19. Jahrhunderts bei den Großmächten beliebte Idee, Kolonien kompensatorisch [...] zum Austarieren der internationalen, vornehmlich der innereuropäischen, Machtbalance einzusetzen, ist typisch „imperialistisch" und einem „kolonialistischen" Denken fremd, das Kolonien als dauerhaft „erworben" oder „anvertraut" betrachtete. Imperialismus wird von den Staatskanzleien, Außen- und Kriegsministerien geplant und ausgeführt, Kolonialismus von Kolonialbehörden und „men on the spot"[3]. Solche ereignisgeschichtlich fassbare Weltpolitik muss jedoch immer (a) vor dem Hintergrund der Herausbildung eines Weltstaatensystems und (b) im Rahmen langsam sich entwickelnder Strukturen der Ungleichheit im wirtschaftlichen Verkehr zwischen den Räumen der Erde gesehen werden. „Imperialismus" und „Kolonialismus" sind also nicht dasselbe. „Imperialismus" ist in mancher Hinsicht der Begriff mit der umfassenderen Bedeutung, sodass „Kolonialismus" geradezu als sein Spezialfall erscheint.

Jürgen Osterhammel, Kolonialismus. Geschichte – Formen – Folgen, 5. aktualisierte Auflage, München 2006, S. 8, 19 f., 27 f.

1. *Skizzieren Sie die Aspekte, die mit dem modernen Kolonialismus verbunden sind.*
2. *Grenzen Sie den Kolonialismus sowohl gegenüber dem Imperialismus als auch gegenüber der Kolonisation der Frühen Neuzeit ab.*

---

[2] unter der Herrschaft einer Macht zusammengefasste Gebiete, in denen jeweils ganz unterschiedliche Formen von Einfluss und Herrschaft ausgeübt werden
[3] Funktionsträger vor Ort; siehe auch S. 50 f.

M3

Was macht den Imperialismus aus?

Der Historiker Hans-Ulrich Wehler definiert 1969 den Begriff Imperialismus:

Unter Imperialismus wird [...] diejenige [...] Herrschaft verstanden, welche die okzidentalen Industriestaaten unter dem Druck der Industrialisierung mit ihren spezifischen ökonomischen, sozialen und politischen Problemen und dank ihrer vielseitigen Überlegenheit über die weniger entwickelten Regionen der Erde ausgebreitet haben. Demgemäß lässt sich die neue Expansion Englands nach dem Verlust des ersten Empire, als der Zusammenhang von „Industry and Empire" erstmals scharf hervortrat und die Sonderstellung des ersten Industrielandes meist zu einem Monopol in Übersee führte, [...] als Imperialismus bezeichnen. Erst recht aber wird der Imperialismus zu einem grundlegend wichtigen Phänomen, als die Industriellen Revolutionen in mehreren anderen Ländern zwischen 1830 und 1873 durchbrechen, das industriewirtschaftliche Wachstum in ihnen fortab dieselben oder ganz ähnliche Probleme aufwirft und zur überseeischen Expansion antreibt. Dadurch wird auch der internationale Konkurrenzkampf beispiellos verschärft, er gibt dem Imperialismus jene charakteristische antagonistische[1] Zuspitzung, die auch zeitweilig die formelle koloniale Besitzergreifung – freilich stets nur eine Form des Imperialismus neben anderen – in den Vordergrund treten lässt.

Seither auch tritt das Neuartige, das den Imperialismus von älteren Expansions- und Kolonisationsbewegungen unterscheidet, klar hervor. Der Imperialismus umfasst die gesamte Erde, er schafft mit die Voraussetzungen für das allmähliche Entstehen der Einen Welt der industriellen Zivilisation, indem er in globalem Ausmaß Veränderungen einleitet. Aber zugleich verschärft er auch auf lange Sicht die Entwicklungsunterschiede zwischen Industrie- und Entwicklungsländern[2], er setzt die ungleichen Bedingungen, unter denen bis heute die Länder auf dem Welt-

---

[1] gegensätzliche, widersprüchliche
[2] zu „Enwicklungsländern" siehe S. 138 f.

markt aufeinandertreffen. Die Verbindung dieser Eigentümlichkeiten: der wahrhaft globale Charakter und die Schroffheit dieses historisch beispiellosen, durch die Ungleichheit der wirtschaftlichen Entwicklung bedingten dauerhaften Gefälles, das Abhängigkeit und Herrschaft in sich wandelnder Gestalt erhält, hat vor dem Imperialismus im Verhältnis zwischen Metropole[1] und Kolonien gefehlt. Insofern muss man durchaus von einer neuartigen Formation, einer Epoche sprechen und es vermeiden, den essenziellen Unterschied zu früheren Ausbreitungsbewegungen zu verwischen.

Zugleich ist hier hervorzuheben, dass nicht jede industriewirtschaftliche Expansion über staatliche Grenzen hinaus sogleich imperialistisch ist, d.h. notwendigerweise Herrschaft impliziert. Außenhandel und Kapitalexport zwischen entwickelten Industrieländern können allenfalls unter bestimmten Bedingungen quasiimperialistische Züge gewinnen, wenn z.B. ein Land aufgrund seines Vorsprungs [...] oder dank seiner rein machtpolitischen Dominanz eine gesteigerte Überlegenheit besitzt. Der Imperialismus bildet mithin nur einen Teilbereich der wirtschaftlichen Ausbreitung der Industriestaaten, für die die unentwickelten Länder im Sinn einer volkswirtschaftlichen Gesamtrechnung oft unbedeutend [...] gewesen sind.

Hans-Ulrich Wehler, Bismarck und der Imperialismus, Köln 1969, S. 23 f.

1. *Stellen Sie dar, mit welchen Argumenten der Imperialismus als eigenständige Epoche charakterisiert wird.*
2. *Finden Sie heraus, welche Triebkräfte nach Wehler dem Imperialismus zugrunde liegen und welche Auswirkungen er hatte.*

M4
Die imperiale Expansion der Industriestaaten

Der Historiker Wolfgang J. Mommsen charakterisiert 1989 das „Zeitalter des Imperialismus":

Seit dem Ende der 1870er-Jahre trat die imperialistische Expansion [...] in eine qualitativ neue Phase ein, die man gemeinhin als „Zeitalter des Imperialismus" oder genauer als „Epoche des Hochimperialismus" bezeichnet. Die Okkupation Tunesiens und Indochinas durch Frankreich 1881 und mehr noch die Besetzung Ägyptens durch Großbritannien im Jahre 1882 gaben gleichsam die Initialzündung für einen Wettlauf um die Inbesitznahme von noch „freien" bzw. noch nicht definitiv besetzten Gebieten in Übersee, der zur Aufteilung Afrikas und eines großen Teils der bislang noch nicht direkt von den europäischen Mächten kontrollierten Territorien der unentwickelten Welt führen sollte. [...] Die europäischen Großstaaten, und am Ende auch die USA, die als antikolonialistische Macht anfangs beiseite gestanden hatten, wurden im Zeichen der „Weltpolitik" immer stärker in den Strudel der imperialistischen Rivalitäten hineingezogen, und dies obschon die Dynamik des imperialistischen Expansionsprozesses keineswegs in erster Linie von den Regierungen ausging. Gleichzeitig kam es zu einer stürmischen Entfaltung des industriellen Systems in den europäischen Metropolen, die zu einer historisch einmaligen Steigerung der ökonomischen, technologischen und militärischen Kräfte der Industriestaaten führte und demgemäß das bestehende Ungleichgewicht gegenüber den Ländern der unentwickelten Welt außerordentlich vergrößerte. Diese wurden, sofern die Europäer dies nur wollten, nunmehr eine leichte Beute imperialistischer Aktionen. Parallel zu – aber durchaus nicht immer gleichläufig mit – der Begründung und dem Ausbau großer Kolonialreiche entwickelte sich ein multilaterales System der Weltwirtschaft, in das die überseeischen Regionen einbezogen wurden – gleichviel ob es sich dabei nun um formelle Kolonien oder um „Halbkolonien" handelte, das heißt Länder, die zwar völkerrechtlich selbstständig, jedoch tatsächlich von den europäischen Industriestaaten abhängig waren.

---

[1] *Hauptstadt; hier für Industriestaaten bzw. Kolonialmächte*

Vom Kolonialismus zum Imperialismus

Der sich mit zunehmender Beschleunigung voll-
45 ziehende Prozess der imperialistischen Expansion war zwar keineswegs eine direkte Folge der
industriellen Entwicklung, geschweige denn eine
notwendige Voraussetzung industriewirtschaftlichen Wachstums in den europäischen Gesell-
50 schaften; ebensowenig trifft es zu, dass es vor allem das große Kapital gewesen sei, das angesichts
sinkender Profitraten in den Binnenmärkten auf
die Erschließung neuer Absatzmärkte und insbesondere neuer Investitionsmöglichkeiten in den
55 Kolonien gedrängt habe. [...] Die kausalen Ver-
knüpfungen zwischen der imperialistischen Weltpolitik der Ära des Hochimperialismus und der
Entstehung des kapitalistischen Weltsystems lassen sich nicht ohne Weiteres auf eine griffige For-
60 mel bringen. Politische, wirtschaftliche, kulturelle und nicht zuletzt auch ideologische Faktoren
haben dabei zusammengewirkt, in einem je nach
den jeweiligen Verhältnissen höchst unterschiedlichen Mischungsverhältnis.
65 Es steht außer Frage, dass die Welt, in der wir
heute leben, durch diese Ereignisse grundlegend
geprägt worden ist. Die Aufteilung der Welt und
der Siegeszug des modernen industriellen Systems waren eng miteinander verbunden. Die po-
70 litische Landkarte der außereuropäischen Welt,
das weltweite Wirtschaftssystem unserer Gegenwart, aber auch die Gegensätze zwischen den Industriestaaten und der sogenannten Dritten Welt
– sie alle lassen sich nur im Hinblick auf die
75 großen Ereignisse der Epoche des Hochkapita-
lismus wirklich verstehen.

Wolfgang J. Mommsen, Das Zeitalter des Hochimperialismus.
Funkkolleg „Jahrhundertwende". Die Entstehung der moder-
nen Gesellschaft 1880–1930. Studienbegleitbrief 6, hrsg. vom
Deutschen Institut für Fernstudien an der Universität Tübin-
gen (DIFF), 1989, S. 11 f.

1. *Vergleichen Sie die Ausführungen Mommsens*
mit M3. Stellen Sie Gemeinsamkeiten und
Unterschiede in der Bewertung des Imperia-
lismus fest und achten Sie dabei besonders auf
die Rolle der Industriellen Revolution.
2. *Nennen und beurteilen Sie die unterschied-*
lichen Aspekte, unter welchen der Imperia-
lismus in M2 bis M4 beleuchtet wird. Arbeiten
Sie die verschiedenen Schwerpunkte heraus.

M5
Vom Welthandel zur Weltpolitik

In einer für ein breites Publikum veröffentlichten
deutschen Geschichtsdarstellung von 1890 heißt es
zum Welthandel:

Im Zeitalter der Entdeckungen, mit dem die
Neuzeit beginnt, erfuhr die Richtung des Welt-
verkehrs eine vollständige Umgestaltung, indem
seit jener Zeit anstelle der Binnenbecken der Alten Welt die großen Ozeane der Tummelplatz ei- 5
nes die ganze Erde umfassenden Welthandels
wurden. [...]
Die ungeheure Steigerung der produktiven Tätigkeit führte die heutige Blüte des gesamten
Verkehrswesens herbei; umgekehrt war es dann 10
wieder die Vervollkommnung des Postdienstes,
die Zunahme der Telegrafenlinien (namentlich
auch der unterseeischen), sowie der Ausbau des
Eisenbahnnetzes und die Vermehrung der Handelsflotte, die den modernen Aufschwung der 15
Weltindustrie bewirkten. So konnte die letztere
ihre Ziele immer weiter stecken und für ihre Erzeugnisse auf immer zahlreicheren Märkten Absatz suchen. Seitdem sind neben der Union[1) auch
Kanada und Australien als überseeische Länder 20
von europäischem Charakter ebenfalls zu selbstständigen Faktoren des Welthandels herange-
reift, und der neueste Gang der Ereignisse weist
nachdrücklich darauf hin, welche Rolle sicherlich auch noch der Verkehr mit den alten Kultur- 25
ländern Ostasiens, mit China und Japan, für die
europäische Welt haben wird. Dadurch ist schon
jetzt in die Politik ein kosmopolitischer Zug gekommen, indem die leitenden Staatsmänner der
Nationen, die bei dem Ringen „um der Mensch- 30
heit große Gegenstände" nicht beiseite stehen
wollen, ihr Augenmerk nicht auf die Verhältnisse
in ihrem Erdteile beschränken dürfen, sondern
auch die Wandlungen bei den entferntesten Völkern beobachten müssen. Der Zusammenhang 35
des Wirtschaftslebens der einzelnen Völker ist
eben so weit vorgeschritten, dass alle großen
Entscheidungen, mögen sie im fernen Westen
Amerikas oder im Osten Asiens, auf rein ökono-
mischem oder auf politischem Gebiete getroffen 40

[1) *Union: Vereinigte Staaten von Amerika*

Vom Kolonialismus zum Imperialismus

▲ Das deutsche Dampfschiff „Imperator" im Hamburger Hafen, Foto von 1914.
Im Konkurrenzkampf der Industrienationen um Anteile am Weltmarkt kam der Dampfschifffahrt große Bedeutung zu. Als das Passagierschiff „Imperator" 1912 vom Stapel lief, besaß der industrielle „Nachzügler" Deutschland das damals größte Schiff und nach Großbritannien die zweitgrößte Handelsflotte der Welt.

werden, jede Nation in Mitleidenschaft ziehen müssen. Da ein Auslösen aus diesem Verbande ohne die äußerste Gefährdung der eigenen Existenz nicht möglich ist, so muss alles daran gesetzt werden, in diesem neu sich bildenden Organismus die eigene Stellung aufs beste auszunützen. Dazu wird jedes Volk die Bedingungen seiner eigenen wirtschaftlichen Existenz, sein ganzes Wirtschaftsleben fördern müssen, aber nicht abgekehrt von der Weltwirtschaft, nicht im Gegensatz zu den Geboten derselben, sondern gerade im Hinblick auf den Weltmarkt und seine Forderungen [...]. Vielmehr wird jedes Jahrzehnt neue Fortschritte bringen auf dem Wege der Zusammenfassung aller Völker zu einer großen, höheren Einheit, und die national-politische Bedeutung eines jedes Volkes wird stets davon abhängen, welchen Anteil es an der Erhöhung der Kultur der Menschheit, an der gesamten Weltwirtschaft nimmt.

Illustrierte Geschichte des Neunzehnten Jahrhunderts, Stuttgart 1890, S. 567 f.

1. Bewerten Sie den hier hergestellten Zusammenhang zwischen Weltwirtschaft und Weltpolitik.
2. Untersuchen Sie die Argumente, die für eine Verbesserung der Stellung eines Volkes genannt werden, und ziehen Sie Schlüsse in Bezug auf die Konsequenzen für die Politik der Industriestaaten einerseits und die „entferntesten Völker" andererseits.

▲ *Die spanischen Kolonialherren beaufsichtigen Sklaven bei dem Abbau von Bodenschätzen in den Minen der Antillen, kolorierter Kupferstich von Theodor de Bry, um 1596.*

Der Beginn der europäischen Expansion Die *europäische Expansion* nach Übersee, die im 15. Jahrhundert mit den Entdeckungs- und Eroberungsfahrten der Spanier und Portugiesen ihren Anfang nahm, veränderte die Welt von Grund auf.

Im 16. Jahrhundert hatten die Spanier auf der Suche nach Gold, Silber und anderen wertvollen Rohstoffen nahezu ganz Süd- und Mittelamerika erobert und ein riesiges Kolonialreich aufgebaut. Spanische Siedler gründeten Städte, errichteten mithilfe einheimischer, später aus Afrika eingeschleppter Sklaven Minen und Plantagen und beuteten Rohstoffe für den Export aus. Um ihre Kolonien dauerhaft abzusichern, etablierten sie eine straffe Kolonialbürokratie und gliederten die unterworfenen Indios in den spanischen Herrschaftsverband ein. Die Kolonialisierung war dabei zumeist mit einer gewaltsamen *Missionierung* der Einheimischen verbunden.

Während die Spanier die „Neue Welt" eroberten, etablierten die Portugiesen ein *Handelsimperium*. Portugiesische Kaufleute erwarben oder besetzten mit angeworbenen Söldnern unter dem Schutz der Krone Handels- und Versorgungsstützpunkte an den afrikanischen, asiatischen oder südamerikanischen Küsten. Von dort aus trieben sie Handel mit Gold, Edelmetallen und *Sklaven* oder gründeten Plantagen, auf denen in Europa gefragte Güter wie Tabak oder Zucker produziert wurden.

Gegen Ende des 16. Jahrhunderts drängten mit Holland, England und Frankreich weitere europäische Mächte auf den überseeischen Markt und beendeten die Vorherrschaft Spaniens und Portugals auf den Weltmeeren. Während die portugiesische und spanische Kolonisationsbewegung in den Händen des Staates gelegen hatte, entstanden die holländischen und englischen Handelsimperien in erster Linie aus der privaten Initiative reicher Bürger und Kaufleute. Staatlich lizenzierte Handelsgesellschaften

Vom Kolonialismus zum Imperialismus

wie die 1600 gegründete britische *East India Company* (EIC) und die 1602 entstandene *Vereenigde Oostindische Compagnie* (VOC) der Niederländer errichteten Stützpunkte in Nordamerika, der Karibik, in Afrika und in Indien und übernahmen mit eigenen Streitkräften die Vorherrschaft im lukrativen Asienhandel.

Nur an der nordamerikanischen Ostküste ließen sich europäische, vor allem englische Siedler dauerhaft nieder. Nicht mehr Gold und Missionierung trieben hier die Kolonialisierung voran, sondern vor allem der Wunsch der Auswanderer nach einem besseren Leben.

Das Ende der alten Kolonialreiche

Seit dem Ende des 18. Jahrhunderts brachen die meisten vormodernen Kolonialreiche zusammen. In Nordamerika schlossen sich die englischen Kolonien im Kampf gegen die politische und wirtschaftliche Bevormundung durch Großbritannien zusammen und erklärten 1776 ihre Unabhängigkeit. Nach einem fast acht Jahre währenden Krieg musste England im *Frieden von Versailles* (1783) die Souveränität der dreizehn Vereinigten Kolonien anerkennen, aus denen 1789 die USA hervorgingen. Der Verlust der nordamerikanischen Kolonien erschütterte vorübergehend die Stellung Großbritanniens in Europa, nicht jedoch seine dominierende Stellung im Nordamerika-Handel, was zu einer regen Auseinandersetzung über den Nutzen von Kolonialbesitz führte (▶ M1). Vorrangig konzentrierte sich London deshalb auf den Ausbau seines Handelsimperiums. Zugleich erweiterte es seine Herrschaft in Indien, wo es den Briten bis 1818 gelang, große Teile des Landes in ihren Besitz zu bringen und auch die Franzosen als Konkurrenten auszuschalten.

▲ Einer der bekanntesten Führer im südamerikanischen Freiheitskampf gegen die spanische Kolonialherrschaft war Simón Bolívar (1783–1830), nach dem das heutige Bolivien benannt ist. Er führte die Unabhängigkeitsbewegung im Norden Südamerikas an und gilt seither als Nationalheld vieler lateinamerikanischer Staaten. Das Gemälde von 1819 zeigt Bolívar als Schutzherren von Neugranada, dem heutigen Kolumbien, das als indianisch gekleidete Frauengestalt dargestellt ist.

Als französische Truppen 1808 unter der Führung Napoleons Spanien besetzten und damit der Kontakt zwischen den spanischen Kolonien und dem Mutterland unterbrochen war, formierte sich auch in Südamerika der Widerstand gegen die alte Kolonialmacht. Nach langen Auseinandersetzungen, die sich bis in die 1820er-Jahre hinzogen, erreichten die meisten lateinamerikanischen Staaten ihre Unabhängigkeit. Auch die portugiesische Kolonie Brasilien löste sich aus ihrem kolonialen Status. Zunächst zum selbstständigen Königtum, 1822 zum unabhängigen Kaiserreich erklärt, wurde Brasilien 1889 Republik. Diese Periode, in der die frühneuzeitlichen Kolonialreiche in Amerika zusammenbrachen und zu neuen unabhängigen Staaten wurden, wird aus außereuropäischer Perspektive als erste *Dekolonisation* bezeichnet. Ökonomische und kulturelle Abhängigkeiten nach Europa bestanden aber häufig weiter.

Infolge der *Französischen Revolution* und der *Napoleonischen Kriege* (1789–1815) verschob sich die Machtbalance nicht nur in Europa, sondern auch in Übersee erheblich. Nach dem Abfall der südamerikanischen Staaten blieben Spanien neben Kuba und den Philippinen nur unbedeutende Territorien in Afrika. Portugal hatte bis auf seine afrikanischen Gebiete Angola und Mozambique sowie kleinerer asiatischer Stützpunkte ebenfalls den Großteil seiner Territorien verloren. Zudem wechselten große Teile der französischen und holländischen Überseeimperien ihren Besitzer:

Vom Kolonialismus zum Imperialismus

Mit der holländischen Kapkolonie – dem Kern des späteren Südafrika –, zahlreichen Inseln in der Karibik sowie den französischen Besitzungen in Indien gingen die Schlüsselstellungen zur Kontrolle des Indischen Ozeans in britischen Besitz über. Zu Beginn des 19. Jahrhunderts verfügte damit allein Großbritannien über umfangreichen Kolonialbesitz, den es zu einem Weltreich (*Empire*) ausbaute. Die Machtstellung des britischen Empire basierte dabei auf der überwältigenden militärischen Stärke der britischen Flotte, die dem Land mit dem Sieg über die vereinigten französischen und spanischen Flotten in der *Seeschlacht von Trafalgar* 1805 die unumschränkte Vorherrschaft zur See gesichert hatte. Durch die von den britischen Inseln ausgehende *Industrialisierung* erzielte Großbritannien zudem einen erheblichen technologischen und industriewirtschaftlichen Vorsprung. Als 1815 der *Wiener Kongress* die Kriege in Europa beendete, war keine Macht im kontinentalen Europa in der Lage, ökonomisch mit England zu konkurrieren.

Expansion im Zeichen des Imperialismus

Seit der Mitte der 1880er-Jahre erhielt die europäische Expansionsbewegung eine gesteigerte Stoßkraft: Mit Italien und dem Deutschen Reich waren neue Nationalstaaten entstanden, die nun neben Belgien sowie Japan und den USA erstmals nach überseeischen Besitzungen strebten und damit in Konkurrenz zu den „alten" Kolonialmächten traten. Frankreich begann, sich große Territorien in dem bis dahin noch weitgehend unerschlossenen Afrika zu sichern, das in den folgenden Jahren zum Hauptschauplatz der um Kolonien wetteifernden Großmächte wurde. Gleichzeitig setzte das zaristische Russland seine Expansion bis nach Persien und an die Grenzen Afghanistans, Koreas und nach China fort.

Unter diesen neuen Vorzeichen wandelte sich im letzten Drittel des 19. Jahrhunderts der *Kolonialismus* zum *Imperialismus* und stellte damit zugleich Fortsetzung und Höhepunkt der europäischen Expansion dar (▶ M2). Vom lateinischen Wort *imperium* abgeleitet, bedeutet der Begriff „Herrschaft" oder „Großreichspolitik".[1] Er kann als die territoriale Ausdehnung eines Staates über andere Länder und Völker verstanden werden. Als Epochenbegriff umfasst der Imperialismus im weiten Sinne das gesamte 19. und frühe 20. Jahrhundert bis zum Ausbruch des *Ersten Weltkrieges*, während die Zeit zwischen 1880 und 1914, in der die gesamte nichteuropäische Welt von der europäischen Zivilisation durchdrungen wurde und das Gleichgewicht der Mächte einem allgemeinen Prestige- und Rüstungswettlauf wich, als das *Zeitalter des Imperialismus* oder auch die Periode des *Hochimperialismus* bezeichnet wird.

Vorangetrieben wurde die Expansion seit den 1880er-Jahren durch die machtpolitischen Rivalitäten der europäischen Großmächte untereinander, die in eine globale Interessenpolitik mündete: Seither wurde es zum programmatischen Ziel vieler Staaten, politisch und wirtschaftlich abhängige Gebiete außerhalb der eigenen Grenzen zielgerichtet dem eigenen Herrschaftsbereich einzuverleiben, um so die Machtstellung der eigenen Nation zu stärken. Da die noch „freien" Gebiete der Erde begrenzt waren, entwickelte sich ein internationales Ringen um Vergrößerung der eigenen Territorien und Abrundung der politisch-ökonomischen Einflussgebiete. Jede Erwerbung einer europäischen Macht zog Gegenmaßnahmen der anderen Mächte nach sich, bis vor dem Ersten Weltkrieg die Hälfte der Erde und damit mehr als 600 Millionen Menschen unter kolonialer Herrschaft standen.

---

[1] vgl. den Grundbegriff auf S. 94

| | **1876** | | **1890** | |
	Fläche (in 1000 qkm)	Bevölkerung (in 1000)	Fläche (in 1000 qkm)	Bevölkerung (in 1000)
Großbritannien	22 476	251 861	32 713	367 605
Niederlande	2 045	24 520	2 046	37 874
Frankreich	975	5 997	10 985	50 107
Portugal	1 822	6 749	2 093	7 678
Deutsches Reich	–	–	2 597	11 998
Russland	17 011	15 958	17 287	25 045
USA	1 552	60	1 876	8 818

▲ Weltweiter Kolonialbesitz nach Staaten.[1]
Putzger Historischer Weltatlas, Berlin [103]2001, S. 149

Industrialisierung und Imperialismus: Antriebskräfte und Motive

Ein Bündel verschiedenartigster Triebkräfte wirkte im ausgehenden 19. Jahrhundert zusammen, die trotz der unterschiedlichen kolonialpolitischen Praxis der einzelnen Staaten als Ursachen für die Entstehung des Imperialismus angesehen werden können.

Die Industrialisierung, die in den Jahrzehnten nach 1760 zunächst England, im Verlauf des 19. Jahrhunderts auch die Staaten Kontinentaleuropas und die USA erfasst hatte, ging mit einer enormen Intensivierung des internationalen Handels und des Kapitalverkehrs einher. Begünstigt wurde dies durch den *Freihandel*, zu dem nach britischem Vorbild um die Mitte des 19. Jahrhunderts auch andere europäische Staaten übergingen und der nun einen von Zöllen und anderen staatlichen Eingriffen unbehinderten Handel ermöglichte.

Die engen weltwirtschaftlichen Verflechtungen ließen die Industriestaaten jedoch immer mehr vom *Weltmarkt* und damit auch von konjunkturellen Krisen abhängig werden. Warenüberangebote, Preiseinbrüche, Produktionsrückgänge und steigende Arbeitslosigkeit waren die Folge, aus der ein scharfer Wettbewerb der Industriestaaten untereinander resultierte. Um den eigenen Markt vor ausländischer Konkurrenz und Wirtschaftskrisen zu schützen, kehrten die meisten europäischen Länder zu ihrer Schutzzollpolitik zurück. Gleichzeitig erforderte die industrielle Massenproduktion gewinnbringende Märkte sowie eine immer größere Zufuhr von Rohstoffen und Energie, die das eigene Land nicht liefern konnte. Deshalb kam den Kolonien in den europäischen Vorstellungen eine immer größere Rolle als Absatzgebiete und Rohstofflieferanten zu. Zudem sollten die Gebiete als Siedlungsraum für die rasch wachsende Bevölkerung Europas dienen.

Ein weiteres Motiv, das die imperiale Expansion von allen vorausgegangenen Epochen unterschied, war das Streben der Nationalstaaten nach Ansehen und Prestigegewinn. Da sich mit den „jungen" Nationalstaaten Italien und dem Deutschen Reich einerseits und den am Ende des Jahrhunderts zu Industriestaaten aufgestiegenen USA und Japan

---

[1] Einen zusätzlichen Vergleich bieten die Weltkarten zu den Kolonialreichen um 1830 und 1914 vorne und hinten in diesem Band.

Vom Kolonialismus zum Imperialismus

andererseits weitere Großmächte zu etablieren suchten, schien für die Zeitgenossen Weltmachtgeltung vor allem über Kolonialbesitz erreichbar zu sein. Beeinflusst durch einen allseits aufkeimenden *Nationalismus* traten neben Kaufleuten, Forschern und Militärs nun auch eine breite Öffentlichkeit und einflussreiche Verbände für eine Expansionspolitik ein und übten entsprechend Druck auf die Regierungen aus. Diese wiederum hofften, durch die Befriedigung der nationalen Wünsche von innenpolitischen Missständen und Konflikten ablenken zu können. So wurde in einigen Staaten die Strategie eines *Sozialimperialismus* verfolgt: Die Aussicht auf stetiges Wirtschaftswachstum und Wohlstand durch Kolonien sollte in Krisenzeiten die unzufriedenen Massen der Arbeiterschaft beruhigen, revolutionäre Tendenzen unterdrücken und damit die bestehende politische Ordnung erhalten.

Darüber hinaus entwickelte sich in den Industriestaaten die Einstellung einer unbedingten Überlegenheit gegenüber dem Rest der Welt. Das christlich motivierte Sendungsbewusstsein der *Missionen*, die Völker zum „rechten" Glauben zu bekehren, wurde durch neue imperiale Ideologien überlagert. Diese bauten einerseits auf der Vorstellung auf, den Rest der Welt „zivilisieren" zu müssen, andererseits resultierten sie aber auch aus einem neuen *Rassismus*: Die stärkeren Völker besäßen das Recht, die schwächeren zu beherrschen und auszubeuten.

Die Entwicklung von den alten zu den neuen Kolonien und ihre Beeinflussung durch die Industrialisierung wird bis heute kontrovers diskutiert. Auch wenn dabei Ursachen und Motive unterschiedlich gewichtet werden, steht es außer Zweifel, dass die Industrialisierung einen wichtigen Anteil daran hatte (▶ M3, M4).

Der Beitrag der modernen Seeschifffahrt

Wie sehr die Industrialisierung mit ihren technischen Errungenschaften nicht nur die enorme wirtschaftliche Expansion der Industriestaaten, sondern die weltweiten Wirtschaftsstrukturen und damit auch das globale Gefüge veränderte, lässt sich am Beispiel der Seefahrt zeigen.

Segelschiffe waren vom Wind abhängig und damit an ganz bestimmte Routen gebunden. Sie mussten im Atlantik die Passate und im Indischen Ozean die Monsunwinde ausnutzen und konnten nicht direkt gegen sie kreuzen. So war ein Segelschiff auf dem Weg von England nach Indien gezwungen, einen weiten Bogen um die Azoren herum bis vor die brasilianische Küste und dann wiederum in Richtung Südafrika zu segeln, bevor es den Indischen Ozean ansteuern konnte. Ein weiterer Nachteil des Segelschiffes bestand in seiner begrenzten Ladefläche für Güter und Waren, weil für die Bedienung der Takelage, d.h. der Tauwerke, Segel und Masten des Schiffes, eine große Mannschaft und eine entsprechende Menge an Vorräten und Trinkwasser mitgeführt werden musste. Dagegen waren Dampfschiffe, die anfangs noch aus Holz und Eisen, später aus Stahl industriell gefertigt wurden, unabhängig

▲ Die Entwicklung der Handelsmarine.
Nach: Michael Geistbeck, Weltverkehr. Die Entwicklung von Schiffahrt, Eisenbahn, Post und Telegraphie bis zum Ende des 19. Jahrhunderts. Reprograph. Nachdr. d. Ausg. Freiburg/Brsg. 1895, Hildesheim 1986, S. 199

▲ „A Steam Hammer at Work", Gemälde von James Nasmyth, dem Erfinder des Dampfhammers, 1871.
Mit dem Dampfhammer wurde es möglich, besonders große Metallwerkstücke zu schmieden, wie sie für den Maschinen- und Schiffsbau benötigt wurden.

vom Wind und konnten jeden gewünschten Kurs, jeden Hafen und damit auch neue überseeische Märkte ansteuern. Auch ihrer Größe waren kaum Grenzen gesetzt, was erstmals den billigen Transport von Massengütern über große Entfernungen hinweg ermöglichte und eine enorme Ausweitung der Absatzmöglichkeiten zur Folge hatte. Von großer Bedeutung war schließlich die höhere Geschwindigkeit, die ein Dampfschiff im Gegensatz zum Segelschiff erreichte. Betrug zu Anfang des 19. Jahrhunderts die durchschnittliche Reisezeit von England nach Indien noch bis zu drei Monate, so benötigte ein Dampfschiff nach der Eröffnung des *Suez-Kanals* (1869)[1] durchschnittlich nur noch drei Wochen. Der Waren- und Personenverkehr beschleunigte sich rapide. Damit revolutionierte das Dampfschiff im 19. Jahrhundert auch den europäischen Fernhandel. Die weltumspannenden Handelsbeziehungen eröffneten den Industrienationen die Möglichkeit, weite Teile der Welt auf ihre wirtschaftlichen Bedürfnisse auszurichten. Ziel der nationalen Handelspolitik konnte es deshalb nur sein, möglichst viele Produkte der eigenen expandierenden Industrie auf fremden Märkten abzusetzen, den Bedarf an Rohstoffen und exotischen Waren zu decken und das eigene Kapital gewinnbringend anzulegen (▶ M5).

---

[1] vgl. dazu S. 38

Methoden-Baustein: Statistiken

M1
Anteile an der Industrieproduktion (in %)[1]

	1750	1800	1830	1860	1880	1900
Großbritannien	1,9	4,3	9,5	19,9	22,9	18,5
Habsburger Reich	2,9	3,2	3,2	4,2	4,4	4,7
Frankreich	4,0	4,2	5,2	7,9	7,8	6,8
Deutsche Staaten/ Deutschland	2,9	3,5	3,5	4,9	8,5	13,2
Ital. Staaten/ Italien	2,4	2,5	2,3	2,5	2,5	2,5
Russland	5,0	5,6	5,6	7,0	7,6	8,8
USA	0,1	0,8	2,4	7,2	14,7	23,6
Japan	3,8	3,5	2,8	2,6	2,4	2,4
China	32,8	33,3	29,8	19,7	12,5	6,2
Indien/Pakistan	24,5	19,7	17,6	8,6	2,8	1,7
Europa	23,2	28,1	34,2	53,2	61,3	62,0
Übersee[2]	3,9	4,2	5,3	10,2	17,8	26,9
„Dritte Welt"[3]	73,0	67,6	60,5	36,6	20,9	11,0

M2
Industrialisierungsniveau pro Kopf 1750–1900[4]

	1750	1800	1830	1860	1880	1900
Großbritannien	10	16	25	64	87	[100]
Habsburger Reich	7	7	8	11	15	23
Frankreich	9	9	12	20	28	39
Deutsche Staaten/ Deutschland	8	8	9	15	25	52
Ital. Staaten/ Italien	8	8	8	10	12	17
Russland	6	6	7	8	10	15
USA	4	9	14	21	38	69
Japan	7	7	7	7	9	12
„Dritte Welt"	7	6	6	4	3	2
China	8	6	6	4	4	3
Indien/Pakistan	7	6	6	3	2	1

[1] Unter Industrieproduktion wird vor allem die gewerbliche Gewinnung sowie die Be- und Verarbeitung von Rohstoffen (Kohle, Erz, Baumwolle u.a.m.) verstanden.
[2] Japan, Kanada, USA
[3] China, Indien, Brasilien, Mexiko; zum Begriff „Dritte Welt" siehe S. 138
[4] Die industrielle Produktionsleistung wird dabei in Bezug zum Einkommen der Gesamtbevölkerung gesetzt.

Statistiken als Quellen

Der Imperialismus wird oft im Zusammenhang mit dem Industrialisierungsgrad der betroffenen Staaten gesehen. Statistiken können neben anderen Quellen Anhaltspunkte liefern, um diese These zu überprüfen. Im Vordergrund steht dabei die Frage, wie sich das Verhältnis der Industriestaaten zu den Ländern der „Dritten Welt" in Bezug auf die weltweite Industrieproduktion sowie den Waren- und Kapitalverkehr entwickelte und welche Aussagen sich daraus über die ökonomischen Grundlagen und Folgen imperialistischer Expansion ableiten lassen.

Zu unterscheiden sind Zahlentabellen und Diagramme. Sie präsentieren und veranschaulichen ermittelte Daten und zeigen, wie sich Mengen im Laufe einer Zeiteinheit verändern, wie sich eine Gesamtzahl in Teile gliedern lässt oder welchen Anteil bestimmte Gruppen am Ganzen haben. Um gültige Aussagen zu erlangen, benötigen wir möglichst viele, einheitliche, untereinander vergleichbare, lückenlose Angaben über eine Sache oder einen Zusammenhang. Meist sind die Daten der Tabellen bereits bearbeitet, d.h. ursprüngliche Rohdaten wurden beispielsweise in eine Region zusammengefasst, in einer überschaubaren Messgröße vereinheitlicht, umgerechnet oder nach bestimmten Gesichtspunkten ausgewählt und sortiert.

Für die Auswertung einer Statistik ist es zunächst wichtig, Thema, Zeit, Raum und Messgrößen zu bestimmen. Grundsätzlich muss bei den Zahlenangaben die Art der Daten beachtet werden. Unterschieden werden absolute Werte (exakte Werte einer Maßeinheit, z.B. Tonnen, Euro, Stück), relative Werte (z.B. Prozentanteile an der Produktion verschiedener Güter in unterschiedlichen Ländern) und Indexierungen (Verhältniszahlen, die sich auf einen gleich 100 gesetzten Wert eines Ausgangsjahres beziehen). Anhaltspunkte für den Vergleich der Angaben untereinander können besonders hohe und niedrige Werte sein. Von diesen „Eckdaten" ausgehend lassen sich Schwerpunkte, Trends oder Veränderungen beschreiben und Gründe für die Entwicklung ermitteln. Schließlich ist der Vergleich mit anderen Quellen sinnvoll, um die Ergebnisse zu sichern und in einen Gesamtzusammenhang einzuordnen.

Methoden-Baustein

M3
Der Anteil der wichtigsten Industrieländer an der Weltproduktion ausgewählter Güter 1800-1913*

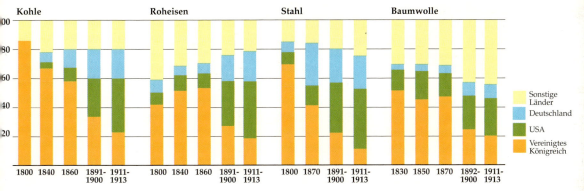

* Die Produktionsleistung ist nicht mit den Anteilen am Weltmarkt gleichzusetzen. So wurde die US-Produktion in den Bereichen Kohle, Roheisen und Stahl vom amerikanischen Binnenmarkt aufgesogen.

M4
Entwicklung des Welthandels

Jahr	Geldwert der Im- und Exporte in Milliarden Euro umgerechnet	
	Welt insgesamt	davon Europa
1720	0,90	0,63
1750	1,43	1,05
1780	1,90	1,40
1800	3,09	2,33
1820	3,49	2,55
1830	4,16	3,08
1840	5,86	4,17
1850	8,95	6,24
1860	16,0	11,0
1870	23,6	16,9
1880	32,6	23,0
1890	36,1	24,1
1900	42,0	27,7
1910	67,2	42,3

M1 nach: Paul Kennedy, Aufstieg und Fall der großen Mächte, Frankfurt a. Main 1991, S. 237, und Wolfram Fischer u.a. (Hrsg.), Handbuch der europäischen Wirtschafts- und Sozialgeschichte, Band 4, Stuttgart 1993, S. 151
M2 nach: Paul Kennedy, a.a.O.
M3 nach: Eric J. Hobsbawm, Industrie und Empire 2. Britische Wirtschaftsgeschichte seit 1750, Frankfurt am Main 1969, S. 169
M4 nach: Golo Mann (Hrsg.), Propyläen Weltgeschichte, Band VIII: Das neunzehnte Jahrhundert, Frankfurt am Main 1986, S. 28

1. Setzen Sie die Tabelle M1 in zwei unterschiedliche Diagrammformen um. Erläutern Sie Ihre methodische Entscheidung und legen Sie jeweils Vor- und Nachteile dar.
2. Werten Sie die aus M1 erstellten Diagramme hinsichtlich
   - der Anteile der einzelnen Länder
   - der Anteile Europas, der „Dritten Welt" und „Übersee" insgesamt an der Weltindustrieproduktion aus. In welcher Zeit kommt es jeweils zu entscheidenden Umbrüchen? Suchen Sie Erklärungen.
3. Erläutern Sie die internationale Entwicklung des Industrialisierungsniveaus pro Kopf in M2 und stellen Sie Bezüge zu Ihren Ergebnissen aus M1 her.
4. Veranschaulichen Sie die Entwicklung der einzelnen Produktionsgüter in M3 und benennen Sie Gründe für die Veränderungen.
5. Errechnen Sie aus M4 jeweils den Anteil Europas am Welthandel in Prozent und setzen Sie das Ergebnis in eine geeignete Diagrammform um. Erläutern Sie die Entwicklung.
6. Fassen Sie Ihre gesamten statistischen Ergebnisse in einem Kurzüberblick zusammen und suchen Sie nach Zusammenhängen zwischen Industrialisierung und Imperialismus.

Statistiken

◀ Zu den Ausrüstungsgegenständen der Europäer für ihre Reisen in das Innere Afrikas zählten neben Sextant und Kompass zur Richtungs- und Standortbestimmung bei Expeditionen auch Perlen und Muscheln als Zahlungsmittel oder Geschenke für die Einheimischen. Wie das Medizinschränkchen aus den 1860er-Jahren zeigt, war eine gut ausgestattete Reiseapotheke besonders wichtig, bei der vor allem Chinin zur Behandlung von Malaria nicht fehlen durfte.

Wirtschaftliche, militärische und technologische Grundlagen

Neben der Dampfschifffahrt schuf die Industrialisierung weitere Voraussetzungen, ohne die die imperiale Landnahme in Asien und Afrika unmöglich gewesen wäre. Die Industriestaaten entwickelten ökonomische, technologische, medizinische und militärische Möglichkeiten, denen weniger entwickelte Kulturen und Zivilisationen kaum etwas entgegenzusetzen hatten.

1. Das folgenschwerste Kriterium für die westliche Überlegenheit stellte die wirtschaftliche Dominanz der Industriestaaten innerhalb des rapide wachsenden *Welthandels* dar. Durch die Einfuhr industrieller Massengüter wurden traditionelle heimische Fertigungsmethoden nach und nach verdrängt. Zum Teil trieben die Industrienationen die Ausschaltung bestehender Wirtschaftsstrukturen in den überseeischen Gebieten sogar bewusst voran, um den eigenen Export zu fördern. Weitreichende ökonomische Abhängigkeiten und dauerhafte Strukturen der Ungleichheit waren die Folge, die oft noch heute spürbar sind.
2. Seit der Mitte des 19. Jahrhunderts entstanden mit dem Telegrafen und später dem Telefon neue Kommunikationsmittel, die die Verbreitung von Nachrichten erheblich beschleunigten. Tiefseekabel zwischen Europa und den USA sowie Telegrafenlinien zwischen Europa und Asien ermöglichten bisher unbekannte Formen globaler Massenkommunikation, die der Entwicklung des Weltmarktes weitere Impulse verlieh. Die neuen Kommunikationsstrukturen wirkten sich auch auf die Verbesserung und Rationalisierung der Herrschaftstechniken aus: In den europäischen Metropolen war es nun möglich, unmittelbarer als zuvor auf Ereignisse an der Peripherie zu reagieren und damit noch stärkeren Einfluss auf die Kolonien zu nehmen.
3. Ein wesentlicher Aspekt für die Kolonialisierung Afrikas war der medizinische Fortschritt. Durch die Massenproduktion wirksamer vorbeugender Impfstoffe und Medikamente gegen tropische Krankheiten wie Malaria und Gelbfieber wurde es nun einer immer größeren Anzahl von Europäern möglich, zuvor völlig unzugängliche Gegenden zu betreten und sich dort auf Dauer niederzulassen.
4. Eine entscheidende Voraussetzung für die Etablierung europäischer Herrschaft in Übersee stellte die waffentechnische Überlegenheit der Europäer dar. Die Einführung des Stahlgeschützes seit der Mitte des Jahrhunderts erlaubte zielgenaues schnelles Feuer auch über große Entfernungen, die Ausstattung der modernen Kriegsschiffe eine völlig neue Form der Kriegsführung. Seit dem Ende des 19. Jahrhunderts führten die europäischen Kolonialarmeen zudem neuartige Handfeuerwaffen, Feldartillerie und Maschinengewehre ein, mit denen es möglich war, auch oftmals wesentlich größere afrikanische oder asiatische Armeen vernichtend zu schlagen.

Vom Kolonialismus zum Imperialismus

2. Europäische Varianten imperialistischer Politik

2.1 Das britische Empire als Vorbild

1837–1901
In der Regierungszeit Königin Viktorias (Viktorianisches Zeitalter) ist das britische Empire die unumschränkte Weltmacht

1846
Mit der Aufhebung der Getreidezölle setzt sich in England der Freihandel durch

1858
Nach der Niederwerfung des Aufstandes indischer Soldaten (Sepoys) wird die Verwaltung Indiens von der East India Company auf die britische Krone übertragen

1869
Die Eröffnung des Suez-Kanals verkürzt den Seeweg nach Indien; Ägypten erhält dadurch für England eine wichtige strategische Bedeutung

1874–1880
In der zweiten Amtszeit von Premierminister Benjamin Disraeli geht Großbritannien zu einer offensiven imperialistischen Politik über

▲ *„Imperial Federation Map of the World",* „The Graphic" vom 24. Juli 1886. Die Weltkarte zeigt das britische Empire mit seinen weltumspannenden Schifffahrtslinien. Eine kleine integrierte Karte von 1786 veranschaulicht das Gebietswachstum des Empire in den letzten 100 Jahren, Statistiken geben zusätzlich Auskunft über Geografie, Bevölkerung und Handel der größten Territorien. Als Zeitungsbeilage in Zehntausenden von Exemplaren gedruckt, fand die Karte im gesamten Empire Verbreitung.
• Beschreiben Sie, worin die Besonderheiten der Karte bestehen, und überlegen Sie, welche Wirkung damit erzielt werden sollte.

◀ Zollabfertigung am Dock der East India Company an der Londoner Themse, Gemälde von Samuel Scott, um 1757 (Ausschnitt).
An den Hafenanlagen an der Themse wurden Waren aus aller Welt umgeschlagen. Mit der fortschreitenden Industrialisierung gewannen die überseeischen Gebiete als Rohstofflieferanten und Abnehmer für die englischen Industrieprodukte zunehmend an Bedeutung.

M1
Freihandel und Expansion

In einer Notiz des mehrfachen Außen- und späteren Premierministers Lord Palmerston für das britische Außenministerium vom 20. Dezember 1850 heißt es:

Wir wünschen aufs dringlichste, dass sich die Zivilisation nach Afrika ausdehnt; wir sind überzeugt, dass der Handel der beste Pionier der Zivilisation ist, und wir sind zufrieden, dass ge-
5 nügend Raum in Afrika für den Handel aller zivilisierten Nationen der restlichen Welt ist. Daher würden wir jede Ausdehnung des Handels in Afrika mit Genugtuung betrachten: vorausgesetzt, dass dieser Handel nicht auf einem Mono-
10 pol beruht und nicht aufgrund eines Systems durchgeführt wird, das andere ausschließt.

Der britische Wirtschaftsexperte William Stanley Jevons äußert sich fünfzehn Jahre später zum englischen Handel:

Die Ebenen Nordamerikas und Russlands sind unsere Getreidefelder; Chicago und Odessa unsere Kornkammern; Kanada und die Baltik unsere
15 Nutzholzwälder; Australasien[1)] beherbergt unsere Schaffarmen, und in Argentinien und auf den westlichen Prärien Nordamerikas weiden unsere Rinderherden; Peru schickt sein Silber, und das Gold aus Südafrika und Australien fließt nach London; die Hindus und die Chinesen bauen Tee 20 für uns an, und unsere Kaffee-, Zucker- und Gewürzplantagen liegen auf den Westindischen Inseln. Spanien und Frankreich sind unsere Weinberge und der Mittelmeerraum unser Obstgarten; und unser Baumwollanbaugebiet, das 25 lange Zeit im Süden der Vereinigten Staaten lag, erstreckt sich jetzt auf die warmen Regionen der ganzen Welt.

Erster Text: Wolfgang J. Mommsen (Hrsg.), Imperialismus. Seine geistigen, politischen und wirtschaftlichen Grundlagen. Ein Quellen- und Arbeitsbuch, Hamburg 1977, S. 44
Zweiter Text: Paul Kennedy, Aufstieg und Fall der großen Mächte. Ökonomischer Wandel und militärischer Konflikt von 1500 bis 2000, Frankfurt am Main 1991, S. 241

1. *Erörtern Sie die Motive, die Palmerston für eine weitere Expansion benennt, und erläutern Sie, unter welchen Bedingungen er diese befürwortet.*
2. *Die Notiz Palmerstons wird auch als klassisches Programm des englischen „Freihandelsimperialismus" betrachtet. Diskutieren Sie diese Aussage und analysieren Sie anhand der beiden Quellen die Bedeutung des Begriffs.*

[1)] nicht eindeutig definierte Bezeichnung, die sowohl für die zwischen dem asiatischen Festland und Australien liegende Region als auch als Gesamtbegriff für Australien, Neuseeland und die pazifische Inselwelt benutzt wird

M2
Das Wachstum des britischen Empire

	Vereinigtes Königreich	Kolonien	
	Bevölkerung in Mio.	Bevölkerung in Mio.	in % der Bevölkerung des Vereinigten Königreichs
1700	9	1	11
1750	10	2	20
1800	16	75	469
1830	24	225	938
1860	29	260	897
1900	41	360	878
1913	46	390	848

Felix Butschek, Europa und die Industrielle Revolution, Köln / Weimar / Wien 2002, S. 154

Erläutern Sie das Verhältnis der Wachstumszahlen des Vereinigten Königreichs zu dem der Kolonien. Arbeiten Sie heraus, in welchen Zeiträumen es zu signifikanten Veränderungen kommt und begründen Sie diese.

M3
Britischer Außenhandel

Gebiet	Einfuhr in Mio. £		Anteil an brit. Gesamteinfuhr (in %)		Ausfuhr in Mio. £		Anteil an brit. Gesamtausfuhr (in %)	
	1854/57	1909/13	1854/57	1909/13	1854/57	1909/13	1854/57	1909/13
Empire	39,2	172,7	23,9	24,7	35,6	174,0	27,5	31,1
Dominions	12,6	94,3	7,7	13,5	17,3	89,7	13,3	16,1
(dav. Südafrika)	1,2	10,7	0,1	1,5	1,3	21,3	1,0	3,8
Britisch-Indien	14,8	44,8	9,0	6,4	10,8	55,4	8,3	9,9
Fremde Länder	124,9	526,6	76,1	75,3	93,9	384,8	72,5	68,9
Industrieeuropa[1]	38,1	176,9	23,2	25,3	41,6	152,6	32,1	27,3
USA	56,6	207,7	34,5	29,7	20,6	59,8	15,9	10,7
Gesamt	164,1	699,3			129,5	558,8		

[1] *Deutschland, Holland, Belgien-Luxemburg, Schweiz, Österreich-Ungarn, Frankreich, Italien*

Nach: Peter Hampe, Die „ökonomische Imperialismustheorie". Kritische Untersuchungen (Münchener Studien zur Politik, Bd. 24), München 1976, S. 163

1. *Erörtern Sie die Entwicklung des britischen Außenhandels.*
2. *Nehmen Sie Stellung zur Bedeutung der britischen Kolonien. Berücksichtigen Sie dabei die in M2 dargestellte Expansion des britischen Weltreiches.*

Das britische Empire als Vorbild

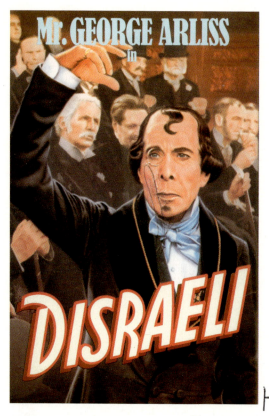

◀ *Filmplakat von 1929.*
Benjamin Disraeli bestimmte in den 1870er-Jahren maßgeblich die britische Politik. Vor seiner politischen Karriere bereits als vielgelesener Romanautor bekannt geworden, wurde sein Leben und politisches Wirken zu Beginn des 20. Jahrhunderts zum populären Historienstoff und inspirierte sogar die Filmemacher in Hollywood. 1929 wurde der gleichnamige Kinofilm mit George Arliss in der oskarprämierten Hauptrolle uraufgeführt.
• Erstellen Sie eine Liste mit weiteren Filmen über historische Persönlichkeiten.

M4
Erhalt und Ausbau des britischen Empire

Der Führer der konservativen Partei und zweifache britische Premierminister Benjamin Disraeli gilt als einer der bedeutendsten englischen Staatsmänner des 19. Jahrhunderts. In seiner berühmten Rede im Londoner Kristallpalast erläutert er am 24. Juni 1872 sein außenpolitisches Programm:

Wenn ich „konservativ" sage, so gebrauche ich das Wort in seinem reinsten und erhabensten Sinn. Ich will damit sagen, dass das englische Volk, und besonders die arbeitenden Schichten
5 Englands stolz darauf sind, einem großen Land anzugehören, und seine Größe bewahren wollen – dass sie stolz sind, zu einem Imperium zu gehören, und entschlossen sind, ihr Imperium, wenn sie können, aufrechtzuerhalten – dass sie
10 überhaupt glauben, dass die Größe und das Weltreich Englands den altehrwürdigen Institutionen des Landes zuzuschreiben sind. [...]
Meine Herren, es gibt noch ein anderes, zweites großes Ziel der Tory-Partei[1]. Wenn es das erste
15 Ziel ist, die Institutionen des Landes aufrechtzuerhalten, so ist es meiner Meinung nach das zweite, das englische Empire zu stützen. Wenn Sie auf die Geschichte dieses Landes seit dem Aufstieg des Liberalismus – vor vierzig Jahren –
20 blicken, so werden Sie finden, dass keine Bemühung so anhaltend und so subtil gewesen, von so viel Energie unterstützt und mit so viel Fähigkeit und Scharfsinn vorangetrieben worden ist, wie die Versuche des Liberalismus, die Desintegra-
25 tion des englischen Empire zu erreichen. [...] Staatsmänner von höchstem Ansehen, Schriftsteller von hervorragender Fähigkeit, die organisiertesten und wirksamsten Mittel sind bei diesem Bemühen angewendet worden. Es ist mit ma-
30 thematischer Genauigkeit nachgewiesen worden, dass es noch nie ein Juwel in der Krone Englands gegeben hat, das so wahrhaft teuer gewesen ist, wie der Besitz Indiens. Wie oft ist uns nicht geraten worden, wir sollten uns auf der Stelle von

---
[1] Als Tories (von irisch „Rebell" oder „Räuber") wurden seit 1679 die Anhänger der auf Aristokratie und anglikanische Kirche gestützten Partei im englischen Parlament bezeichnet, aus der um 1830 die Konservative Partei Großbritanniens hervorging. Ihre Mitglieder behalten den ursprünglichen Namen bis heute bei.

diesem Alpdruck befreien. Nun, dies wurde nahezu bewerkstelligt. Als das Land sich jene klug berechneten Ansichten unter dem einleuchtenden Vorwand zu eigen machte, den Kolonien Selbstverwaltung zu gewähren, da dachte ich, ich bekenne es, dass das Band zerrissen sei. [...] Aber als die Selbstverwaltung zugestanden wurde, hätte sie meiner Meinung nach als Teil einer großen Politik imperialer Konsolidierung zugestanden werden müssen. Sie hätte zusammen mit einem Reichszoll, mit Sicherheiten für das englische Volk hinsichtlich der Nutznießung der noch unverteilten Ländereien erfolgen müssen, die dem Herrscher als ihrem Treuhänder gehörten, und mit einem Militärgesetz, das die Mittel und die Verantwortlichkeiten genau hätte festlegen müssen, mit denen die Kolonien verteidigt werden sollten und durch die dieses Land, wenn nötig Hilfe seitens der Kolonien selbst anfordern sollte. [...] Alles dies wurde jedoch unterlassen, weil diejenigen, die diese Politik empfahlen – und ich glaube, ihre Überzeugungen waren ehrlich – die englischen Kolonien, sogar unsere Beziehungen zu Indien, als eine Belastung dieses Landes ansahen, alles nur unter finanziellem Gesichtspunkt betrachteten und dabei völlig jene moralischen und politischen Betrachtungen außer Acht ließen, die die Nationen groß machen und durch deren Einfluss allein die Menschen sich von Tieren unterscheiden.

Nun, was war das Ergebnis dieses Versuchs, während der Herrschaft des Liberalismus die Desintegration des Empire zu bewerkstelligen? Er ist gänzlich gescheitert. Aber warum ist er gescheitert? Dank der Sympathien der Kolonien mit dem Mutterland. Sie haben entschieden, dass das Empire nicht zerstört werden soll, und meiner Meinung nach wird kein Minister in diesem Land seine Pflicht tun, der eine Gelegenheit versäumt, so weit wie möglich unser koloniales Weltreich wiederaufzubauen und jenen Sympathiebekundungen aus der Ferne zu entsprechen, die die Quelle unabschätzbarer Stärke und Beglückung für dieses Land werden können. [...] Es geht darum, ob Sie damit zufrieden sein wollen, ein bequemes England zu sein, das nach kontinentalen Prinzipien organisiert ist und in absehbarer Zeit einem unvermeidlichen Schicksal anheimfallen wird, oder ob Sie ein großes Land sein wollen, ein Land, in dem Ihre Söhne, wenn sie aufsteigen, zu überragenden Positionen gelangen, und sich nicht nur die Wertschätzung ihrer Landsleute erwerben, sondern den Respekt der ganzen Welt.

Wolfgang J. Mommsen (Hrsg.), a.a.O., S. 47 f.

1. *Erörtern Sie die Maßnahmen, die Disraeli für eine Konsolidierung und weitere Ausdehnung des britischen Empire vorschlägt.*
2. *Vergleichen Sie den Text mit M1 und überlegen Sie, inwiefern Disraelis Programm als eine neue Politik bzw. als politische Wende betrachtet werden kann.*
3. *Analysieren Sie die Gründe, die Disraeli zufolge für ein solches Vorgehen sprechen.*

M5
Expansionskritik

Vor seiner Wiederwahl zum britischen Premierminister nimmt der Führer der Liberalen Partei, William Ewart Gladstone, am 25. November 1879 in einer Wahlkampfrede in Edinburgh Stellung zum neuen politischen Kurs der konservativen Regierung unter Premier Benjamin Disraeli:

Für ein Gebilde wie das britische Empire gab es in der Geschichte der Menschheit kein Vorbild. Eine kleine Insel am äußersten Rande des Globus bevölkert die gesamte Erde mit ihren Kolonien. Damit nicht zufrieden, begibt sie sich unter die alten Völker Asiens und unterwirft zweihundertvierzig Millionen Menschen unter ihre Herrschaft. Damit breitet sie einen Handel über die Welt aus, wie ihn keine Vorstellung in vergangenen Zeiten jemals hätte ausdenken und kein Dichter je hätte ausmalen können. Und all das hat zu tun mit der Stärke, die innerhalb der engen Grenzen dieser Küsten liegt. Keine Stärke die ich herabsetzen möchte; im Gegenteil, wenn ich könnte, würde ich die nutzlosen Träume derjenigen zerstreuen, die Ihnen immer wieder erzählen, dass die Stärke Englands entweder

Das britische Empire als Vorbild

abhängig sei von seinem Prestige, oder von der Ausweitung des Empire oder von dem, was es jenseits dieser Küsten besitzt. Zählen Sie darauf, dass die Stärke Großbritanniens und Irlands innerhalb des Vereinigten Königreiches liegt. Was immer auch getan werden muss, um diese weiten Kolonien mit ihren wimmelnden Millionen zu verteidigen und zu regieren, um ihren unermesslichen Handel zu schützen; im Verhältnis zu den enormen Verantwortungen, die Indien mit sich bringt – was immer auch getan werden muss, muss durch diejenige Kraft getan werden, die von ihnen und ihren Kindern stammt, die von ihnen und ihren Wählern kommt, aus dem gesamten Land und von ihnen und von den Bürgern und Menschen dieses Landes. Und wer sind diese? Das sind vielleicht nicht mehr als dreiunddreißig Millionen Menschen – eine Bevölkerung, die kleiner ist als die von Frankreich, kleiner als die von Österreich, kleiner als die von Deutschland und viel kleiner als die Bevölkerung von Russland. Aber die Bevölkerung Österreichs, Russlands, Deutschlands und Frankreichs finden es schon schwierig genug, ihre eigenen Angelegenheiten innerhalb ihrer eigenen Grenzen zu regeln. Wir haben es unternommen, die Angelegenheiten ungefähr eines Viertels der gesamten menschlichen Rasse zu ordnen, die über die ganze Welt verteilt ist. Ist das nicht genug für die Ambitionen von Lord Beaconsfield[1])? Es hat den Herzog von Wellington und Mr. Canning, Lord Grey und Sir Robert Peel befriedigt, es hat Lord Palmerston und Lord Russell, ja, und den verstorbenen Lord Derby zufriedengestellt.[2]) Und warum kann es nicht auch zufriedenstellen – ich möchte jetzt keine gehässige Unterscheidung zwischen Lord Beaconsfield und seinen Kollegen machen; es scheint mir, dass sie nun alle ziemlich einer Meinung sind, dass sie alle mit Harmonie übereinstimmen; aber ich möchte wissen, warum es nicht auch die Ambitionen der Mitglieder der derzeitigen Regierung zufriedenstellt?

William Day Handcock (Hrsg.), English Historical Documents, 12, 2: 1874–1914, London 1977, S. 355 f., übersetzt von Boris Barth

1. Stellen Sie dar, wie Gladstone das Verhältnis zwischen Großbritannien und dem Empire sieht.
2. Vergleichen Sie die Aussagen Gladstones mit denen von Disraeli in M4. Nehmen Sie Stellung zu der Kritik, die Gladstone an seinem politischen Widersacher Benjamin Disraeli übt.
3. Bereiten Sie ein Rollenspiel vor: Überzeugen Sie (als Disraeli bzw. als Gladstone) Ihre Mitschüler in einem Streitgespräch von Ihrer Argumentation. Nutzen Sie Ihre Ergebnisse aus M4 und M5.

▲ William Ewart Gladstone, Führer der Liberalen und zwischen 1868 und 1894 viermal im Amt des britischen Premierministers, war Disraelis politischer und persönlicher Gegenspieler, Foto um 1870.

[1]) Gemeint ist Benjamin Disraeli; er war 1876 von Königin Viktoria zum 1. Earl of Beaconsfield erhoben worden.
[2]) britische Premierminister sowohl konservativer als auch liberaler Kabinette der ersten Hälfte des 19. Jahrhunderts

Europäische Varianten imperialistischer Politik

M6
Die Idee eines „Größeren Britannien"

In dem 1883 erschienenen Werk von John Robert See-
ley „The Expansion of England" heißt es in Bezug auf
den Fortbestand des britischen Empire:

In unserem Kolonialreich haben wir uns den
Grundstein für ein Größeres Britannien gelegt,
und ein solches mag sich schließlich daraus entwickeln. [...] Im vorigen Jahrhundert konnte es
5 noch kein wahres Größeres Britannien geben,
weil die Entfernungen zwischen Mutterland und
Kolonien und zwischen den Kolonien selbst zu
weit waren. Dies Hindernis besteht nicht mehr.
Die Naturwissenschaft hat dem politischen Orga-
10 nismus durch den Dampf einen neuen Kreislauf
und durch die Elektrizität ein neues Nervensys-
tem gegeben. Diese neuen Grundlagen fordern
eine ganz neue Einstellung zum Kolonialprob-
lem. Erst jetzt sehen wir die Möglichkeit – und
15 zugleich fast eine zwingende Notwendigkeit –,
den alten Traum eines Größeren Britannien zu
verwirklichen. [...] Ein dürftiges Auskunftsmittel
wäre der Versuch, diesen gewaltigen Staaten von
einem ganz neuen Typus als ein künstliches Ge-
20 bilde entgegenzutreten, dessen Siedlungen und
Inseln über die ganze Welt zerstreut sind [...].
Aber das, was wir unser Imperium nennen, ist
kein so künstliches Gebilde; es ist, wenn wir von
Indien absehen, überhaupt kein Imperium im ei-
25 gentlichen Sinn. Es ist die Lebensform des großen englischen Volkes, welches über so weite
Räume zerstreut ist, dass vor dem Zeitalter des
Dampfes und der Elektrizität die Entfernung die
starken Bande des Blutes und der Religion zu
30 sprengen drohte. [...]
Das alte Kolonialsystem ist verschwunden, aber
kein klar durchdachtes System ist an seine Stelle
getreten. Die alte falsche Theorie hat sich über-
lebt, aber welches ist nun das Richtige? Es gibt
35 nur eine Möglichkeit: Wenn unsere Kolonien
nicht, wie es früher hieß, englischer Besitz sind,
dann müssen sie ein Teil von England sein, und
nach dieser Anschauung müssen wir handeln.
[...] Lernen wir nur erst, das ganze Imperium als
40 Einheit aufzufassen und England zu nennen,
dann haben wir hier auch „Vereinigte Staaten".
Auch hier ist ja ein großes einheitliches Volk, eins

durch Blut, Sprache, Religion und Gesetz, aber
über ein grenzenloses Gebiet verstreut. Es ist
wohl durch starke ethische Bande zusammenge- 45
halten, aber ihm fehlt eine eigentliche Verfassung, die wirklich schweren Erschütterungen
standhalten kann. Wenn uns aber Zweifel kommen, ob es überhaupt ein Mittel geben kann, das
so weit voneinander entfernte Gemeinwesen zu- 50
sammenhält, dann müssen wir uns nur die Geschichte der Vereinigten Staaten von Amerika
vor Augen halten. Dort hat man dies Mittel gefunden und die Aufgabe gelöst. [...] das Größere
Britannien, sahen wir, ist im gewöhnlichen Sinne 55
gar kein Weltreich. Was seine Kolonien anlangt,
so sehen wir in ihnen ein natürliches Wachstum,
die naturgemäße Ausbreitung der englischen
Rasse über andere Länder, die meist ganz dünn
bevölkert waren und von unseren Einwanderern 60
kampflos in Besitz genommen werden konnten.
Darin liegt nichts besonders Ruhmreiches, aber
auch nichts Gewaltsames und Unnatürliches.
Das führt auch nicht eigentlich zur Gründung
eines Weltreiches, sondern nur eines großen 65
Staatswesens. Die Ausdehnung selbst wird man
immer mit Befriedigung ansehen; ein solches
Aufnahmegebiet für überschüssige Bevölkerung
ist ein großer Segen für ein Land.

John Robert Seeley, Die Ausbreitung Englands. Bis zur Gegen-
wart fortgeführt von Michael Freund, dt. Übersetzung von
Dora Schöll-Regenbogen, Frankfurt am Main 1954, S. 67, 79,
81, 158, 291

1. *Schildern Sie, was Seeley unter dem Konzept*
   eines „Größeren Britannien" versteht.
2. *Nennen Sie Gründe, warum Seeley für eine*
   Umformung des britischen Empire plädiert.
3. *Seely spricht an anderer Stelle davon, Groß-*
   britannien habe sein Weltreich „in einem
   Zustand der Geistesabwesenheit erobert".
   Beurteilen Sie diese Einschätzung und ziehen
   Sie Schlüsse in Bezug auf seine Haltung
   gegenüber der britischen Kolonialpolitik.

Das britische Empire als Vorbild

▲ *George Nathaniel Curzon als Vizekönig von Indien, Foto um 1900.*

Der britische Politiker Lord Curzon stieg innerhalb von wenigen Jahren vom Unterstaatssekretär zum Vizekönig von Indien (1899–1905) auf. Seine autokratische Herrschaft und imperialistische Denkweise trug dazu bei, dass die Unzufriedenheit der indischen Bevölkerung gegenüber der britischen Herrschaft wuchs. So führte die von ihm 1905 vorgenommene Teilung der indischen Provinz Bengalen in zwei Verwaltungsbezirke zu Massenunruhen und Terrorakten.

• Untersuchen Sie die Herrschaftssymbolik, die sich in der Fotografie ausdrückt.

M7 *2x durchlesen*
Die Stellung Indiens im britischen Empire

1909 hält Lord Curzon, ehemaliger Vizekönig von Indien und von 1919 bis 1924 britischer Außenminister, einen Vortrag über die Bedeutung Indiens für das britische Empire:

Es ist [...] klar, dass der Herr Indiens unter modernen Verhältnissen die größte Macht auf dem asiatischen Kontinent und damit, so darf man wohl hinzufügen, in der Welt sein muss.
5 [...] überlegen wir uns einmal, was geschehen würde, wenn wir Indien verlören und eine andere Macht dort an unsere Stelle träte – denn es ist undenkbar, dass Indien selbstständig bleiben würde –: wir würden seinen unschätzbaren und unerschöpflichen Markt verlieren, den man uns 10 durch Tarife verschließen würde. Wir würden damit das, wie ich ihnen sogleich zeigen werde, hauptsächlichste, ja einzigste ausschlaggebende Element unserer Streitmacht verlieren, unser Einfluss in Asien würde schnell dahinschwin- 15 den, die Stützpunkte und Kohlenstationen, die die Hochstraßen des Seeverkehrs umsäumen, würden unseren Händen entgleiten, Australien wäre Angriffen preisgegeben; unsere Kolonien würden sich selbst von dem absterbenden Stam- 20 me trennen, und wir würden herabsinken zu einer Macht dritten Ranges, uns zur Schande und der übrigen Welt zum Gespött [...].
Zuerst lassen Sie mich Ihnen vor Augen führen, was Indien England und dem Reiche darbietet: 25 Seine Volksmasse liefert uns die Arbeitskräfte, um unsere Länder, die wir überall auf der Erdkugel besitzen, auszubeuten. [...] Wir wären niemals imstande gewesen, unsere südamerikanische Kolonie Guyana ohne indische Arbeitskräfte aus- 30 zubeuten; unter 278 000 Einwohnern sind dort 105 000 Ostindier. [...] Die Uganda-Bahn[1]) wurde von mehr als 20 000 Kulis[2]) gebaut [...]. Jedes Jahr verlassen nicht weniger als 15 000 bis 20 000 Kulis die indischen Häfen auf dem Wege dorthin. 35 Natürlich hat auch Indien seinerseits große Vorteile hiervon: Sein Menschenüberfluss verringert sich und eine große Zahl der armen Bevölkerung findet Beschäftigung und Unterhalt. [...]
Unser Indien ist ein Hauptfeld für die Verwen- 40 dung britischen Kapitals; denn es liefert uns im Überfluss das Rohmaterial für einen großen Teil unserer Industrie und bedeutende Mengen an Nahrungsmitteln; dass es den reichsten Markt für unsere Industrieerzeugnisse bildet, ist hin- 45 länglich bekannt. [...] Indien ist der bedeutendste Lieferant für Nahrungsmittel und Rohmaterial unseres Reiches und die Hauptkornkammer

---
[1]) zwischen 1896 und 1901 von den Briten erbaute Eisenbahnlinie zwischen Mombasa am Indischen Ozean bis Kisumu am Victoriasee, die der Erschließung des britischen Protektorates Uganda diente
[2]) Tagelöhner in Ostasien

Groß-Britanniens: Seine Einfuhr nach dem United Kingdom in Weizen, Mais und Mehl übertrifft noch die Kanadas und ist doppelt so groß wie die Amerikas. Gleichzeitig ist Indien der beste Käufer für englische Erzeugnisse, insbesondere für Baumwollwaren. Dieses Indien, wo vor unserem Eindringen keine Kunststraße und kaum eine Brücke vorhanden war, haben wir mit einem Netz von Wegen überzogen und seine Flüsse mit Brücken überspannt. Wir haben mehr als 3 000 Meilen Eisenbahnen gebaut, die im letzten Jahre 300 000 000 Menschen beförderten. Wir haben die Küsten mit Leuchttürmen versehen, und wir haben herrliche Häfen, Docks und Werften geschaffen. Prächtige öffentliche Bauten schmücken die Hauptstädte. Alle größeren Städte besitzen Wasserleitungen und Kanalisation. Die Hospitale können es mit denen in Großbritannien aufnehmen und hinsichtlich der wissenschaftlichen Ausstattung sind sie ihnen in manchen Fällen sogar überlegen. Der Telegrafen- und Postdienst ist billiger und bietet größere Vorteile, als wir uns hier in der Heimat erfreuen. Tausende von Meilen öden, unbewohnten Landes sind durch Bewässerungsanlagen anbaufähig gemacht. [...] Die schlimmsten immer wiederkehrenden Plagen in Indien aber sind Hungersnot, Cholera und Pest, gegen die wir unentwegt mit allen Kräften anarbeiten, und wenn auch der Kampf ungleich ist, so dürfen wir besonders hinsichtlich der Hungersnot behaupten, dass wir ein solches System zu ihrer Linderung ausgebaut haben, dass Hungertod so gut wie gar nicht mehr vorkommt und die Sterblichkeit infolge Entkräftung und Krankheit ganz bedeutend zurückgegangen ist.

Günter Schönbrunn (Bearb.), *Das bürgerliche Zeitalter 1815–1914. Geschichte in Quellen*, München 1980, S. 659–661

1. *Arbeiten Sie die Vorteile des indischen Kolonialreiches für Großbritannien heraus.*
2. *Nehmen Sie eine Bewertung der Aussage Curzons zum Stellenwert Indiens im britischen Empire vor.*

▶ Foto von Opfern der großen Hungersnot im südindischen Madras zwischen 1876 und 1878. Naturkatastrophen, aber auch die einseitig auf den britischen Export ausgerichtete Landwirtschaft verursachten in Indien immer wieder große Hungersnöte, durch die mehrere Millionen Menschen starben. Mit dem Bau von Bewässerungskanälen versuchte die britische Kolonialregierung zwar, das Ausmaß von Dürre und Hochwasser einzudämmen, wirksame Maßnahmen zur Bekämpfung der Armut unternahm sie jedoch nicht. So wurde sogar während der Hungersnöte noch Weizen aus Indien exportiert.

Das britische Empire als Vorbild

M8

Britische Herrschaft in der Kritik

Der Historiker Georg Buddruss fasst 1996 die wesentlichen Kritikpunkte des 1885 gegründeten Indian National Congress (INC), der späteren Mehrheitspartei des freien Indiens, an der britischen Herrschaft zusammen:

Die großen Leistungen Englands für die neuzeitliche Erschließung Indiens sind unbestreitbar. Aber indischen Nationalökonomen blieb es nicht verborgen, dass die koloniale Abhängigkeit die
5 Lösung all der Probleme erschwerte, vor die das Zeitalter der Technik und des Welthandels auch ein souveränes Indien gestellt hätte. Die Millionenmassen der Dorfbevölkerung lebten in erschreckendem Elend. Die Überschwemmung des
10 Landes mit billigen englischen Maschinenwaren hatte die einheimische Handindustrie erdrosselt und den Druck auf den Boden verstärkt. Die Bauern hatten die größte Steuerlast zu tragen, da andere staatliche Einnahmequellen wenig er-
15 schlossen waren. [...] für die dringend notwendige Modernisierung der Landwirtschaft brachte die britisch-indische Regierung zwar einigen guten Willen, doch viel zuwenig Geld auf. [...]
Besonders deutlich zeigte sich Indiens Stellung
20 als Kolonie bei der Industrialisierung, die wegen der indischen Absatzmärkte nicht in britischem Interesse lag und wirksam nur da gefördert wurde, wo britische Importwünsche (wie bei Jute und Tee) zu befriedigen waren. [...] Bezeichnend
25 war die Lage der indischen Baumwollindustrie, die sich ab 1850 zögernd zu entwickeln begann. Ihr wurden gegenüber dem mächtigen Konkurrenten Lancashire unter Berufung auf gängige Freihandelstheorien Schutzzölle verweigert. Als
30 dann 1896 aus finanzpolitischen Erwägungen doch ein Zoll für importierte englische Baumwollwaren eingeführt wurde, glaubte Lancashire seine Interessen so geschädigt, dass es die Belastung in Indien hergestellter Gewebe mit einer
35 Ausgleichsabgabe in Höhe des Einfuhrzolls erzwang. Diese Maßnahme, die in Indien größte Erbitterung hervorrief, wurde erst 1926 aufgehoben. [...]
Es bleibt [...] Tatsache, dass die britisch-indische
40 Regierung für soziale und wirtschaftliche Fördermaßnahmen, für die Hebung des Lebensstandards der Massen immer zu wenig Geld hatte. Der Kongress sah seit seiner Frühzeit einen Hauptgrund dafür darin, dass die britische Herrschaft für Indien zu teuer sei. Seine Angriffe 45 richteten sich besonders gegen die Höhe der „Heimatlasten" (home charges); das waren die nach England zu überweisenden Beträge: Zinsen für in Indien investiertes Leihkapital, garantierte Gewinne für die englischen Eisenbahnfirmen, 50 die hohen Gehälter und Pensionen britischer Beamter, bis 1919 auch die Kosten für das Londoner Indienamt. Nach indischen Berechnungen floss auf diese Weise alljährlich fast die Hälfte des indischen Netto-Staatseinkommens ab. Die Theo- 55 rie vom Aderlass Indiens (drain theory) wurde eines der Schlagworte der nationalistischen Literatur, während die Engländer in den home charges die angemessene Bezahlung für erbrachte Leistungen sahen. Viel Erbitterung erzeugten 60 auch die hohen Ausgaben für die Armee, die großenteils gar nicht indischen Zwecken, sondern britischen imperialen Interessen in Südostasien oder Afrika diente. [...] Zudem wurde in der Armee die Rassenschranke besonders strikt 65 eingehalten. [...] Damit sind einige der Klagen genannt, die der Kongress erhob. In seiner Frühzeit war er auf streng konstitutionelle Methoden bedacht. In zahlreichen Resolutionen versuchte er, Reformen zu erreichen und zu zeigen, dass 75 England in Indien seinen edelsten Prinzipien untreu werde und eine „unbritische Herrschaft" ausübe.

Georg Buddruss, Indien unter britischer Herrschaft von 1858 bis zum Zweiten Weltkrieg, in: Lucien Bianco (Hrsg.), Das moderne Asien, Frankfurt am Main ¹²2004, S. 14–50, hier S. 19–21

1. *Erläutern Sie die von indischer Seite auch als „drain of wealth" (Abfluss des Reichtums) bezeichnete britische Politik in Indien. Mit welchen Forderungen sind die Kritikpunkte verknüpft?*
2. *Stellen Sie die von Budruss dargestellte Indienpolitik den Aussagen Curzons in M7 gegenüber. Überlegen Sie, welche Vor- und Nachteile die britische Kolonialherrschaft für Indien mit sich brachte.*

Ein Handelsimperium als Basis für ein Weltreich

Das britische Empire ist nicht aus einer zentralen Planung heraus entstanden, sondern hatte seine Wurzeln in der Tätigkeit frühneuzeitlicher Handelsgesellschaften. Diese *Chartered Companies* gehörten privaten Anteilseignern und glichen späteren Aktiengesellschaften. Sie erhielten von der englischen Krone in Form einer „charter" (Urkunde) das Recht, in bestimmten Regionen Handel zu treiben, Städte und Forts zu gründen, Flotten auszurüsten und zur Verteidigung ihrer Investitionen Söldner anzuwerben. Die erste und zugleich erfolgreichste dieser „Firmen" war die East India Company. Seit 1600 verfügte sie über ein Monopol im Ostasienhandel und trieb auf der Grundlage von Verträgen mit den einheimischen Machthabern und eines an den Küsten angelegten Stützpunktnetzes einen profitablen Handel mit Indien und China. Neben Zucker, Rohseide, Baumwollgarn und Tuchen gehörten vor allem Tee und das von Indien nach China eingeführte Opium[1] zu den Haupthandelsgütern. Der Re-Export von aufgekauften Waren in andere Länder sowie die Tatsache, dass die Territorien in Fernost und Indien zunehmend auch als Absatzmärkte genutzt werden konnten, ließ zudem immer mehr Einnahmen in Form von Edelmetall nach Großbritannien zurückfließen, was der Company große Gewinne bescherte.

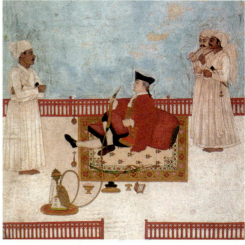

▲ *Ein Beamter der East India Company sitzt auf der Terrasse und raucht in der Haltung eines Mogulfürsten eine Wasserpfeife, indische Miniatur von Dip Chand, um 1760.*

Auch in anderen Teilen der Welt bewährten sich diese privaten Chartergesellschaften, indem sie nicht nur Märkte für britische Waren öffneten, sondern auch territoriale Erwerbungen vornahmen. So geht der Besitz Indiens – seit dem ausgehenden 18. Jahrhundert der bedeutendste Bestandteil des Empire – auf die Eroberung durch die East India Company zurück.[2] Obwohl die mit der fortschreitenden Handelsexpansion einhergehenden Besitzerweiterungen von staatlicher Seite nicht beabsichtigt oder gar geplant wurden, kamen sie auch dem britischen Staat zugute: Ohne dass er selbst ein finanzielles Risiko eingehen musste, wurde die britische Macht ausgedehnt und die Gewinne der Chartergesellschaften flossen in Form von Steuern in die Staatskassen zurück. Im Gegenzug schuf die Regierung durch außen- wie innenpolitische Maßnahmen die Rahmenbedingungen für die wirtschaftlichen Entwicklungen: Der Staat förderte den Ausbau der Flotte, sicherte neue Absatzmärkte und ließ der Wirtschaft Spielraum zur freien Entfaltung. Ein enormer Handelsaufschwung war Folge dieser Politik, welcher der im 18. Jahrhundert beginnenden Industrialisierung den Boden bereitete und Großbritannien zur „Werkstatt der Welt" werden ließ.

Als *Königin Viktoria* im Jahre 1837 den britischen Thron bestieg, hatte sich das anfänglich locker gestrickte atlantische „Seeimperium" während eines langen Expansionsprozesses zu einem Weltreich entwickelt, mit dem Großbritannien gegenüber allen anderen Mächten eine Vorreiterrolle einnahm.

---

[1] vgl. S. 98 f. und S. 105 f.
[2] vgl. dazu S. 39

Das britische Empire als Vorbild

„Pax Britannica"

Seit Frankreich nach dem *Siebenjährigen Krieg* (1756–63), endgültig nach dem Ende der Napoleonischen Kriege 1815 als größter Konkurrent ausgeschaltet war, besaß Großbritannien aufgrund seiner Seemacht, seinen Besitzungen in allen Kontinenten und seinem industriewirtschaftlichen Vorsprung die unangefochtene Vormachtstellung in der Welt. Um die Mitte des 19. Jahrhunderts stand das Land auf dem Höhepunkt seiner Macht. Nur 2% der Weltbevölkerung lebten auf den britischen Inseln, während sich 40 bis 45% des weltweiten Industriepotenzials in Großbritannien konzentrierte. England wurde zum zentralen Handelsplatz der Welt und die City of London zu dem Ort, an dem die wichtigsten Banken ihren Sitz hatten, alle entscheidenden Finanztransaktionen beschlossen und durchgeführt wurden und die Fäden des Welthandels zusammenliefen. Die englische Sprache und das britische Rechts- und Maßsystem breiteten sich in der ganzen Welt aus. Ideologischer Ausdruck der britischen Weltpolitik im 19. Jahrhundert war die an die *Pax Romana* des alten Rom angelehnte *Pax Britannica.* Sie sollte die Freiheit der Meere und des Handels sowie den weltweiten Frieden unter britischer Vorherrschaft garantieren. Damit war die Pax Britannica nicht nur Inbegriff der britischen Vormachtstellung, sondern zugleich Rechtfertigung der eigenen Interessenpolitik. Die Durchsetzung des „britischen Friedens" außerhalb Europas wurde durch die Royal Navy gewährleistet, die nach 1815 als eine Art „Weltpolizei" fungierte: Sie unterband den bis dahin immer noch florierenden *Sklavenhandel* zwischen Afrika und Amerika und ging erfolgreich gegen Piraterie vor.

Die maritime Hegemonie Englands, die keineswegs mit einer führenden Rolle auf dem europäischen Kontinent einherging, war jedoch nur möglich, wenn ihm dort kein übermächtiger Herausforderer erwuchs. Großbritannien suchte daher seit dem Wiener Kongress das Mächtegleichgewicht zu bewahren und jede Vormachtstellung einer europäischen Macht zu verhindern. Selbst agierte es nach dem Prinzip der *Splendid Isolation* („großartige Isolation"), indem es seine Insellage und die konsequente Vermeidung von Bündnissen und Kriegen für den ungestörten Ausbau des Empire nutzte. Auch wenn die Pax Britannica vor allem der Legitimation eigener Vormachtinteressen diente, sorgte sie doch lange Zeit für stabile Verhältnisse im britischen Weltreich. Dies darf jedoch nicht den Blick dafür verstellen, dass es sich bei der Aufrechterhaltung der britischen Herrschaft nicht immer um einen friedlichen Prozess handelte und für die überseeischen Völker stets die Unterordnung unter fremde Interessen bedeutete.

▲ 1851 fand die erste Industrie-Weltausstellung in London in dem eigens dafür von dem Architekten Joseph Paxton erbauten „Kristallpalast" statt. Diese neuartige Konstruktion aus Eisen und Glas stand symbolisch für die Blüte des viktorianischen Zeitalters und die herausragende Stellung der britischen Industrie, die der ganzen Welt demonstriert werden sollte. 1936 wurde der berühmte Bau durch einen Brand zerstört.

Europäische Varianten imperialistischer Politik

Imperialismus des Freihandels

Im Jahre 1846 vollzog sich in Großbritannien eine wirtschaftspolitische Wende: Mit den Kornzöllen, die den britischen Markt vor billiger Einfuhr aus dem Ausland schützen sollten, wurde die stärkste Bastion des Protektionismus abgeschafft. Weitere Reformen und Handelsverträge folgten und bis 1860 ging das Land endgültig zum Freihandel über. Auf der Basis der Pax Britannica und dem industriellen Vorsprung sorgte das Freihandelssystem für ein Handelsmonopol, da kein anderes Land mit den Briten konkurrieren konnte. Angesichts dieser internationalen Arbeitsteilung, bei der Großbritannien die Rolle des alleinigen Industrieproduzenten zukam, während die übrige Welt es mit Rohstoffen versorgte, erschienen abgeschottete Märkte und geschützte Rohstoffquellen nicht nur unnötig, sondern hinderlich (▶ M1).

Entsprechend verstärkten sich die seit der Loslösung der nordamerikanischen Kolonien aufgekommenen Zweifel am Nutzen von Kolonialbesitz. Die auf direkter politisch-militärischer und wirtschaftlicher Kontrolle basierende *formelle Herrschaft* war kostspielig und mit einem hohen personellen und verwaltungstechnischen Aufwand verbunden, der sich im Vergleich zum wirtschaftlichen Nutzen kaum rechnete. Im Gegensatz dazu erwies sich ein auf weltweiten Stützpunkten und Freihandel beruhendes *indirektes* oder *informelles Herrschaftsprinzip* über politisch weiterhin selbstständige Länder und Staaten als rentable Wirtschaftspolitik, sodass sich die meisten britischen Regierungen bis in die 1870er-Jahre gegen Kolonialbesitz aussprachen.

Die weitere Ausdehnung des britischen Einflusses sollte weniger in der Erweiterung des Kolonialreiches um neue Territorien, als vielmehr in der Öffnung von Märkten für den britischen Handel, der Beseitigung aller fremden Monopole und Handelsbeschränkungen und der Verbriefung von Handels- und Zollprivilegien mittels sogenannter *ungleicher Verträge* bestehen. Erreicht wurde dies meist auf friedlichem Wege oder auch durch militärischen Druck (*Kanonenbootdiplomatie*).[1]

Auf diese Weise gelangten zahlreiche Völker und Staaten unter ein britisches Handelsregime, dessen Einfluss derart beherrschend werden konnte, dass auch von einem *Freihandelsimperialismus* gesprochen wird. Bestes Beispiel dafür ist Lateinamerika, „das im 19. Jahrhundert von Großbritannien mit Waren und Kapital durchdrungen, aber nicht kolonisiert wurde" (Jürgen Osterhammel). An diesem System des *Informal Empire* hielten die Briten bis weit in das 19. Jahrhundert fest.

Jedoch wurden dem Empire auch in dieser Zeit stetig neue Gebiete hinzugefügt (▶ M2). Denn wenn sich die informellen Strukturen, wie die für die indirekte Herrschaft notwendige Kooperation mit den einheimischen Regimen, nicht erreichen oder aufrechterhalten ließen, sich Länder den britischen Interessen widersetzten oder die Verbindungswege zu den bestehenden Kolonien strategischer Sicherung bedurften, sahen sich die Briten zur Anwendung direkter Herrschaft gezwungen. Sie agierten nach dem Motto: „trade with informal control if possible, trade with rule when necessary" (John Gallagher / Ronald Robinson). Erwerbungen wie Singapur (1819), die Falkland-Inseln (1833) und Hongkong (1841) oder auch die britische Herrschaftsausdehnung in Südafrika in den 1840er-Jahren dienten eben dieser Interessensicherung.

---

[1] vgl. dazu S. 105 f. und S. 121

Das britische Empire als Vorbild

Innenpolitische Kontroversen

Solange Großbritannien als erstes industrialisiertes Land und wirtschaftliche Führungsmacht nahezu konkurrenzlos die überseeischen Märkte beherrschte, sahen sich die britischen Regierungen nicht veranlasst, von ihrem durch Freihandel und indirekte Herrschaft bestimmten Expansionskonzept abzurücken. Gegen Ende des 19. Jahrhunderts begann die britische Vorherrschaft jedoch zusehends zu schwinden, als die Industrialisierung auch auf dem europäischen Kontinent sowie den USA zum Durchbruch gelangte und die Industriestaaten auf der Suche nach Rohstoffen und Absatzmärkten zu Expansion bzw. Umformung ihrer Kolonialreiche übergingen. Vor allem im Deutschen Reich erwuchs Großbritannien ernst zu nehmende Konkurrenz. Als die europäischen Länder auf die 1873 einsetzende Rezessionsphase mit der Abschottung ihrer Märkte reagierten, verschärften sich die Probleme des vom Freihandel abhängigen Vereinten Königreichs noch. Eine Möglichkeit, den Verlust der einstigen Monopolstellung und den damit verbundenen Rückgang des britischen Außenhandels zu kompensieren, schienen vermehrte Exporte in die eigenen Kolonien zu sein (▶ M3). Seit Beginn der 1870er-Jahre wurde nicht nur bei Kaufleuten und der Finanzwelt, sondern einer breiten Öffentlichkeit der Ruf nach einem politischen Richtungswechsel fort von Freihandel und „laissez-faire" hin zu verstärkter Empire- und Expansionspolitik immer lauter.

In Bezug auf die Frage, wie das Empire in Zukunft gestaltet werden sollte, vertraten die beiden großen britischen Parteien, die *Liberalen* (*Whigs*) und die *Konservativen* (*Tories*)[1], unterschiedliche Auffassungen: Während die Liberalen die politische Linie der vorangegangenen Jahrzehnte verteidigten, plädierten die Konservativen für eine politische Wende und setzten bewusst auf eine Ausweitung des britischen Empire sowie eine Steigerung der britischen Machtposition in der Welt.

Die gegensätzlichen Positionen wurden durch zwei führende Politiker verkörpert: den Liberalen *William Ewart Gladstone* auf der einen und den konservativen Staatsmann *Benjamin Disraeli* auf der anderen Seite (▶ M4, M5). Gladstone stammte aus einer vornehmen Kaufmannsfamilie und war einer der wichtigsten britischen Reformer des 19. Jahrhunderts. Er beurteilte die imperiale Expansion kritisch und befürchtete, ein verstärktes weltweites Engagement könne die britischen Machtmittel an ihre Grenzen führen. Sein Ziel bestand vielmehr darin, die mit der Industrialisierung einhergegangenen sozialen Spannungen im Land nicht durch eine prestigeträchtige Außenpolitik, sondern eine Ausweitung des Wahlrechts und eine Demokratisierung der Gesellschaft zu lösen. Gladstones großer politischer und auch persönlicher Rivale war Benjamin Disraeli. Er stammte aus einer einfachen jüdischen Kaufmannsfamilie (ursprünglich „d' Israeli"), die aus Italien zugewandert war, dennoch gelang ihm durch Talent, Ehrgeiz und politischen Instinkt der Aufstieg in die britische Oberschicht und in das Amt des Premierministers.

Innenpolitisch beharrte er auf der herkömmlichen Klassengesellschaft, in der Krone und Aristokratie ihren Einfluss behielten. Dennoch war es der Taktiker Disraeli, der in seiner ersten Amtsperiode eine Wahlrechtsreform durchführte, um auf diese Weise die radikaleren Reformbestrebungen der Liberalen einzudämmen und zugleich die Stimmen der durch diese Reform wahlberechtigten Personen für seine Partei zu gewinnen. Durch Disraelis Reform stieg die Zahl der Wahlberechtigten in England von 1,4 auf 2,5 Millionen Männer und damit 8% der Bevölkerung an.

---

[1] *Die Liberalen wurden vor allem von Handwerkern und Kaufleuten gewählt, die Tories hingegen waren die Partei der Anglikaner und Grundbesitzer (siehe auch Anm. 1 auf S. 26).*

Europäische Varianten imperialistischer Politik

▶ „The two Augurs", britische Karikatur von John Tenniels zum Wahlkampf zwischen Benjamin Disraeli und William Ewart Gladstone aus dem Jahre 1873.
Disralius: „Ich wundere mich, Bruder, wie wir Ober-Auguren uns am Eröffnungstag [Parlament] begegnen können, ohne zu lachen!"
Gladstonius: „Ich habe noch nie irgendeine Versuchung nach der von dir vorgeschlagenen Heiterkeit verspürt, Bruder; und die Bemerkung schmeckt gewaltig nach Leichtfertigkeit."
Die Auguren waren im antiken Rom als eine Art Priester bzw. „staatliche Sachverständige" damit beauftragt, den Götterwillen zu erkunden, den sie aus dem Flug der Vögel oder dem Futterappetit der heiligen Hühner herauslasen. Jedoch kamen bald Zweifel an der Brauchbarkeit dieser Methode auf. So ist von Cato dem Älteren (234–149 v. Chr.) der Ausspruch überliefert, dass er sich wundere, dass ein Augur nicht lache, wenn er einen anderen Auguren sehe (Cic. De div. 2, 51).

• Gladstones und Disraelis unterschiedliche Persönlichkeiten schlugen sich auch in ihrem Verständnis von Politik und ihrem Debattierstil nieder. Suchen Sie nach Informationen zu den beiden Charakteren und erläutern Sie die Karikatur.

Damit herrschte in Großbritannien nach heutigen Maßstäben zwar noch kein demokratisches System – Politik bedeutete jedoch zunehmend den Kampf um die anwachsende Wählerschaft und die Beeinflussung der Massen.
Die wohl größten Differenzen zwischen den beiden Politikern lagen in der Außenpolitik: Im Gegensatz zu Gladstone setzte sich Disraeli für den weiteren Ausbau und die Festigung des Empire über eine bewusst imperialistische Politik – einen „new imperialism" – ein, der Großbritanniens weltpolitische Stellung bewahren sollte. Die Auseinandersetzung um den außenpolitischen Kurswechsel wurde schließlich zum massenwirksamen Thema des Wahlkampfes von 1873, den Disraeli letztlich für sich entschied. Angesichts der gewachsenen Wählerschaft und der steigenden Politisierung der Öffentlichkeit erreichten die heftigen Rededuelle und groß angelegten Wahlkampfkampagnen eine erhebliche Breitenwirkung und wurden zu „Klassikern" der englischen Parlamentsgeschichte.

Das britische Empire als Vorbild

Das Empire wird ausgebaut

Nach seinem erneuten Amtsantritt als Premierminister 1874 trieb Disraeli die Expansion des Empire systematisch voran. Insbesondere der Besitz Indiens – „the jewel in the crown" – sollte weiterhin durch eine starke Stellung entlang aller wichtigen Zugangslinien gewährleistet sein. Seit der Eröffnung des Suez-Kanals im Jahre 1869 besaß Ägypten für Großbritannien eine wichtige strategische Bedeutung, da der kürzeste Seeweg nach Indien über die ägyptische Meerenge verlief. Um die Kontrolle über den Kanal zu erhalten, kaufte Disraeli 1875 den ägyptischen Aktienanteil des ursprünglich französischen Unternehmens. Es folgte eine Reihe strategischer Erwerbungen: 1876 gelangte Belutschistan im Nordwesten Indiens unter britische Verwaltung und 1877 wurde die Burenrepublik[1] Transvaal (Südafrika) vorübergehend annektiert. Die Furcht vor einer südlichen Expansion Russlands führte die Briten zudem nach Zypern, das sie 1878 besetzten, und nach Afghanistan, wo sie in mehrere Kriege verwickelt wurden.

▲ Schiffsparade bei der Eröffnung des Suez-Kanals am 17. November 1869, Farbholzstich nach einem zeitgenössischen Aquarell von Edouard Riou. Der 160 km lange Kanal verkürzte den Schiffsverkehr zwischen Europa und Asien beträchtlich, der zuvor die lange Route um das Kap der Guten Hoffnung in Südafrika nehmen musste.

Nach 1880 setzten die folgenden konservativen und liberalen Regierungen, darunter auch der Expansionsgegner Gladstone, die von Disraeli eingeschlagene imperialistische Interessenpolitik konsequent fort. Hinzu kamen neue politische Vorstellungen, wie die des britischen Kolonialministers *Joseph Chamberlain*, der sich vehement für den Umbau des Empire zugunsten einer durch englische Sprache und „Rasse" sowie wirtschaftliche Vorteile verbundenen Reichsföderation der „weißen" Kolonien einsetzte. Inzwischen hatte der „imperialistische Geist", bei dem sich ökonomische und machtpolitische Beweggründe zunehmend mit nationalistischen, missionarischen und rassistischen Motiven verbanden, auch die britischen Mittelschichten erfasst.[2] Massenpresse und einflussreiche expansionsideologische Schriften, wie *John Robert Seeleys* „The Expansion of England", verbreiteten die Auffassung, dass die eigene überlegene Nation dem Rivalitätskampf der Mächte allein über die Bildung eines straffen, „formellen" Empire begegnen könne (▶ M6) – eine Vorstellung, die bald darauf in ganz Europa und auch den Vereinigten Staaten ihre Nachahmer fand.

---

[1] Seit dem 17. Jahrhundert hatten sich an dem ehemaligen niederländischen Handelsstützpunkt an der Südspitze Afrikas niederländische, deutsche und französisch-hugenottische Einwanderer als Bauern (boeren = Buren) niedergelassen. Nachdem es nach der Annexion des Gebietes durch die Briten 1815 immer wieder zu Auseinandersetzungen kam, zogen sie nach Nordosten in das Landesinnere und gründeten dort die Burenrepubliken Natal, Transvaal und Oranje-Freistaat.

[2] dazu mehr in Kapitel 2.3, S. 57 ff.

Vom Handel zur Herrschaft: das Beispiel Indien

Der Besitz Indiens ist der beste Beweis, dass auch während der britischen Freihandelsära Kolonien gleichermaßen Bestandteil der britischen Politik waren.

Anfangs war die East India Company in Indien nur eine der an den Küsten stationierten europäischen Handelsgesellschaften gewesen, deren Tätigkeit sich auf Abkommen mit dem über den Subkontinent herrschenden *Mogulkaiser*[1)] und einzelnen Territorialfürsten stützte. Als im 18. Jahrhundert die *Moguldynastie* allmählich zerfiel, ging die East India Company jedoch dazu über, mithilfe einer eigenen, größtenteils aus indischen Soldaten bestehenden Armee territoriale Erwerbungen vorzunehmen. Mit den Siegen von *Plassey* (1757) und *Baksar* (1764) über den *Nawab*[2)] von Bengalen setzte sie sich im reichen Nordosten Indiens erstmals als Kolonialmacht durch. Durch die meist eigenmächtig verfolgte Eroberungspolitik ehrgeiziger Gouverneure dehnte sich der Einfluss der Company systematisch aus, bis 1818 weite Teile des Landes unter ihrer Herrschaft standen; die verbliebenen selbstständigen *Fürstenstaaten* wurden durch Bündnis- oder *Schutzverträge* der britischen Kontrolle unterworfen oder später kurzerhand annektiert. Gleichzeitig gelang es den Briten, andere Kolonialmächte – allen voran Frankreich – als Konkurrenten auszuschalten oder auf wenige Handelsstützpunkte zurückzudrängen.

Britisch-Indien war nicht nur die größte und mit rund 200 Millionen Menschen bevölkerungsreichste Kolonie – von den Mogulherrschern übernahmen die Briten zudem ein reiches und mit seinen großen einheimischen Truppen militärisch bedeutendes Reich, das es als wichtigste Stütze der Weltmachtstellung Großbritanniens mit allen Mitteln zu sichern und zu erhalten galt (▶ M7).

Während sich die Kosten des Herrschaftssystems in Indien wie auch in London durch Steuereinnahmen aus den Territorien, Monopolen und Zöllen finanzieren ließen, richteten die Briten Handel, Gewerbe und Landwirtschaft Indiens einseitig auf die Bedürfnisse ihrer wachsenden Industrie aus: Rohstoffe wurden exportiert, im eigenen Land industriell verarbeitet und der indische Markt wiederum mit britischen Fertigwaren überschwemmt.

Zugleich diente Indien als Hoffnungsmarkt für Kapitalinvestitionen, die zur Erschließung des Landes und besseren militärischen Kontrolle in den Ausbau der Infrastruktur flossen. Indien selbst wurde zunächst kaum industrialisiert; stattdessen ruinierten die steigenden britischen Fertigimporte von Tuchwaren das traditionelle indische Textilgewerbe. Die Umstellung der Landwirtschaft von Grundnahrungsmitteln auf den Anbau weniger bevorzugter Exportprodukte wie Ölfrüchte, Zuckerrohr, Indigo, Baumwolle, Jute und Tee erhöhte zudem die Anfälligkeit für Hungersnöte. Dies und die Tatsache, dass der mit dem indischen Außenhandel erwirtschaftete Überschuss nicht Indien selbst, sondern in Form von Steuerabgaben lediglich den Kolonialherren zugute kam, wurde insbesondere von den indischen Zeitgenossen als „drain of wealth" (*drain theory*) scharf kritisiert (▶ M8).

[1)] Aus Afghanistan stammende muslimische Herrscherdynastie (Mogule = Mongolen), die 1526 das nordindische Sultanat von Delhi erobert und von dort ihre Herrschaft auf den gesamten Subkontinent ausgedehnt hatte. Das Mogulreich endete mit der Absetzung des letzten Mogulkaisers durch die Briten im Jahre 1857.
[2)] Titel der im Namen des Mogulkaisers amtierenden Vizekönige oder Provinzgouverneure

Das britische Empire als Vorbild

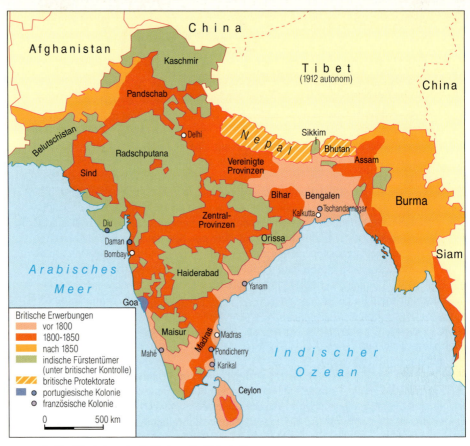

▲ Das Wachstum der britischen Macht in Indien 1757–1914.

Schon bald nach Abschluss der Eroberungsphase waren die Briten in Indien zudem zu inneren Reformen übergegangen, hatten das britische Bildungs- und Rechtssystem eingeführt und das Verbot der christlichen Mission aufgehoben.
Durch die kulturelle Überfremdung des Landes und die erneute Annexion von Fürstenstaaten wuchs die Unruhe im Land, die sich 1857 in einem Aufstand indischer Soldaten (*Sepoy-Aufstand* oder *Mutiny*) entlud und von den Briten blutig niedergeschlagen wurde. Auch wenn der Aufstand, wie bereits einige Erhebungen zuvor oder danach, nur regional begrenzt war und keineswegs als nationaler Unabhängigkeitskrieg gelten kann, hatte er eine Wende der britischen *Indienpolitik* zur Folge: Die East India Company verlor ihre Herrschaftsbefugnisse und Sonderrechte über Indien, die nun an die britische Krone übergingen. Der Mogulkaiser, der schon längst keine Macht mehr hatte, wurde auch formell abgesetzt. Die Krönung Königin Viktorias zur *Kaiserin von Indien* 1877, welche die britischen Herrscher symbolisch in die lange Tradition der indischen Kaiser einordnete, sollte nun die britische Herrschaft stabilisieren. Das Versprechen der britischen Königin, ihre indischen Untertanen stärker als zuvor an der Verwaltung des Landes zu beteiligen, wurde jedoch nicht eingelöst. In den folgenden Jahrzehnten entstanden deshalb zahlreiche Vereinigungen, die für mehr politische Mitsprache eintraten. Die einflussreichste unter ihnen war der 1885 gegründete *Indische Nationalkongress* (*Indian National Congress*, INC), der das Land als Zentrum der indischen Nationalbewegung viele Jahre später in die Unabhängigkeit führte.[1]

---

[1] vgl. dazu S. 136 f.

Europäische Varianten imperialistischer Politik

▲ Der Sepoy-Aufstand 1857/58, zeitgenössische Darstellung eines anonymen indischen Künstlers (Ausschnitt).

Unter den aufständischen indischen Soldaten stammte eine Mehrzahl aus dem Fürstenstaat Oudh, wo die Briten zuvor den Nawab abgesetzt hatten und sich die meist den oberen Kasten angehörenden Rekruten durch die Eingriffe der Briten ganz besonders in ihrer kulturellen Identität bedroht fühlten. Der Aufstand, bei dem zunächst den nur 40 000 Briten mehr als 230 000 indische Soldaten gegenüberstanden, wurde mit Unterstützung eines Expeditionsheeres und loyaler indischer Truppen niedergeschlagen und viele der Aufständischen danach grausam hingerichtet.

Wie „regierten" die Briten ihr Empire?

So verschieden die Maßnahmen und Begleitumstände waren, unter welchen die Gebiete des fast ein Viertel der gesamten Erdbevölkerung umfassenden Empire unter die Herrschaft Großbritanniens gekommen waren, so unterschiedlich wurden sie auch verwaltet. Da der britischen Expansion kein zielgerichteter Plan zugrunde gelegen hatte, sondern in vielen Fällen das Ergebnis geschickt genutzter Chancen und Zufälle war, glich das Imperium während des 19. und frühen 20. Jahrhunderts einem territorialen Flickenteppich, für dessen Kontrolle sich England eines jeweils „nach Bedarf eingesetzten Instrumentariums" (Wolfgang Reinhard) bediente. Diesem „Instrumentarium" lagen jedoch stets die beiden Grundtypen imperialer Herrschaft zugrunde: die direkte und die indirekte Herrschaft. Diese konnten von Land zu Land, zuweilen aber auch innerhalb eines Gebietes variieren und nebeneinander bestehen.

- Die durch europäische Einwanderungswellen gekennzeichneten ehemaligen *Siedlungskolonien* – die weißen *Dominions* („Herrschaft", „Gebiet") Kanada, Neufundland, Australien, Neuseeland und Südafrika – unterstanden als gleichberechtigte Bestandteile des Empire zwar der britischen Krone, verfügten jedoch über innen- und handelspolitische Autonomie, zum Teil auch über eigene Armeen und Flotten. Die britische Regierung garantierte und finanzierte weiterhin den militärischen Schutz und vertrat die Dominions in der Außenpolitik. In ihrem Status den übrigen britischen Kolonien deutlich übergeordnet, bildeten die Dominions zusammen mit dem Mutterland Großbritannien später den Kern des *British Commonwealth of Nations*[1].

---

[1] Das British Commonwealth of Nations ging aus dem British Empire hervor. Es bezeichnete den 1926 festgeschriebenen und mit dem Statut von Westminster 1931 völkerrechtlich institutionalisierten freiwilligen Staatenverbund Großbritanniens und seiner seit Beginn des 20. Jahrhunderts autonomen und gleichberechtigten Dominions. Im Zuge der Entkolonialisierung nach dem Zweiten Weltkrieg (vgl. S. 136 f.) und der zunehmenden Beitritte ehemaliger Kolonien entwickelte sich daraus das nicht mehr nur als „british", sondern als „multiracial" verstandene moderne Commonwealth of Nations. Heute gehören ihm insgesamt 53 Mitgliedsstaaten an. Gemeinsame Grundlage stellt die Anerkennung des britischen Monarchen sowie die Förderung politischer, wirtschaftlicher und kultureller Zusammenarbeit dar.

Das britische Empire als Vorbild

Die Ausbreitung der europäischen Bevölkerung ging zumeist mit einer Diskriminierung und Unterdrückung der einheimischen Völker einher, die zur Bildung von Zwei-Klassen-Gesellschaften führte: So legten die weißen Siedler beispielsweise die Grundlagen für die spätere *Rassentrennung* (*Apartheid*) in Südafrika; die australische, neuseeländische und tasmanische Urbevölkerung wurde gewaltsam verdrängt oder gar vernichtet.

- Seit der Ablösung der East India Company 1858 unterstand Indien als *Kronkolonie* der direkten Herrschaft der britischen Königin bzw. seit 1877 der indischen Kaiserin, sowie einem eigenen Ministerium in London, dem *India Office*. Vor Ort wurde die Kaiserin vom Generalgouverneur vertreten, der nun den Titel *Vizekönig* erhielt. Ein neues Indiengesetz (*India Act* von 1858) beschloss den Ausbau und die Reorganisation der Verwaltung. Dabei stützte sich die britische Herrschaft lediglich auf einen nur etwa 6000 Beamte zählenden britischen Elitedienst (*Indian Civil Service*), eine britisch geführte Polizei sowie die Armee, die aus rund 75 000 britischen und mehr als 150 000 indischen Soldaten bestand.
Im Unterschied zu den unter direkter britischer Verwaltung stehenden Gebieten Britisch-Indiens behielten die angestammten Herrscher der rund 600 indischen Fürstenstaaten die formelle Regierungsgewalt, waren jedoch an die „Ratschläge" britischer *Residenten* gebunden, die an die Fürstenhöfe entsandt wurden. Auf diese Weise gelang es, das mehrere hundert Millionen Menschen unterschiedlicher Ethnien, Sprachen und Religionen (Hinduismus, Buddhismus, Islam) umfassende Gebiet mit einem minimalen Aufwand zu verwalten.
- Bei den britischen Territorien in der Karibik, in Teilen Südasiens und in Afrika (z.B. Nigeria, Kenia, Ceylon) handelte es sich entweder um Kolonien oder *Protektorate* bzw. *Schutzgebiete*. Während die britischen Protektorate vom Außenministerium (*foreign office*) verwaltet und durch Konsuln oder Diplomaten im Interesse Großbritanniens „beraten" wurden, unterstanden die Kolonien dem Londoner Kolonialministerium (*colonial office*). Die Herrschaftsgewalt (z.B. Steuererhebung, Rechtsprechung, Polizei- und Militärgewalt) wurde von einem Gouverneur ausgeübt, der über weitgehende Rechte gegenüber der einheimischen Bevölkerung verfügte. Aber auch hier versuchten die Briten, den Verwaltungsaufwand gering zu halten, indem sie so wenig wie möglich in die einheimischen Strukturen und Lebensverhältnisse eingriffen. Oftmals ließen sie – wie im Falle der *Emire* und *Chiefs*[1] in Westafrika – sogar Regierungen im Amt, stellten aber zugleich sicher, dass diese nicht gegen britische Interessen handeln konnten, indem sie ihnen die Machtmittel entzogen.
- Territorien, die für die strategische Sicherung der Seerouten und der kolonialen Randgebiete (v.a. Indiens) besonders wichtig waren, wurden von der britischen Flotte verwaltet. Hierzu gehörten Stützpunkte wie Gibraltar und Singapur oder Inseln wie Malta, Zypern, St. Helena und die Falklandinseln. Diese Orte verfügten über große Kohle- bzw. Treibstofflager, Reparaturanlagen und Werften für Kriegsschiffe, Militärdepots und Lazarette und stellten das Rückgrat für britische Militäroperationen dar.
- Einige der britischen Besitzungen können keiner eindeutigen Kategorie zugeordnet werden: Rhodesien oder Nord-Borneo wurden etwa noch gegen Ende des 19. Jahrhunderts von privaten britischen Chartergesellschaften verwaltet. Ägypten wiederum unterstand einem britischen Statthalter, obwohl das Land weiterhin staatsrechtlich über eine eigene Regierung verfügte.

---

[1] *vgl. S. 64, Anm. 1*

Europäische Varianten imperialistischer Politik

2.2 Die Aufteilung der Welt unter den imperialistischen Mächten

▲ „Theilung der Erde."
Karikatur aus der satirischen Zeitschrift „Kladderadatsch" vom 11. August 1878.
• Erläutern Sie anhand der Bildunterschrift die Aussage der Karikatur.

1881
Mit der Besetzung von Tunis verstärkt Frankreich sein Engagement in Nordafrika

1882
Ägypten wird von Großbritannien besetzt

1884/85
Das Deutsche Reich erwirbt erstmals Kolonien und beteiligt sich am „Wettlauf nach Afrika"

1904
Frankreich und Großbritannien legen ihre kolonialen Differenzen in der „Entente cordiale" bei

1905
Das Deutsche Reich isoliert sich in der ersten Marokkokrise

1911
Die zweite Marokkokrise verschärft die internationalen Spannungen

1914
In Europa beginnt der Erste Weltkrieg

M1
„La France nouvelle"

Im Jahre 1868 formuliert der französische Schriftsteller und Journalist Lucien-Anatole Prévost-Paradol den Anspruch auf ein „neues Frankreich":

Möge bald der Tag kommen, wo unsere Mitbürger aus der Enge unseres afrikanischen Frankreich nach Marokko und Tunis hinübergehen und endlich jenes Mittelmeerreich gründen, das nicht
5 nur unseren Stolz befriedigen, sondern auch im künftigen Zustand der Welt die letzte Quelle unserer Größe sein wird. [...] Denn es gibt nur zwei Arten, das Schicksal Frankreichs aufzufassen: entweder bleiben wir, was wir sind, indem wir
10 uns inmitten einer sich rasch ändernden Welt zu Hause in einer zeitweiligen und ohnmächtigen Erregung verzehren; in diesem Fall versinken wir auf diesem Erdball, der von den Nachkommen unserer alten Rivalen besetzt sein wird, in eine schmähliche Bedeutungslosigkeit [...]. Oder 15
80 bis 100 Millionen Franzosen, die auf beiden Ufern des Mittelmeeres, im Herzen des alten Weltteils fest angesiedelt sind, werden den Namen, die Sprache und das wohlerworbene Ansehen Frankreichs durch die Zeiten aufrecht- 20 erhalten.

Günter Schönbrunn (Bearb.), Das bürgerliche Zeitalter 1815–1914. Geschichte in Quellen, München 1980, S. 581

Stellen Sie die Forderungen Prévost-Paradols heraus und erläutern Sie, vor welchem Hintergrund und auf welche Weise er diese rechtfertigt.

▶ „The Rhodes Colossus. Striding from Cape Town to Cairo." Karikatur aus der englischen Satirezeitschrift „Punch" vom 10. Dezember 1892.
• Finden Sie heraus, welche Bedeutung Cecil Rhodes für die Kolonialisierung Afrikas zukam, und beschreiben Sie, wie der Karikaturist ihn hier darstellt.

M2
Die Förderung des britischen Empire

1877 fordert Cecil J. Rhodes, späterer Direktor der British South Africa Company und von 1890 bis 1896 Premierminister der Kap-Republik, eine verstärkte britische Expansion in Afrika:

Ich behaupte, dass wir die erste Rasse in der Welt sind und dass es für die Menschheit um so besser ist, je größere Teile der Welt wir bewohnen. Ich behaupte, dass jedes Stück Land, das unserem Gebiet hinzugefügt wird, die Geburt von mehr 5 Angehörigen der englischen Rasse bedeutet, die sonst nicht ins Dasein gerufen worden wären. Darüber hinaus bedeutet es einfach das Ende aller Kriege, wenn der größere Teil der Welt in unserer Herrschaft aufgeht. [...] 10
Die Förderung des britischen Empire, mit dem Ziel, die ganze zivilisierte Welt unter britische Herrschaft zu bringen, die Wiedergewinnung der Vereinigten Staaten, um die angelsächsische Rasse zu einem einzigen Weltreich zu machen. 15 Was für ein Traum! Aber dennoch ist er wahrscheinlich. Er ist realisierbar. [...]
Da [Gott] sich die englischsprechende Rasse offensichtlich zu seinem auserwählten Werkzeug geformt hat, durch welches er einen auf Gerech- 20

Europäische Varianten imperialistischer Politik

tigkeit, Freiheit und Frieden gegründeten Zustand der Gesellschaft hervorbringen will, muss es auch seinem Wunsch entsprechen, dass ich alles in meiner Macht Stehende tue, um jener Rasse so viel Spielraum und Macht wie möglich zu verschaffen. Wenn es einen Gott gibt, denke ich, so will er daher eines gerne von mir getan haben: nämlich so viel von der Karte Afrikas britisch rot zu malen wie möglich und anderswo zu tun, was ich kann, um die Einheit der englischsprechenden Rasse zu fördern und ihren Einflussbereich auszudehnen.

Wolfgang J. Mommsen (Hrsg.), a.a.O, S. 48 f.

1. *Analysieren Sie die von Rhodes aufgestellte Kolonialismus-Konzeption.*
2. *Bewerten Sie, wie Rhodes den britischen Herrschaftsanspruch rechtfertigt.*

M3
Deutschland braucht Kolonien

Am 3. April 1884 findet die erste Sitzung des Vorstands der „Gesellschaft für deutsche Kolonisation" statt. Carl Peters, der zweite Vorsitzende, verfasst folgenden Aufruf:

Die deutsche Nation ist bei der Verteilung der Erde, wie sie vom Ausgang des 15. Jahrhunderts bis auf unsere Tage hin stattgefunden hat, leer ausgegangen. Alle übrigen Kulturvölker Europas besitzen auch außerhalb unseres Erdteils Stätten, wo ihre Sprache und Art feste Wurzel fassen und sich entfalten kann. [...] Das Deutsche Reich, groß und stark durch die mit Blut errungene Einheit, steht da als die führende Macht auf dem Kontinent von Europa: Seine Söhne in der Fremde müssen sich überall Nationen einfügen, welche der unsrigen entweder gleichgültig oder geradezu feindlich gegenüberstehen. Der große Strom deutscher Auswanderer taucht seit Jahrhunderten in fremde Rassen ein, um in ihnen zu verschwinden. [...] In dieser, für den Nationalstolz so schmerzlichen Tatsache liegt ein ungeheurer wirtschaftlicher Nachteil für unser Volk! Alljähr-

lich geht die Kraft von etwa 200 000 Deutschen unserem Vaterland verloren! Diese Kraftmasse strömt meistens unmittelbar in das Lager unserer wirtschaftlichen Konkurrenten ab und vermehrt die Stärke unserer Gegner. Der deutsche Import von Produkten tropischer Zonen geht von ausländischen Niederlassungen aus, wodurch alljährlich viele Millionen deutschen Kapitals an fremde Nationen verloren gehen! Der deutsche Export ist abhängig von der Willkür fremdländischer Zollpolitik. Ein unter allen Umständen sicherer Absatzmarkt fehlt unserer Industrie, weil eigene Kolonien unserm Volke fehlen. [...] Von diesem Gesichtspunkt ausgehend, ist in Berlin eine Gesellschaft zusammengetreten, welche die praktische Inangriffnahme solchen Handelns als ihr Ziel sich gestellt hat. [...]
Als ihre Aufgabe stellt sie sich im Besonderen:
1. Beschaffung eines entsprechenden Kolonisationskapitals.
2. Auffindung und Erwerbung geeigneter Kolonisationsdistrikte.
3. Hinlenkung der deutschen Auswanderung in diese Gebiete.
[...] Jeder Deutsche, dem ein Herz für die Größe und die Ehre unserer Nation schlägt, ist aufgefordert, unserer Gesellschaft beizutreten. Es gilt, das Versäumnis von Jahrhunderten gutzumachen; der Welt zu beweisen, dass das deutsche Volk mit der alten Reichsherrlichkeit auch den alten deutsch-nationalen Geist der Väter überkommen hat!

Erich Prager, Die Deutsche Kolonialgesellschaft 1882–1907. Im Auftrage des Ausschusses der Deutschen Kolonialgesellschaft dargestellt, Berlin 1908, S. 37 f.

1. *Erläutern Sie die Maßnahmen, die die „Gesellschaft für deutsche Kolonisation" ergreifen will.*
2. *Nehmen Sie Stellung: Welche Bedeutung misst Peters der eigenen Nation bei und welche Haltung gegenüber den anderen Nationen schlägt sich hier nieder?*
3. *Vergleichen Sie die europäischen Motive imperialer Politik miteinander. Überlegen Sie, welche Probleme die Umsetzung der imperialen Ziele für die europäischen Kolonialmächte untereinander haben konnte.*

Die Aufteilung der Welt unter den imperialistischen Mächten

M4
Anspruch auf Weltgeltung

In einer Rede vor dem Reichstag am 11. Dezember 1899 bekräftigt der Staatssekretär des Auswärtigen Amtes und spätere Reichskanzler (1900–1909) Bernhard von Bülow seine Forderung nach einer expansiven Außenpolitik:

Der englische Premierminister hatte schon vor längerer Zeit gesagt, dass die starken Staaten immer stärker und die schwachen immer schwächer werden würden. [...] Wir wollen keiner
5 fremden Macht zu nahe treten, wir wollen uns aber auch von keiner fremden Macht auf die Füße treten lassen (Bravo!), und wir wollen uns von keiner fremden Macht beiseite schieben lassen, weder in politischer noch in wirtschaftlicher Be-
10 ziehung. (Lebhafter Beifall.) Es ist Zeit, es ist hohe Zeit, dass wir [...] uns klar werden über die Haltung, welche wir einzunehmen haben gegenüber den Vorgängen, die sich um uns herum abspielen und vorbereiten und welche die Keime in
15 sich tragen für die künftige Gestaltung der Machtverhältnisse für vielleicht unabsehbare Zeit. [...] träumend beiseite stehen, während andere Leute sich den Kuchen teilen, das können wir nicht und wollen wir nicht. (Beifall.) Wir können das
20 nicht aus dem einfachen Grunde, weil wir jetzt Interessen haben in allen Weltteilen [...].
Die rapide Zunahme unserer Bevölkerung, der beispiellose Aufschwung unserer Industrie, die Tüchtigkeit unserer Kaufleute, kurz, die gewalti-
25 ge Vitalität des deutschen Volkes haben uns in die Weltwirtschaft verflochten und in die Weltpolitik hineingezogen. Wenn die Engländer von einem Greater Britain reden, wenn die Franzosen sprechen von einer Nouvelle France, wenn
30 die Russen sich Asien erschließen, haben auch wir Anspruch auf ein größeres Deutschland [...]. Es ist viel Neid gegen uns in der Welt vorhanden (Zuruf links.), politischer Neid und wirtschaftlicher Neid. Es gibt Individuen, und es gibt Inter-
35 essengruppen, und es gibt Strömungen, und es gibt vielleicht auch Völker, die finden, dass der Deutsche bequemer war und dass der Deutsche für seine Nachbarn angenehmer war in jenen früheren Tagen [...]. Diese Zeiten politischer Ohn-
40 macht und wirtschaftlicher und politischer Demut

sollen nicht wiederkehren. (Lebhaftes Bravo.) [...] Wir werden uns aber nur dann auf der Höhe erhalten, wenn wir einsehen, dass es für uns ohne Macht, ohne ein starkes Heer und eine starke Flotte keine Wohlfahrt gibt. (Sehr richtig! rechts. 45 Widerspruch links.) Das Mittel, meine Herren, in dieser Welt den Kampf ums Dasein durchzufechten ohne starke Rüstung zu Lande und zu Wasser, ist für ein Volk von bald 60 Millionen, das die Mitte von Europa bewohnt und gleich- 50 zeitig seine wirtschaftlichen Fühlhörner ausstreckt nach allen Seiten, noch nicht gefunden worden. (Sehr wahr! rechts.) In dem kommenden Jahrhundert wird das deutsche Volk Hammer oder Amboss sein. 55

Michael Behnen (Hrsg.), Quellen zur deutschen Außenpolitik im Zeitalter des Imperialismus 1890–1911, Darmstadt 1977, S. 231 ff.

1. *Erklären Sie die bildliche Formulierung, das „deutsche Volk" werde im 20. Jahrhundert „Hammer oder Amboss" sein. Erläutern Sie die Grundüberzeugungen, die Bülows Rede zugrunde liegen.*
2. *Zeigen Sie die Folgerungen auf, die Bülow für die deutsche Außenpolitik ableitet.*
3. *Vergleichen Sie die Forderungen und Ziele Bülows mit denen von Peters in M3. Nennen Sie Unterschiede und Gemeinsamkeiten.*
4. *Prüfen Sie, ob sich Bülows Forderung, dass die „Zeiten politischer Ohnmacht und wirtschaftlicher und politischer Demut" nicht wiederkehren sollen, zu Recht auf die zurückliegende Geschichte Deutschlands beziehen lässt.*

M5
Deutsche „Weltpolitik" aus britischer Perspektive

Der englische Historiker Rolf Hobson befasst sich im Jahre 2002 mit den Auswirkungen der um 1896/97 einsetzenden neuen deutschen Außenpolitik:

Es gibt keinen Zweifel, dass der Tirpitz-Plan[1]) eine Strategie des Rüstungswettlaufes war, die darauf abzielte, in der Zukunft politische Konzessionen zu erhalten, indem die balance of power durch ein Aufrüstungsprogramm verändert wurde. Die langfristigen Kalkulationen der deutschen Seite rechneten mit einer ausdauernden britischen Anstrengung zur Erhaltung der numerischen Überlegenheit bei den Schlachtschiffen und sogar mit der Möglichkeit eines [britischen] Präventivschlages, um den wachsenden Rivalen zu eliminieren. [...]
Die wachsende deutsche Flotte stellte [für die Engländer] dann eine potenzielle hegemonielle Drohung und einen Grund zur Sorge über die Absichten des Reiches dar, wenn man sie zusammen mit der machtvollen deutschen Armee betrachtet und vor dem Hintergrund eines lautstarken Nationalismus und einer unberechenbaren Außenpolitik sieht. In diesem Sinne trug der Tirpitz-Plan dazu bei, diejenige Konstellation unter den Großmächten herbeizuführen, die den Ersten Weltkrieg in erster Linie zu einem Kampf gegen eine deutsche Hegemonie in Europa machten. Der große Flottenwettlauf bedingte eine erhebliche Verschlechterung der englisch-deutschen Beziehungen und brachte die englische öffentliche Meinung in wachsendem Maße dazu, ein Engagement auf dem Kontinent zu akzeptieren. Er verstärkte das Gewicht der militärischen Faktoren in den Kalkulationen der Kabinette und engte den Raum für diplomatische Manöver ein. [...]
Die vier wichtigsten Gründe für den englisch-deutschen Antagonismus waren in chronologischer Reihenfolge die ökonomische Konkurrenz,

▲ *„Internationales Wettrüsten. Wem wohl zuerst die Puste ausgeht?" Karikatur aus der deutschen Satirezeitschrift „Der wahre Jacob" vom 31. März 1908.*

koloniale Rivalität, der Rüstungswettlauf und die Aussicht, dass die deutsche Armee Frankreich besiegen könnte. Die meisten Historiker würden darin übereinstimmen, dass die Drohung einer kontinentalen Hegemonie durch die Ausschaltung Frankreichs aus der balance of power als die wichtigste Bedrohung der britischen nationalen Sicherheit betrachtet wurde. Sie selbst hätte automatisch eine Intervention gegen Deutschland in einem Krieg nach sich gezogen. Die deutschen Anhänger des Flottenbaus glaubten hingegen, dass die wirtschaftliche Konkurrenz [...] England dazu bewegen würde, einen präventiven Handelskrieg zu entfesseln. Gegen diese Bedrohung war es notwendig, eine starke Abschreckung zur Verfügung zu stellen, nämlich die „Risikoflotte".

Rolf Hobson, Imperialism at Sea. Naval Strategic Thought, the Ideology of Sea Power and the Tirpitz Plan, 1875–1914, Boston 2002, S. 325–328, übersetzt von Boris Barth

---
[1]) Admiral Alfred von Tirpitz (1849–1930) war seit 1897 Staatssekretär des Reichsmarineamts. Sein Plan zum massiven Ausbau der deutschen Schlachtflotte wird als „Tirpitz-Plan" bezeichnet. Vgl. dazu S. 54

---

1. *Arbeiten Sie anhand der Schilderung Hobsons die Grundzüge der deutschen Außenpolitik heraus.*
2. *Analysieren Sie die Absichten, die hinter dieser Politik standen.*
3. *Erläutern Sie, mit welchen Folgen die deutsche Politik zum einen hinsichtlich der Haltung Großbritanniens und zum anderen hinsichtlich der internationalen Politik insgesamt verbunden war.*

Die Aufteilung der Welt unter den imperialistischen Mächten

M6

Internationale Krisen um Marokko

Am 3. Juni 1904 nimmt Geheimrat Friedrich von Holstein Stellung zu den Bestimmungen, welche Frankreich und Großbritannien zuvor im Rahmen ihres gegenseitigen Abkommens (Entente cordiale) getroffen haben:

Bei der englisch-französischen Abmachung über Ägypten und Marokko ist England in Ägypten, Frankreich in Marokko der erwerbende Teil. England hat mit den Mächten, welche in Ägyp-
5 ten berechtigte Interessen haben, eine Verständigung gesucht und erlangt, Frankreich hingegen schickt sich zur Aneignung Marokkos an unter vollständiger Ignorierung der berechtigten Interessen Dritter, mit Ausnahme Spaniens [...]. Ma-
10 rokko ist heute noch eines der wenigen Länder, wo Deutschland für seinen Verkehr freie Konkurrenz hat. Da Marokko jetzt im Begriff ist, mit den Anfängen seines Eisenbahnnetzes vorzugehen, so ist die Schädigung, welche Deutschland
15 durch das französische Monopol erleiden würde, eine recht erhebliche. Noch bedenklicher wäre jedoch die Schädigung, welche das Ansehen Deutschlands erleiden würde, wenn wir uns stillschweigend gefallen ließen, dass über deutsche
20 Interessen ohne deutsche Mitwirkung verfügt wird. Zu den Aufgaben einer Großmacht gehört nicht nur der Schutz ihrer Territorialgrenzen, sondern auch die Verteidigung der außerhalb dieser Grenzen gelegenen berechtigten Interessen [...].

Als Frankreich 1911 die marokkanische Stadt Fes besetzt, reagiert Deutschland mit der Entsendung seines Kanonenboots „Panther" in den marokkanischen Hafen Agadir. Angesichts des deutschen „Panthersprungs" kommt das britische Außenministerium am 3. Juli 1911 zu folgendem Schluss:

25 Die Tatsache, dass Deutschland den Sprung gemacht hat, muss der Annahme Raum geben, dass es sich jetzt in der Lage glaubt, der Gefahr einer bewaffneten französisch-britischen Gegnerschaft zu trotzen. [...] Wenn sich [...] erweisen sollte,
30 dass dem so ist, so stehen wir nun einer dringenden und unmittelbaren Gefahr gegenüber, für die gerüstet zu sein von vitaler Bedeutung ist.

Im Jahre 1995 bewertet der deutsche Historiker Klaus Hildebrand die Folgen der zweiten Marokkokrise von 1911:

Zeitweise schien der fatale Hang zum militärischen Schlag im Deutschen Reich geradezu übermächtig. Mitte August [1911], nach dem vorläu-
35 figen Abbruch der diplomatischen Beziehungen zu Frankreich, hatte Generalstabschef Moltke[1] seinen von düsterer Entschlossenheit geprägten Empfindungen über „die unglückselige Marokko-Geschichte" den nämlichen Ausdruck verlie-
40 hen: „Wenn wir aus dieser Affäre wieder mit eingezogenem Schwanz herausschleichen, wenn wir uns nicht zu einer energischen Forderung aufraffen können, die wir bereit sind, mit dem Schwert zu erzwingen, dann verzweifle ich an
45 der Zukunft des Deutschen Reiches [...]." [...] bestehen blieb [...] die spezifische Bereitschaft der Militärs zum Präventivkrieg, die das politische Geschehen bis in die Julikrise 1914 hinein prägte. In allen Himmelsrichtungen Europas setzte nun
50 ein verstärktes Wettrüsten ein, schlugen die Wogen des aufgepeitschten Nationalismus hoch; nahm die Bedeutung des Militärischen nochmals zu.

Erster Text: Günter Schönbrunn (Bearb.), a.a.O., S. 689
Zweiter Text: George P. Gooch und Harold Temperley (Hrsg.), Die Britischen Amtlichen Dokumente über den Ursprung des Weltkrieges 1898–1914, dt. Ausgabe hrsg. von Hermann Lutz, Bd. 7.1, Berlin 1932, S. 531
Dritter Text: Klaus Hildebrand, Das vergangene Reich. Deutsche Außenpolitik von Bismarck bis Hitler 1871–1945, Stuttgart 1995, S. 267 f.

1. *Zeigen Sie die Gründe für das Vorgehen des Deutschen Reiches in Marokko auf.*
2. *Erläutern Sie, wie der deutsche „Panthersprung nach Agadir" von den anderen europäischen Mächten aufgenommen wurde.*
3. *Die zweite Marokkokrise wird häufig als „Wasserscheide" auf dem Weg zum Ersten Weltkrieg bezeichnet. Erörtern Sie diese Aussage.*

---

[1] *Helmuth von Moltke (1848–1916) war seit 1906 Chef des Großen Generalstabes in Berlin, der höchsten militärischen Planungsbehörde des Deutschen Reiches.*

Europäische Varianten imperialistischer Politik

„Wettlauf nach Afrika"

Bis in die 1870er-Jahre war das Innere Afrikas noch weitgehend unerschlossen und nur etwa zehn Prozent des Kontinents in europäischer Hand. Die europäische Präsenz beschränkte sich hauptsächlich auf Handelsniederlassungen an den Küsten, von denen aus seit dem 18. Jahrhundert Kakaobohnen, Palm- und Erdnussöl, Bauholz, Kautschuk, Elfenbein, Gold und Edelsteine verschifft wurden. Bis zu dieser Zeit war es nur wenigen Europäern gelungen, weiter in das Landesinnere vorzustoßen. Dies lag nicht nur an den klimatischen und geografischen Bedingungen, sondern auch an den afrikanischen Völkern, die den Binnenhandel beherrschten und sich fremden Händlern zunächst erfolgreich widersetzten.

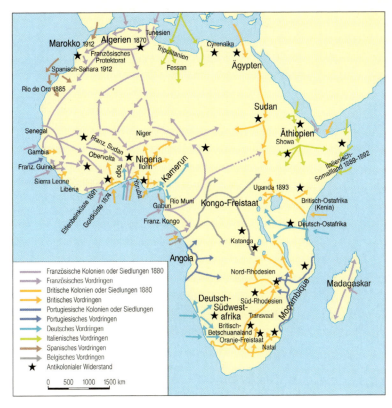

▲ Europäisches Vordringen in Afrika.

Seit den 1880er-Jahren wandelte sich die Situation grundlegend: Innerhalb von weniger als zwei Jahrzehnten teilten „alte" und „neue" Kolonialmächte nahezu den gesamten afrikanischen Kontinent unter sich auf. Als Initialzündung für diesen Vorgang, den die britische Tageszeitung „Times" 1884 als „Wettlauf nach Afrika" („scramble for Africa") bezeichnete, gilt die Besetzung Ägyptens durch die Briten im Jahr 1882. Dort hatten Frankreich und Großbritannien zur Sicherung der in das Land investierten europäischen Kapitalanlagen eine gemeinsame Staatsschuldenverwaltung eingerichtet. Als sich aufgrund nationalistischer Widerstände die indirekte Herrschaft und damit auch die Kontrolle über den Suez-Kanal nicht mehr aufrechterhalten ließ, griff die britische Flotte Alexandria an und besetzte das Land. Die freie Passage nach Indien wurde gesichert und zugleich die französische Konkurrenz ausgeschaltet, die mit scharfem Protest reagierte.

Frankreich hatte nach dem Verlust großer Teile seines überseeischen Besitzes an Großbritannien im 18. Jahrhundert seit 1830 in Indochina und Nordafrika begonnen, ein „zweites" Kolonialreich aufzubauen. Doch erst um 1880 setzte eine zielgerichtete Expansion großen Ausmaßes ein. Durch eine machtvolle Kolonialpolitik sollte Frankreichs Großmachtstellung bewahrt und das durch die Niederlage von 1870/71 gegen Deutschland gedemütigte nationale Selbstbewusstsein wiederaufgerichtet werden (▶ M1). 1881 besetzte Frankreich Tunis. Nach dem Verlust des Einflusses in Ägypten zugunsten der Briten dehnte sich der französische Einfluss auf Madagaskar, den Senegal, die Westküste und den unteren Kongo aus.

Die Aufteilung der Welt unter den imperialistischen Mächten

Vorangetrieben wurde die Expansion durch die Ansprüche eines neuen Mitkonkurrenten, den belgischen König *Leopold II.*, der sich die persönliche Herrschaft über den Kongostaat sichern wollte. Auch Italien zeigte erstmals Interesse an Kolonien und nahm im Verlauf der 1880er-Jahre Teile Eritreas und den Süden Somalias in Besitz. Im allgemeinen Sog des Wettlaufs wurden auch die alten Kolonialmächte Spanien und Portugal wieder aktiv und reklamierten traditionelle Gebietsrechte. Als Afrika schon weitgehend „aufgeteilt" war, begann auch das Deutsche Reich Ansprüche zu stellen und Schutzgebiete zu erwerben.

Angesichts des steigenden Konkurrenzdrucks wurden auch Gebiete in Besitz genommen, die ökonomisch nahezu keinen Nutzen besaßen. Britische und französische Politiker gingen verstärkt zu „präventiven" Annexionen über, um zu verhindern, dass ihnen ein Konkurrent zuvorkam. Die durch ein solches Vorgehen ausgelöste Kettenreaktion sorgte dafür, dass es schließlich kaum noch einen weißen Flecken auf der afrikanischen Landkarte gab.

Triebkräfte der Expansion: „Subimperialismus" und „men on the spot"

Die europäischen Mächte konnten den afrikanischen Kontinent vor allem aufgrund ihrer militärischen Überlegenheit so schnell unter ihre Herrschaft bringen. Angestoßen wurde die imperialistische Expansion meist durch sogenannte *men on the spot*, die der Inbesitznahme von Gebieten erst den Boden bereiteten: Forschungsreisende hatten mit der Erkundung und Kartografierung des Landesinneren das europäische Interesse auf den „dunklen Kontinent" gelenkt und immer mehr koloniale Abenteurer, weiße Kaufleute, Siedler, Militärs und Missionare angelockt. Diese „Männer vor Ort" verfolgten häufig ihren eigenen *Subimperialismus*, indem sie oftmals auch gegen den Willen der heimatlichen Regierung neue Gebiete im Namen der eigenen Nation für sich in Anspruch nahmen.

Ehrgeizige Offiziere, die wegen der schlechten Kommunikationsverbindungen von den Metropolen aus nur wenig kontrolliert werden konnten, nutzten nicht selten ihre Freiräume, um Eroberungen vorzunehmen und sogar Kriege gegen die einheimischen Völker zu provozieren. Auch weiße Siedler, die auf der Suche nach Farm- und Weideland tief in das Landesinnere vordrangen, forderten den Widerstand der ansässigen Völker heraus. Um ein Ausgreifen der Konflikte zu vermeiden, sah sich vor allem die britische Regierung wiederholt zu staatlichen Interventionen und der nachträglichen formellen Inbesitznahme der Gebiete veranlasst. Erst zu Beginn des 20. Jahrhunderts wurde der Staat zum alleinigen Träger der imperialistischen Erwerbspolitik.

Prominentester Vertreter des britischen Imperialismus „vor Ort" war *Cecil Rhodes*, ein britischer Unternehmer, der mit seiner privaten Chartergesellschaft in mehreren Kriegen ein riesiges Gebiet im Süden Afrikas – das später nach ihm benannte „Rhodesien" (heute Simbabwe) – eroberte (▶ M2). Seinem großen Ziel, ein durchgehendes britisches Territorium vom Kap bis nach Kairo zu schaffen, standen allerdings die deutschen Besitzungen in Ostafrika im Wege. Für Frankreich tat sich der Afrikaforscher und Kolonialpionier *Pierre Savorgnan de Brazza* hervor, dessen erworbene Gebiete 1882 zur Kolonie Französisch-Kongo zusammengefasst wurden. Mit dem Pastorensohn und promovierten Historiker *Carl Peters* besaß auch das deutsche Kaiserreich seinen bekanntesten Kolonialisten, der gemeinsam mit seinen Anhängern den Plan eines „deutschen Indiens" in Afrika mit Landerwerb im Osten des Kontinents zu verwirklichen

50 *Europäische Varianten imperialistischer Politik*

suchte. Aufgrund seines brutalen Vorgehens gegen die afrikanische Bevölkerung wurde er 1897 unehrenhaft aus dem deutschen Kolonialdienst entlassen.

Insgesamt erfolgte die Übernahme der afrikanischen Territorien weniger durch Überfälle und Eroberungskriege, sondern meist durch den freiwilligen, häufig auch gewaltsam erzwungenen Abschluss von „Schutzverträgen", in denen die Afrikaner ihr Land und ihre Rechte abtraten. Dabei nutzten die Europäer die Unkenntnis der Bevölkerung aus, die die Abmachungen oft fälschlicherweise als Handels- und Bündnisverträge interpretierten. Dies zeigt, dass die einheimischen Völker nicht nur passive Opfer waren, sondern auch ihrerseits ein Interesse daran hatten, mit den europäischen Eroberern zusammenzuarbeiten. Besonders die Errichtung und Aufrechterhaltung der britischen indirekten Herrschaft wäre ohne die Zusammenarbeit der einheimischen Führungsschichten in Asien und Afrika nicht möglich gewesen.

Die „Kongo-Konferenz"

Die Eroberung Afrikas war bereits in vollem Gange, als sich vom 15. November 1884 bis zum 26. Februar 1885 Vertreter der führenden europäischen Mächte sowie der USA und des Osmanischen Reiches zu einer Konferenz in Berlin trafen, um die Einflussgebiete aller Mächte auf dem Kontinent zu ordnen. Auf dieser *Berliner Westafrikakonferenz* – aufgrund der konkurrierenden Besitzansprüche im Kongogebiet auch als *Kongo-Konferenz* bezeichnet – wurde Afrika zur „terra nullius" erklärt und das „herrenlose Land" auf dem Papier aufgeteilt. Ohne Rücksicht auf jegliche Besitzansprüche und Souveränitätsrechte der

▲ *Die Westafrikakonferenz in Berlin, Holzschnitt nach einer Zeichnung Hermann Lüders von 1884.*
„Ich kann nicht darüber hinwegsehen, dass in unserem Kreis keine Eingeborenen vertreten sind, und dass die Beschlüsse dennoch von größter Wichtigkeit für sie sein werden." Mit diesen Worten eröffnete der britische Vertreter und Botschafter in Berlin, Sir Edward Malet, am 15. November 1884 die Westafrikakonferenz. Auf der fünf Meter hohen Afrikakarte im großen Festsaal des Kanzleramtes wurde der Kontinent mit dem Lineal aufgeteilt.

Die Aufteilung der Welt unter den imperialistischen Mächten

afrikanischen Bevölkerung, ihrer Sprachen und Kultur, wurden willkürliche Grenzen durch den Kontinent gezogen, Völker auseinandergerissen und fremde oder gar feindliche Ethnien in einem Territorium vereinigt.

Am Ende der Konferenz, deren Verlauf an ein Strategiespiel erinnert, hatten die Teilnehmer ihre Einflusszonen abgegrenzt, sich auf die Bekämpfung des einheimischen Sklavenhandels geeinigt und vertragliche Richtlinien für freien Handel und Mission festgelegt. Das Kongogebiet, auf das neben dem belgischen König auch Großbritannien, Frankreich und Portugal Ansprüche erhoben hatten, erklärten die Mächte zur neutralen Freihandelszone und unterstellten es als *Kongo-Freistaat* der privaten Verwaltung des belgischen Königs. Zudem wurden allgemeine „Spielregeln" für die Inbesitznahme neuer Gebiete vereinbart, um koloniale Rivalitäten künftig auszuschließen. Die internationale Anerkennung von Territorien sollte von nun an durch das Prinzip der „effektiven Kontrolle" gewährleistet werden: Bei Annexionen reichten das Hissen einer Fahne oder Vertragsschlüsse mit den lokalen Machthabern nicht mehr aus; vielmehr musste die Übernahme eines Gebietes den anderen Mächten rechtzeitig bekannt und durch eine erkennbare Präsenz vor Ort mit festen Stützpunkten und einer entsprechenden Infrastruktur (z.B. Handelsstationen, Polizeitruppen, Missionsposten) kenntlich gemacht werden. Diese Vereinbarung beschleunigte den „Wettlauf" der europäischen Staaten und die formelle Besitznahme von Territorien.

Ein „Platz an der Sonne": Deutschlands Einstieg in die Weltpolitik

Angesichts der Furcht, bei der Aufteilung der Erde leer auszugehen, setzte seit den 1870er-Jahren auch im Deutschen Reich eine verstärkte Diskussion um die Notwendigkeit einer Kolonialpolitik ein. Eine Vielzahl kleinerer und größerer Kolonialvereine sowie mächtige Interessenverbände propagierten den kolonialen Gedanken im ganzen Land und begannen damit, Druck auf die Regierung auszuüben, um die territoriale Expansion voranzutreiben (▶ M3).

Reichskanzler *Otto von Bismarck* stand dem Erwerb von Kolonien ablehnend gegenüber. Er scheute die finanziellen Belastungen und möglichen Konflikte mit den anderen Mächten. Seine Außenpolitik richtete sich vielmehr auf die Machtverhältnisse in Europa, die sich nach der Gründung des Deutschen Reiches grundlegend verändert hatten. Um den Nachbarstaaten die Furcht vor einem deutschen Vormachtstreben zu nehmen, erklärte Bismarck das Deutsche Reich für „saturiert", d.h. als territorial zufriedengestellt. Vorrangig bemühte er sich darum, die Position des Reiches über ein komplexes Bündnissystem zu stabilisieren und vor allem der Gefahr einer Zweifrontenstellung zwischen Frankreich und Russland vorzubeugen.

Dass Bismarck schließlich seine Haltung änderte und das Deutsche Reich unter ihm in den Jahren 1884/85 seine ersten Kolonien erwarb, ist auf den zunehmenden innenpolitischen Druck und die günstige außenpolitische Lage zurückzuführen. 1884 gab er den Forderungen hanseatischer Kaufleute nach der Sicherung ihrer Erwerbungen und Handelsinteressen nach: Zunächst unterstellte er die von dem Bremer Kaufmann *Adolf Lüderitz* erworbenen Gebiete an der Südwestküste Afrikas unter deutschen Reichsschutz (*Deutsch-Südwestafrika*, heute Namibia). In Westafrika (Togo und Kamerun) wurde der Reichskommissar *Gustav Nachtigal* in diesem Sinne für die Gebiete weiterer Handelshäuser und Gesellschaften tätig. Es folgten *Deutsch-Ostafrika* (heute Tansania, Burundi und Ruanda), Neuguinea sowie einige Südseeinseln (u.a. *Deutsch-Samoa*).

Europäische Varianten imperialistischer Politik

Unter Kaiser *Wilhelm II.* setzte nach 1890 eine grundsätzliche Umorientierung der deutschen Außenpolitik ein. Mit dem beeindruckenden Aufstieg des jungen Staates war auch das nationale Selbstbewusstsein gewachsen. Vielen Zeitgenossen genügte die von Bismarck geprägte defensive und hauptsächlich auf europäischen Ausgleich bedachte „Kontinentalpolitik" nicht mehr. Deutschland müsse seinen Anspruch als „Weltmacht" durchsetzen, der dem deutschen Großmachtstatus angemessen sei (▶ M4). 1897 brachte der Staatssekretär des Auswärtigen Amtes, *Bernhard von Bülow*, diese von vagen Stimmungen und Interessen geprägte neue Weltpolitik in einer Reichstagsrede programmatisch auf den Punkt: „Wir wollen niemand in den Schatten stellen, aber wir verlangen einen Platz an der Sonne." Das Resultat war eine sprunghafte und aggressive deutsche Politik, die im Ausland als unberechenbar empfunden wurde.

„Deutsche Reichs-Colonial-Uhr",
38,5 x 31,5 cm, um 1900

Koloniale Rivalitäten werden zu internationalen Krisen

Auf der „Kongo-Konferenz" hatten die Kolonialmächte zwar Regelungen für die formale Einnahme weiterer Gebiete getroffen. Der Fall, dass zwei Kolonialmächte wegen unpräziser Karten gleichzeitig Anspruch auf dasselbe Gebiet erhoben, wurde jedoch nicht berücksichtigt und musste angesichts der fortschreitenden Expansion zwangsläufig zu Konflikten führen. Dies betraf insbesondere die beiden größten Kolonialmächte Frankreich und Großbritannien, die sich mit der weiteren Ausdehnung ihrer afrikanischen Besitzungen – die Franzosen von West nach Ost und die Briten von Nord nach Süd (*Kap-Kairo-Linie*) – aufeinander zu bewegten. Im Sudan bei dem kleinen Ort *Faschoda* (Kodok) am oberen Nil stießen die beiden Mächte schließlich 1898 aufeinander. Da zunächst keine Seite auf ihre Ansprüche verzichten wollte und groß angelegte Pressekampagnen die nationalen Emotionen in beiden Staaten aufheizten, drohte sich die Situation zu einer gefährlichen internationalen Krise auszuweiten. Längst ging es nicht mehr nur um kolonialen Gebietsgewinn, sondern um die Demonstration des eigenen Großmachtstatus. Angesichts der Kriegsgefahr und seiner eindeutig schwächeren Position zog sich Frankreich schließlich zurück und traf im Frühjahr 1899 mit Großbritannien einen Interessenausgleich, bei dem das Niltal als britische und der westliche Sudan als französische Einflusszone festgelegt wurde.

Bis 1904 gelang es den beiden Mächten, weitere kolonialpolitische Gegensätze zu bereinigen und im selben Jahr ihr „herzliches Einvernehmen" in einem danach benannten beiderseitigen Abkommen (*Entente cordiale*) zu besiegeln. Hierin erkannte Frankreich Ägypten endgültig als rein britisches Interessengebiet an, während England bereit war, den von Frankreich angestrebten verstärkten Einfluss in Marokko zu billigen.

Die Aufteilung der Welt unter den imperialistischen Mächten

Die Entente cordiale bewirkte in der Folge nicht nur eine politische Annäherung der kolonialen Erzrivalen Großbritannien und Frankreich in Übersee, sondern zunehmend auch eine Kooperation der beiden Staaten innerhalb des Mächtesystems. Charakteristisch für die imperialistische Expansion um 1900 ist, dass nicht nur koloniale Konflikte unmittelbar auf Europa zurückwirkten und damit die Spannungen zwischen den Mächten ständig zunahmen, sondern zudem die erfolgreiche Verständigung an der Peripherie Möglichkeiten für innereuropäische Diplomatie bieten konnte.

	1880	1890	1900	1910	1914
Russland	791 000	677 000	1 162 000	1 285 000	1 352 000
Frankreich	543 000	542 000	715 000	769 000	910 000
Deutschland	426 000	504 000	524 000	694 000	891 000
Großbritannien	367 000	420000	624 000	571 000	532 000
Österreich-Ungarn	246 000	346 000	385 000	425 000	444 000
Italien	216 000	284 000	255 000	322 000	345 000
Japan	71 000	84 000	234 000	271 000	306 000
Vereinigte Staaten	34 000	39 000	96 000	127 000	164 000

▲ *Truppen- und Flottenstärke der Mächte 1880–1914, nach: Paul Kennedy, a.a.O., S. 313.*

Flottenwettrüsten und veränderte Bündniskonstellationen

Programmatischer Bestandteil der energisch verfolgten deutschen „Weltpolitik" war die Entscheidung zum Aufbau einer großen Schlachtflotte. Admiral *Alfred von Tirpitz*, der seit 1897 als Staatssekretär das Reichsmarineamt leitete, setzte dies in einem *Flottenbauprogramm* um. Umfassende Werbeaktionen einflussreicher nationalistischer Verbände, wie der *Alldeutsche Verband* oder der von Tirpitz 1898 zu diesem Zweck ins Leben gerufene *Deutsche Flottenverein*, verschafften dem Flottengedanken in weiten Teilen der Bevölkerung große Popularität. Für die Durchsetzung seiner Pläne konnte Tirpitz nicht zuletzt auf die Zustimmung Kaiser Wilhelms II. zählen, sodass schließlich gegen den Widerstand der Sozialdemokraten eine ausreichende Reichstagsmehrheit für die von Tirpitz konzipierten *Flottengesetze* (1898/1900) gewonnen werden konnte.

Kern des Flottenbauprogramms war der gegen England gerichtete „Risikogedanke": Für Großbritannien – den Hauptgegner einer deutschen Weltmachtstellung – sollte das Risiko eines Krieges gegen Deutschland so hoch werden, dass es angesichts des drohenden Verlustes seiner Seemachtstellung zu einer Annäherung an Deutschland oder zumindest zu kolonialen Konzessionen gezwungen werden konnte.

Das Gegenteil trat ein: Der Flottenbau verschlechterte das Verhältnis zu Großbritannien, das sich zu einem angestrengten Rüstungswettkampf von bislang ungekanntem Ausmaß herausgefordert sah (♦ M5). Während der Argwohn gegen die deutsche Politik wuchs, bemühte sich England, an anderer Stelle Konflikte zu entschärfen, um sich ganz auf den neuen Konkurrenten zu konzentrieren. 1904 wurden die kolonialen Auseinandersetzungen mit Frankreich in der Entente cordiale begraben und im Jahre 1907 erfolgte sogar eine Verständigung zwischen Großbritannien und Russland über offene Fragen in Asien. Während sich Deutschland durch diese veränderten Beziehungen der europäischen Mächte zunehmend „eingekreist" und isoliert fühlte, wuchs die Sorge der anderen Mächte vor einer deutschen Hegemonie in Europa und führte zu immer stärkeren Rüstungsanstrengungen.

Europäische Varianten imperialistischer Politik

Wachsende internationale Spannungen am Vorabend des Ersten Weltkrieges

Die Spannungen zwischen dem Deutschen Reich und den Westmächten Frankreich und England spitzten sich in den beiden *Marokkokrisen* von 1905 und 1911 weiter zu (▶ M6). In Marokko war das deutsche Handels- und Industriekapital bereits seit den 1880er-Jahren aktiv geworden und hatte seine Interessen 1890 über einen deutsch-marokkanischen Handelsvertrag abgesichert. Als Frankreich nach der 1904 im Rahmen der Entente cordiale getroffenen Vereinbarung mit Großbritannien versuchte, das formal unabhängige Land ohne Rücksicht auf deutsche Ansprüche zum französischen Protektorat zu machen, sah sich das Deutsche Reich zu einer Gegenoffensive veranlasst: Im März 1905 landete Kaiser Wilhelm II. in der marokkanischen Hafenstadt Tanger und gab dort eine Erklärung über die Souveränität Marokkos ab, um die Forderung nach einem deutschen Mitspracherecht zu demonstrieren. Zugleich sollte die Festigkeit der Entente cordiale auf die Probe gestellt werden.

Zur Regelung der dadurch ausgelösten Krise drängte die deutsche Reichsregierung 1906 zu einer internationalen Konferenz im spanischen *Algeciras*, von der sie sich eine diplomatische Niederlage Frankreichs und eine Schwächung des französisch-britischen Bündnisses versprach. Entgegen seinen Erwartungen fand sich das Deutsche Reich dort jedoch vollständig isoliert, weil mit Ausnahme Österreich-Ungarns alle anderen europäischen Mächte aufseiten Großbritanniens und Frankreichs standen. Die „Algeciras-Akte" garantierte zwar die formelle Unabhängigkeit Marokkos, 1909 legte jedoch eine weitere Konferenz die politische Vorrangstellung Frankreichs bei gleichzeitigem freien wirtschaftlichen Zugang für alle anderen Mächte fest.

Damit waren die Auseinandersetzungen um Marokko jedoch nicht beendet. 1911 kam es zu einer zweiten Marokkokrise, als Frankreich aufgrund ausländerfeindlicher Unruhen die Hauptstadt Fes militärisch besetzte. Deutschland sah darin einen Verstoß gegen den Vertrag von Algeciras. Der Staatssekretär im Auswärtigen Amt, *Alfred von Kiderlen-Waechter*, mobilisierte eine lautstarke Pressekampagne des Alldeutschen Verbandes, um dann – scheinbar von der „öffentlichen Meinung" gezwungen – von Frankreich für dessen „Verstoß" als Entschädigung das französische Kongogebiet zu verlangen. Die Entsendung des deutschen Kanonenbootes „Panther" in das westmarokkanische Agadir (*Panthersprung nach Agadir*) sollte seinen Forderungen zusätzlich Nachdruck verleihen.

▶ *„Die Teilung Marokkos."*
Edward [VII. von England]: „Guten Appetit, reizende Marianne!" Bülow: „Halt, nur ansehen – du verdirbst dir sonst den Magen!" Karikatur aus „Der wahre Jacob" von 1905.
• Bestimmen Sie den Hintergrund der Szene und erläutern Sie, auf welche Weise die Figuren dargestellt sind. Welche politische Haltung des Zeichners lässt sich aus der Karikatur ablesen?

Die Aufteilung der Welt unter den imperialistischen Mächten

Die in der deutschen Öffentlichkeit bejubelte Drohgeste hatte jedoch schwerwiegende internationale Folgen: Das diplomatisch übergangene England wies die deutsche Politik der Einschüchterung scharf zurück, stellte sich an die Seite Frankreichs und versetzte zeitweilig sogar seine Marine in Alarmzustand. Gleichzeitig mehrten sich die englandfeindlichen Stimmen im Deutschen Reich, die von einer immer größeren Kriegsbereitschaft zeugten.

Auf beiden Seiten wurden Vorbereitungen für einen Präventivschlag getroffen, sodass Europa im September 1911 für einige Tage an der Schwelle eines Krieges stand. Nur mit äußerster Mühe konnte ein Kompromiss gefunden werden, mit dem beide Seiten ihr Gesicht wahren konnten: Frankreich erhielt endgültig Marokko, trat als Gegenleistung aber einige unbedeutende Gebiete in Zentralafrika an das Deutsche Reich ab.

In der Folge nahmen Rüstungswettlauf und Kriegsbereitschaft immer weiter zu. Alle Bemühungen um Rüstungsbegrenzungen und eine friedliche Beilegung der internationalen Konflikte blieben erfolglos. Die imperialen Rivalitäten, hochgeputschten öffentlichen Meinungen und die wachsenden internationalen Spannungen trugen dazu bei, dass die deutsche Regierung im Juli 1914 die „Flucht nach vorne" ergriff: Sie ließ eine Krise auf dem Balkan eskalieren, die im Ersten Weltkrieg endete. Damit fand das Zeitalter des Hochimperialismus sein Ende.

◀ „Jetzt geht's los!" Deutsche Reservisten und Freiwillige fahren auf einem Lastwagen durch Berlin, Foto vom August 1914.

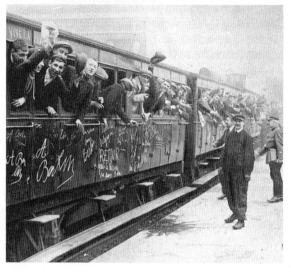

◀ Französische Soldaten bei der Abfuhr vom Pariser Ostbahnhof an die Front, Foto von 1914 (Ausschnitt). In allen beteiligten, europäischen Staaten wurden weite Teile der Bevölkerung von einer Kriegshysterie erfasst, die die vielen kritischen Stimmen untergehen ließ. Schon bald sollte sich die Hoffnung auf einen schnellen und einfachen Sieg jedoch als Trugschluss erweisen: Mit rund 10 Millionen Toten wurde der Erste Weltkrieg zu einer Menschen- und Materialschlacht völlig neuer Dimension.

2.3 Legitimation und Praxis europäischer Kolonialherrschaft

Kolonialmächte
(Zeichnungen von Th. Th. Heine)

So kolonisiert der Deutsche.

So kolonisiert der Engländer.

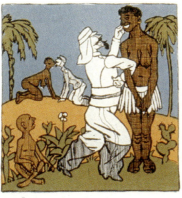

So der Franzose

und so der Belgier.

▶ „So kolonisiert…" Karikaturserie aus dem „Simplicissimus" von Thomas Theodor Heine, 1905.
• Bestimmen Sie die Eigenschaften, die der Zeichner den unterschiedlichen Kolonialmächten zuschreibt und charakterisieren Sie die typisiert dargestellte Kolonialpolitik.

◀ Die britische Königin Viktoria und Prinz Albert überreichen einem afrikanischen Chief („Häuptling"; vgl. S. 64, Anm. 1) eine Bibel, Gemälde von T. Jones Barker, 1861.

M1
Kultur und Fortschritt verbreiten

Der französische Historiker, Außen- und Kolonialminister Gabriel Hanotaux 1902 über die Ziele der französischen Kolonialpolitik:

Die Völker sind so groß und so fruchtbar wie die Größe und die Zukunftsdimension der Aufgaben, vor die sie gestellt sind. Man möge mich recht verstehen: Es geht nicht allein um eine ge-
5 waltige Zurschaustellung von Eroberungen; es geht auch nicht um die Vergrößerung des öffentlichen und privaten Reichtums; es geht darum, über die Meere hinweg in gestern noch unzivilisierten Ländern die Prinzipien einer Zivilisation
10 auszubreiten, deren sich eine der ältesten Nationen der Erde sehr zu Recht rühmen kann; es geht darum, in unserem Umkreis und in weiter Ferne so viele neue Frankreichs zu schaffen wie möglich; es geht darum, inmitten der stürmischen
15 Konkurrenz der anderen Rassen, die sich alle auf denselben Weg begeben haben, unsere Sprache, unsere Sitten, unser Ideal, den Ruf Frankreichs und des Romanentums zu bewahren.

1922 rechtfertigt der ehemalige britische Offizier, Kolonialbeamte und erste Generalgouverneur des vereinigten Nigeria (1912–1919), Lord Frederick D. Lugard, die imperialistische Politik seines Landes:

So wie der Imperialismus der Römer die moderne
20 Zivilisation begründete und einst die Barbaren der britischen Inseln auf den Weg des Fortschritts führte, so erstatten wir heute in Afrika unsere historische Dankesschuld und tragen die Fackel von Kultur und Fortschritt in die dunklen Winkel der Erde, die Brutstätten von Barbarei und 25 Grausamkeit. Gleichzeitig dienen wir dabei den materiellen Bedürfnissen unserer eigenen Zivilisation.

Erster Text: Wolfgang J. Mommsen (Hrsg.), Imperialismus. Seine geistigen, politischen und wirtschaftlichen Grundlagen. Ein Quellen- und Arbeitsbuch, Hamburg 1977, S. 109
Zweiter Text: Frederick D. Lugard, The Dual Mandate in British Tropical Africa, Edinburgh ³1926, S. 618

1. *Erläutern Sie, mit welchen Vorstellungen Hanotaux und Lugard Imperialismus und koloniale Herrschaft begründen.*
2. *Untersuchen Sie, was Lugard und Hanotaux unter dem Begriff der „Zivilisation" verstehen. Wie stellt sich der Zusammenhang von Zivilisation und Herrschaft dar?*
3. *Nennen Sie die Motive und zentralen Inhalte, die dem dargestellten Sendungsbewusstsein zugrunde liegen.*
4. *Finden Sie eine allgemeine Definition des Begriffs „Zivilisierungsmission" und suchen Sie nach Beispielen, bei denen eine solche Begründung als Rechtfertigung für ein militärisches Eingreifen diente. Diskutieren Sie, ob diese Haltung allein ein Phänomen des 19. Jahrhunderts gewesen ist.*

Europäische Varianten imperialistischer Politik

M2
„Sterbende Nationen"

In einer Rede am 4. Mai 1898 nimmt der britische Premierminister Lord Robert A. Salisbury folgende Unterteilung der Welt vor:

Sie können die Nationen der Welt grob einteilen in die lebenden und die sterbenden. Auf der einen Seite haben wir große Länder von enormer Macht, deren Macht jedes Jahr
5 wächst, deren Wohlstand wächst, deren Herrschaftsgebiete wachsen, deren Perfektion der Organisation wächst. Eisenbahnen haben ihnen die Macht gegeben, an jedem beliebigen Punkt die gesamte militärische Macht ihrer Bevölkerung
10 zu konzentrieren und Armeen von einer Größe und Stärke zu sammeln, von denen die vergangenen Generationen nicht einmal geträumt hätten. Die Wissenschaft hat diesen Armeen Waffen von einer ständig wachsenden Effektivität der
15 Zerstörung in die Hand gegeben [...].
An ihrer Seite gibt es eine Reihe von Gemeinschaften, die ich nur als sterbend bezeichnen kann, obwohl dieser Beiname ihnen natürlich in sehr unterschiedlichen Graden und mit einer
20 sehr unterschiedlichen Sicherheit gegeben werden kann. Dies sind meistens Gesellschaften, die nicht christlich sind, aber ich bedaure sagen zu müssen, dass dies nicht immer der Fall ist, und in diesen Staaten schreitet Desorganisation und
25 Verfall fast genauso schnell fort, wie die Konzentration und das Wachstum der Macht in den lebenden Nationen wächst, die neben ihnen stehen. Jahrzehnt nach Jahrzehnt werden sie schwächer, ärmer [...], gehen offensichtlich näher
30 und näher ihrem Schicksal entgegen und klammern sich noch mit einer merkwürdigen Hartnäckigkeit an ihr Leben. In ihnen wird die Misswirtschaft nicht nur nicht geheilt, sondern wächst konstant an. Die Gesellschaft und die Eli-
35 ten, die Verwaltung besteht in einem Durcheinander der Korruption, sodass es keinen festen Grund gibt, auf den irgendeine Hoffnung für Reformen oder Restauration gegründet werden könnte, und in unterschiedlichem Grade präsen-
40 tieren sie dem aufgeklärten Teil der Welt ein schreckliches Bild [...].
Alles was ich feststellen kann ist, dass der Prozess

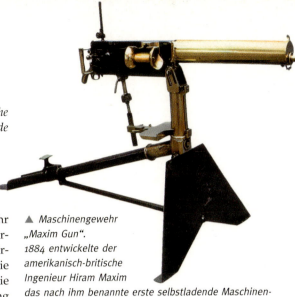

▲ Maschinengewehr „Maxim Gun".
1884 entwickelte der amerikanisch-britische Ingenieur Hiram Maxim das nach ihm benannte erste selbstladende Maschinengewehr, das die britischen Truppen mit großer Wirkung in den afrikanischen Kolonialkriegen und zur Niederschlagung von Aufständen einsetzten. 1898 fasste der englische Schriftsteller Hilaire Belloc die Überlegenheit der Briten in dem Vers zusammen: „Whatever happens, we have got / the Maxim Gun, and they have not."

weitergeht, dass die schwachen Staaten schwächer und die starken Staaten stärker werden. [...]
45 Aus welchem Grund auch immer – wegen der politischen Notwendigkeiten oder unter dem Vorwand der Menschenfreundlichkeit – werden die lebenden Nationen graduell auf das Territorium der sterbenden vordringen, und die Ursa-
50 chen und Gründe für Konflikte zwischen den lebenden Nationen werden schnell zunehmen. Natürlich ist nicht anzunehmen, dass eine der lebenden Nationen erlaubt werden wird, das profitable Monopol zu haben, diese unglücklichen
55 Patienten zu heilen oder sie aufzuschneiden [Gelächter], und die Kontroverse wird sich dann darum bewegen, wer das Privileg dazu haben wird.

The Times, 5. Mai 1898, übersetzt von Boris Barth

1. Erläutern Sie, nach welchen Kriterien Salisbury die Welt unterteilt.
2. Diskutieren Sie die Argumente, mit denen der Niedergang der „schwächeren Nationen" begründet wird und welche Konsequenzen Salisbury daraus zieht.

Legitimation und Praxis europäischer Kolonialherrschaft

◀ *Afrikanische Zwangsarbeiterinnen beim Straßenbau*, Foto um 1900.

M3
„Das Problem der niederen Rasse"

Der einflussreiche Theologe, Publizist und Interessenvertreter der deutschen Siedler in den Kolonien, Paul Rohrbach, hält am 10. Januar 1908 in der Vereinigung für staatswissenschaftliche Fortbildung einen Vortrag, in dem er ausführt:

Der natürlichen Arbeitsscheu und dem geringen natürlichen Erwerbstrieb der Neger [...] entsprach der geringe Wert des tropisch-afrikanischen Handelsumsatzes selbst noch im ersten und zweiten
5 Drittel des 19. Jahrhunderts. Natürliche Verkehrswege ins Innere hinein gab es dort nur in ganz geringem Umfange, und doch war auf anderem Wege, als durch Okkupation großer Landgebiete, keine verkehrswirtschaftliche Ausschließung
10 des Innern und direkte kräftige Beeinflussung der einheimischen Bevölkerung, sei es in Güte, sei es in Gewalt, und keine Steigerung des Handels zu erwarten. [...] Das Problem der Eingeborenenpolitik in Afrika ist das Problem der niede-
15 ren Rasse. [...] Die Eigenschaften des Negers im Naturzustande sind vor allem eine unbezähmbare, sein ganzes Sinnen- und Triebleben nach Art eines Dauerzustandes ausfüllende Sinnlichkeit; dazu Mangel an Voraussicht für die Zu-
20 kunft und eine große naive Eitelkeit. [...] Bei der Erziehung des Negers [...] hat sich gezeigt, dass seine Intelligenz und seine Fähigkeit sich äußere Fertigkeiten anzueignen, in hohem Grade entwicklungsfähig ist. Auf der anderen Seite sind
25 die Grundzüge seines Charakters, die Sinnlich-

keit, die Eitelkeit und der Leichtsinn, durch diese Art von Erziehung nicht verändert worden. Der Neger ist ausbildungsfähig nach der Seite der Intelligenz, der technischen und geschäftlichen Ge- 30
wandtheit. Nicht ausbildungsfähig, oder nur sehr mangelhaft ausbildungsfähig ist er nach der Seite des moralischen Wesens. [...] Nur an der Notwendigkeit des prinzipiellen Bekenntnisses zum Recht der höhe- 35
ren Rasse auf die Arbeit der niederen müssen wir festhalten. Wir Weißen haben ein Recht darauf, die Arbeitskraft des schwarzen Mannes für das Voranschreiten und die Verbesserung der Daseinsbedingungen unserer Rasse auszunutzen, 40
und wir müssen es nicht nur für sittlich erlaubt, sondern sogar für eine sittliche Notwendigkeit halten, die in den vielen Millionen afrikanischer Neger schlummernde ungenutzte Arbeitskraft für uns in Tätigkeit zu setzen. 45

Paul Rohrbach, Die Eingeborenenpolitik der europäischen Kolonialmächte in Afrika, in: Preußische Jahrbücher, Bd. 131, Berlin 1908, S. 275–316, hier S. 280, 310 f. und 314

1. *Nennen Sie die Gründe, die Rohrbach für die Ausübung kolonialer Herrschaft über afrikanische Völker anführt.*
2. *Bewerten Sie das Bild, das Rohrbach von den afrikanischen Völkern zeichnet.*

M4
Der Herero-Aufstand und seine Folgen

Am 2. Oktober 1904 erlässt der Kommandeur der deutschen Schutztruppe, General Lothar von Trotha, in Deutsch-Südwestafrika einen Schießbefehl gegen das aufständische Volk der Herero:

Die Herero sind nicht mehr deutsche Untertanen. Sie haben gemordet und gestohlen, haben verwundeten Soldaten Ohren und Nasen und andere Körperteile abgeschnitten und wollen jetzt aus

Europäische Varianten imperialistischer Politik

Feigheit nicht mehr kämpfen. Ich sage dem Volk: Jeder der einen der Kapitäne an eine meiner Stationen als Gefangene abliefert, erhält tausend Mark, wer Samuel Maherero bringt, erhält fünftausend Mark. Das Volk der Herero muss jedoch das Land verlassen. Wenn das Volk dies nicht tut, so werde ich es mit dem Groot Rohr[1]) dazu zwingen. Innerhalb der deutschen Grenze wird jeder Herero, mit oder ohne Gewehr, mit oder ohne Vieh erschossen, ich nehme keine Weiber und keine Kinder mehr auf, treibe sie zu ihrem Volke zurück oder lasse auf sie schießen. Dies sind meine Worte an das Volk der Herero. Der große General des mächtigen deutschen Kaisers.

Zwei Tage später berichtet er in einem Schreiben an Generaloberst Graf von Schlieffen über seine Strategie der Kriegsführung:

▲ Persiflage auf die den deutschen Soldaten nach der Niederschlagung des Aufstandes verliehenen Herero-Kriegsmedaille, Karikatur aus den „Lustigen Blättern" von 1904.

Es fragte sich nun für mich nur, wie ist der Krieg mit den Herero zu beenden. Die Ansichten darüber bei dem Gouverneur und einigen „alten Afrikanern" einerseits und mir andererseits gehen gänzlich auseinander. Erstere wollten schon lange verhandeln und bezeichnen die Nation der Herero als notwendiges Arbeitsmaterial für die zukünftige Verwendung des Landes. Ich bin gänzlich anderer Ansicht. Ich glaube, dass die Nation als solche vernichtet werden muss, oder, wenn dies durch taktische Schläge nicht möglich war, operativ und durch die weitere Detail-Behandlung aus dem Lande gewiesen wird. Es wird möglich sein, durch die erfolgte Besetzung der Wasserstellen von Grootfontein bis Gobabis und durch eine rege Beweglichkeit der Kolonnen die kleinen nach Westen zurückströmenden Teile des Volkes zu finden und sie allmählich aufzureiben. [...] Sie müssen jetzt im Sandfeld untergehen, oder über die Betschuanagrenze überzugehen trachten. Dieser Aufstand ist und bleibt der Anfang eines Rassenkampfes, den ich schon 1897 in meinen Berichten an den Reichskanzler für Ostafrika ausgesagt habe.

---

[1]) *kapholländisch für Geschütz, Kanone*

Nach der grausamen Niederschlagung des Aufstandes durch die deutschen Truppen äußert sich 1907 ein Herero über die Ursachen für den afrikanischen Widerstand:

Der Krieg ist von ganz kleinen Dingen gekommen, und hätte nicht [zu] kommen brauchen. Einmal waren es die „Stuurmann" [Kaufleute] mit ihrem schrecklichen Wucher und eigenmächtigem, gewaltsamen Eintreiben. [...] wer nicht zahlen wollte oder konnte, den verfolgten und plagten sie. Dann ist es der Branntwein gewesen, der die Leute schlecht und gewissenlos gemacht hat. Wenn jemand trinkt, dann ist es ihm gleich, was er tut. Aber das schlimmste Übel ist, was viel böses Blut und Streit hervorgerufen hat, die Vergewaltigung unserer Frauen durch Weiße. Manche Männer sind totgeschossen [worden] wie Hunde, wenn sie sich weigerten, ihre Frauen und Töchter preiszugeben und drohten, sie mit der Waffe in der Hand zu verteidigen. Wären solche Dinge nicht geschehen, wäre kein Krieg gekommen, aber er ist bei solchen Vergewaltigungen ausgebrochen. Er war mit einem Male da, und da war kein Halten mehr, jeder rächte sich, und es war, als sei kein Verstand mehr unter den Massen.

Legitimation und Praxis europäischer Kolonialherrschaft

◀ Alle Eingeborenen über sieben Jahre mussten Passmarken tragen, um Siedlern und Staat eine möglichst umfassende Kontrolle und schnelle Zugriffsmöglichkeiten auf die gesamte Bevölkerung als billige Arbeitskräfte zu ermöglichen.

Am 18. August 1907 trifft der Gouverneur von Deutsch-Südwestafrika folgende Maßregeln zur Kontrolle der Eingeborenen:

Aufgrund des § 15 des Schutzgebietsgesetzes [...] sowie des § 5 der Verfügung des Reichskanzlers vom 27. September 1903 [...] wird hiermit für den Bereich des südwestafrikanischen Schutzgebiets verordnet, was folgt:

§ 1. Eingeborene können nur mit Genehmigung des Gouverneurs Rechte oder Berechtigungen an Grundstücken erwerben.

§ 2. Den Eingeborenen ist das Halten von Reittieren oder Großvieh nur mit Genehmigung des Gouverneurs gestattet. [...]

§ 4. Eingeborene, die herumstreichen, können, wenn sie ohne nachweisbaren Unterhalt sind, als Landstreicher bestraft werden.

§ 5. Namens des Gouverneurs wird bis zur Ernennung besonderer Eingeborenen-Kommissare die Oberaufsicht über die Werften[1)] und die Lebensverhältnisse der Eingeborenen von dem zuständigen Bezirksamtmann geführt [...].

§ 8. Bezüglich der außerhalb bewohnter und bewirtschafteter Grundstücke lebenden Eingeborenen bestimmt die Aufsichtsbehörde den Ort der Niederlassung und die Zahl der Familien, die dort zusammen wohnen dürfen. Es bleibt der Aufsichtsbehörde überlassen, für größere Ortschaften ihres Bezirks oder Districts Bestimmungen zu treffen, wonach sich die dort wohnhaften Eingeborenen in der Zeit zwischen 9 Uhr abends und 4 Uhr morgens auf ihrer Werft zu befinden haben. [...]

§ 10. Die örtliche Aufsicht über Eingeborenen-Werften, die sich auf Regierungsland oder solchem Land befinden, das noch nicht vom Eigentümer oder sonst Berechtigten bewohnt oder unter Bewirtschaftung genommen ist, wird von den Organen der Aufsichtsbehörde ausgeübt.

§ 11. Die örtliche Aufsicht über andere Werften (Privatwerften) ist Sache des auf dem Grundstücke ansässigen Dienstherrn der Eingeborenen oder dessen Stellvertreters.

§ 12. Derjenige, dem die öffentliche Aufsicht über eine Privatwirtschaft obliegt, hat für den Gesundheitszustand und für die Aufrechterhaltung der Ordnung auf der Werft sowie für die Beobachtung der Vorschriften dieser Verordnung durch die Eingeborenen Sorge zu tragen. Er hat ein genaues Verzeichnis der seiner Aufsicht unterstellten Eingeborenen-Behausungen zu führen und darin die Namen und Beschäftigungen der Bewohner und die Nummern ihrer Passmarken anzugeben.

Erster, dritter und vierter Text: Horst Gründer (Hrsg.), „...da und dort ein junges Deutschland gründen". Rassismus, Kolonien und kolonialer Gedanke vom 16. bis zum 20. Jahrhundert, München 1999, S. 152–155
Zweiter Text: Michael Behnen, Quellen zur deutschen Außenpolitik im Zeitalter des Imperialismus 1890–1911, Darmstadt 1977, S. 292 f.

1. Erläutern Sie, welche Denkweisen sich hier auf die Kolonialpolitik auswirkten.
2. Erschließen Sie aus den Berichten die Lebensverhältnisse der afrikanischen Bevölkerung und welche Veränderungen die nach dem Aufstand erhobenen Maßregeln mit sich brachten. Worin drückte sich der Kolonialstatus aus?
3. Ausgehend von dem Schießbefehl von Trothas, der einen Monat später vom Kaiser zurückgenommen wurde, wird diskutiert, ob die Deutschen in Südwestafrika einen Genozid (Völkermord) begangen haben. Informieren Sie sich über den Genozidbegriff und suchen Sie nach Pro- und Kontra-Argumenten. Arbeiten Sie Ihre Ergebnisse zu einem Essay aus.

[1)] allgemein für die Siedlungen der farbigen Bevölkerung

Europäische Varianten imperialistischer Politik

▲ *Gefangene Herero, Foto nach 1904 (Ausschnitt). Die Überlebenden des Aufstandes wurden zur Zwangsarbeit herangezogen und in weit entfernte Konzentrationslager deportiert, wo Hunderte von Gefangenen – darunter vor allem Frauen und Kinder – umkamen. Die Bezeichnung wurde von den Engländern geprägt, die zuvor während des Burenkriegs (1899–1902) derartige Lager in Südafrika errichtet hatten.*

M5

„Wie Kolonialpolitik sein soll, und wie sie ist"

Am 1. Dezember 1906 geht der sozialistische Politiker und Mitbegründer der SPD August Bebel im Zusammenhang mit den Verhandlungen über ein höheres Haushaltsbudget für die Schutzgebiete auf die Kolonialpolitik allgemein und den Herero-Aufstand ein:

Meine Herren, dass Kolonialpolitik getrieben wird, ist an und für sich kein Verbrechen. Kolonialpolitik zu treiben kann unter Umständen eine Kulturtat sein; es kommt nur darauf an, wie die Kolonialpolitik getrieben wird. Es ist ein großer Unterschied, wie Kolonialpolitik sein soll, und wie sie ist. Kommen die Vertreter kultivierter und zivilisierter Völkerschaften, wie es z. B. die europäischen Nationen und die nordamerikanische sind, zu fremden Völkern als Befreier, als Freunde und Bildner, als Helfer in der Not, um ihnen die Errungenschaften der Kultur und Zivilisation zu überbringen, um sie zu Kulturmenschen zu erziehen, geschieht das in dieser edlen Absicht und in der richtigen Weise, dann sind wir Sozialdemokraten die ersten, die eine solche Kolonisation als große Kulturmission zu unterstützen bereit sind. (Sehr richtig! bei den Sozialdemokraten.) Wenn Sie also zu den fremden Völkerschaften als Freunde kommen, als Wohltäter, als Erzieher der Menschlichkeit, um Ihnen zu helfen, die Schätze ihres Landes, die andre sind als die unsrigen, heben zu helfen, um dadurch den Eingeborenen und der ganzen Kulturmenschheit zu nützen, dann sind wir damit einverstanden. [...] Aber das ist ja bei Ihrer Kolonialpolitik nicht der Fall. Sie kommen nicht als Befreier und Erzieher, sondern als Eroberer, als Unterdrücker, als Ausbeuter! (Sehr wahr! sehr richtig! links.)

Stenographische Berichte über die Verhandlungen des Reichstags, XI. Legislaturperiode, II. Session 1905/1906, 5. Bd., Berlin 1906, S. 4057 f.

1. *Erörtern Sie die Forderungen Bebels, die er im Hinblick auf die Kolonialpolitik stellt, und vergleichen Sie mit M1.*
2. *Der Imperialismusforscher John A. Hobson kritisiert um die Wende vom 19. zum 20. Jahrhundert die selbstlosen Argumente zur Rechtfertigung imperialistischer Expansion, bekennt sich aber zu zivilisatorischen Verpflichtungen gegenüber auf niederer Kulturstufe stehenden Völkern. Er knüpft diese Aufgabe an drei Voraussetzungen: „Sie müsste zum Wohl der gesamten Menschheit erfolgen, den betroffenen Völkern selbst Vorteile bringen und durch eine internationale Organisation institutionell gesichert und kontrolliert werden." Diskutieren Sie diesen Ansatz.*

Legitimation und Praxis europäischer Kolonialherrschaft

M6
Britische und französische Herrschaft im Vergleich

Der Historiker Michael Crowder vergleicht 1964 die Herrschaftssysteme in den verschiedenen afrikanischen Kolonien:

In Nordnigeria, das zum Modell für indirekte Herrschaft wurde, hielten es die Briten für ihre Aufgabe, das zu bewahren, was an den Institutionen der Eingeborenen gut war, und ihnen zu
5 helfen, sich auf eigene Art zu entwickeln. Der britische Regierungsbeamte galt allgemein als Berater des Chiefs[1] und griff nur in Ausnahmefällen in die Arbeit des Chiefs und seiner Eingeborenen-Autorität ein. Wo jedoch Chiefs nur über
10 kleine politische Einheiten herrschten und besonders dort, wo ihre traditionelle Exekutivgewalt umstritten war, musste der Regierungsbeamte häufiger als vorgesehen in die Angelegenheiten der Eingeborenen-Autorität eingreifen. So war
15 es in vielen Teilen Ostafrikas [...], wo es keine genaue Trennlinie zwischen einer „beratenden" und einer „überwachenden" Tätigkeit des Regierungsbeamten gab [...].
Dieses System indirekter Herrschaft wurde mit
20 Modifikationen, soweit möglich, in allen britischen Kolonien Westafrikas und in den meisten anderen britischen Territorien Afrikas praktiziert. Es gab wichtige Ausnahmen – insbesondere Ostnigeria, wo das Fehlen erkennbarer Exekutivge-
25 walt in den meisten Gemeinwesen eine indirekte Herrschaft nach dem Muster Nordnigerias unmöglich machte [...].
Das französische System verwies den Chief gegenüber dem Regierungsbeamten in eine völlig
30 untergeordnete Rolle. [...] Er stand nicht an der Spitze einer lokalen Regierung, und auch das Gebiet, welches er im Auftrage verwaltete, entsprach nicht unbedingt einer präkolonialen Einheit. Der Einfachheit wegen teilten die Franzo-
35 sen das Land administrativ und häufig ohne Rücksicht auf präkoloniale politische Grenzen in Kantone ein. Während die Briten größte Rück-

sicht auf traditionelle Auswahlmethoden nahmen, kam es den Franzosen mehr auf die potenzielle Effizienz der Chiefs als auf deren Legitimität an, 40 da sie als Beauftragte der Administration galten. [...] Es steht also außer Frage, dass die Franzosen bewusst die Machtbefugnisse des Chiefs abänderten: Seine Funktionen wurden reduziert auf die eines Sprachrohrs für Befehle, die andere er- 45 teilten.

Michael Crowder, Indirect Rule – French and British Style, in: Africa XXXIV, 3, 1964, S. 197–205, übersetzt von Klaus Figge, in: Rudolf von Albertini (Hrsg.), Moderne Kolonialgeschichte, Köln/Berlin 1970, S. 220–229

1. *Schildern Sie die Unterschiede zwischen dem britischen und dem französischen kolonialen Herrschaftssystem und suchen Sie nach Gründen für das jeweilige Vorgehen der Mächte.*
2. *Vergleichen Sie die von Crowder skizzierten Herrschaftsmethoden mit jenen, die die Deutschen in Südwestafrika (siehe M4) anwandten. Ziehen Sie die Karikatur auf S. 57 hinzu: welche Aspekte decken sich, welche nicht?*
3. *Stellen Sie Überlegungen zu den Auswirkungen der unterschiedlichen Herrschaftsformen auf die Bevölkerung der jeweiligen unterworfenen Gebiete an und bewerten Sie diese.*

---

[1] *Oberhaupt bzw. Herrscher eines Personenverbandes; die Bezeichnung „Häuptling" wird heute vermieden, da sie zu sehr mit der alten Sichtweise von den „Wilden" verbunden ist.*

Europäische Varianten imperialistischer Politik

Zivilisierung als Mission

Noch im 18. Jahrhundert bewunderten die Europäer die fremden östlichen Kulturen. Mit dem Übergang vom Handel zur Herrschaft wandelte sich jedoch ihre Haltung: Die Anerkennung wich einem Überlegenheitsgefühl gegenüber den als minderwertig eingestuften farbigen Völkern, auf die nun zunehmend entweder mit Mitleid oder Verachtung herabgeblickt wurde.

Ihr eigenes Expansionsstreben rechtfertigten die imperialistischen Mächte vielfach mit kulturmissionarischen und humanitären Verpflichtungen. Sie müssten den „zurückgebliebenen" Völkern die „Segnungen" der westlichen Kultur und Zivilisation bringen und diese dadurch zu einer höheren Entwicklungsstufe führen. Nationalistische Vorstellungen steigerten das Sendungsbewusstsein: das eigene Volk nehme auch innerhalb der weißen Nationen eine führende Rolle ein und habe aus diesem Grund seine besondere „Mission" in der Welt zu erfüllen (◆ M1).

▲ „Enough!" Karikatur aus dem „Punch" vom 1. Mai 1897.
Die Zeichnung thematisiert den 1897 ausgebrochenen Türkisch-Griechischen Krieg, der sowohl in Kreta als auch in Griechenland um die Unabhängigkeit der griechischen Bevölkerung vom Osmanischen Reich geführt wurde.
• *Erläutern Sie, welche Rolle Europa hier gegenüber den Balkanstaaten einnimmt. Analysieren Sie die verwendeten Stereotypen und deren beabsichtigte Wirkung.*

Auch hier wurden die Engländer – vom Vorrang des angelsächsischen Volkes überzeugt – zum Vorreiter einer Politik, die zuerst in Indien zum Tragen kam. Dort hatte sich während der ersten Hälfte des 19. Jahrhunderts ein deutlicher Wandel von einer anfänglich respektvollen Politik der Nichteinmischung zu einer auf Verwestlichung zielenden Reformpolitik vollzogen. Energisch gingen die Briten vor allem gegen aus ihrer Sicht moralisch verwerfliche hinduistische Praktiken, wie die rituelle *Witwenverbrennung (Sati)*[1] vor und gestalteten Teile des Erziehungs- und Bildungswesens nach ihren Vorstellungen um. Großen Einfluss auf das Denken und Handeln vieler britischer Indienbeamten nahm dabei die 1817 erstmals veröffentlichte und als eine Art Pflichtlektüre betrachtete „History of British India" des englischen Historikers James Mill. Darin vertrat er die Auffassung, dass die indische Kultur zum Wohle der einheimischen Bevölkerung beseitigt werden müsse, da diese nicht in der Lage sei, Stillstand und Stagnation aus eigener Kraft zu überwinden. Noch konkreter rechtfertigte rund einhundert Jahre später der Generalgouverneur des vereinigten Nigeria *Frederick D. Lugard* die Herrschaft mit der These vom „doppelten Mandat" der Briten: Es gehöre nicht nur zu den moralischen Pflichten des weißen Mannes, die farbigen Völker zu erziehen, sondern ebenso deren materielle Ressourcen im Interesse der ganzen Menschheit zu nutzen und zu entwickeln.

Schon Zeitgenossen wiesen jedoch darauf hin, dass diese Argumente letztlich als Deckmantel für ihre Unterwerfungs- und Ausbeutungspolitik dienten, bei der für die Achtung und Wahrung der einheimischen Kulturen kein Platz war.

---

[1] Sati bezeichnet die „treue Gattin", die sich nach dem Vorbild der gleichnamigen Ehefrau des hinduistischen Gottes Shiva gemeinsam mit ihrem verstorbenen Mann verbrennen lässt. Obwohl der Brauch, zu dem die Frauen weniger durch gewaltsamen Zwang als durch sozialen Druck getrieben wurden, bereits 1829 von den Briten und später auch nach indischem Gesetz verboten wurde, wird er bis heute vereinzelt illegal praktiziert.

Legitimation und Praxis europäischer Kolonialherrschaft

Die Rolle der christlichen Missionen

Eine zwiespältige Rolle bei der Kolonialisierung spielten die christlichen Missionen. Während in Amerika und Asien Missionare bereits seit dem 16. Jahrhundert tätig waren, setzte die intensive Missionierung Afrikas erst im 19. Jahrhundert ein. Für diese Aufgabe gegründete katholische und protestantische Orden und Missionsgesellschaften trieben die missionarische Durchdringung des Kontinents systematisch voran. Einerseits waren die Missionare durchaus darum bemüht, die afrikanischen Völker vor Übergriffen der Kolonialmächte zu schützen. Viele Massaker und kolonialen Skandale wurden der europäischen Öffentlichkeit nur durch die empörten Briefe der Geistlichen bekannt, in denen sie die Regierungen um ein Eingreifen ersuchten. Auch trugen die zahlreichen von Missionaren gegründeten Hospitäler und Schulen maßgeblich zur Verbesserung der medizinischen Versorgung und der Bildung bei.

Andererseits erwiesen sich die Missionare aber auch als Wegbereiter der Kolonialisierung, indem sie oftmals erst das Interesse auf die überseeischen Gebiete lenkten und mit ihren vielfältigen Vermittlungsdiensten die europäische Einflussnahme entscheidend förderten. „Bibel" und „Flinte" wirkten nicht selten eng zusammen. Ein Beispiel dafür ist die *Rheinische Missionsgesellschaft*, die neben ihren missionarischen Aufgaben auch eine gewinnbringende Handelsgesellschaft betrieb und deren Leiter *Friedrich Fabri* mit seiner einflussreichen Kolonialpropaganda wesentlich zur Gründung des deutschen Kolonialreiches beitrug.

Gleichzeitig wurden die Missionen zum Träger des sendungsideologischen *Kulturimperialismus*, der die Kolonisation begleitete und oftmals dazu führte, dass jahrhundertealte soziale Verbände zerstört, einheimische Bräuche und Traditionen unterdrückt und die Völker von ihrer ursprünglichen Kultur entfremdet wurden. Da die Missionare die einheimische Bevölkerung nicht in der eigenen, sondern der europäischen Sprache, Kultur und Geschichte unterwiesen, bildeten sie zudem eine kleine Schicht einheimischer Eliten heran, die später in der Kolonialverwaltung tätig werden konnte.

Die rassisch-sozialdarwinistische Rechtfertigung

Mit den zivilisationsmissionarischen und nationalistischen Rechtfertigungsideologien des Imperialismus war oftmals die Überzeugung vom Vorrang der eigenen Rasse verbunden. Die Herrschaft der weißen Völker über Menschen anderer Hautfarbe wurde um 1900 vor allem in England und Deutschland mit den Theorien des *Sozialdarwinismus* legitimiert, die später in radikalisierter Form auch in der nationalsozialistischen Rassenideologie wiederkehren sollten. Danach wurde die Evolutionstheorie über die „Entstehung der Arten" des englischen Naturforschers *Charles Darwin* in stark vereinfachter Weise auf Völker, Nationen und Staaten übertragen, unter welchen sich im „Kampf ums Dasein" jeweils der weiter entwickelte und damit Überlegene durchsetzen werde. In weiten Bevölkerungskreisen popularisiert erwiesen sich die scheinbar wissenschaftlich untermauerten Anschauungen von der Teilung der Welt in „lebende" und „sterbende" Nationen, nach denen die „Stärkeren" das Recht besäßen, die jeweils „Unterlegenen" und „Minderwertigen" zu beherrschen, als ideale Rechtfertigung für die imperialistische Politik (◗ M2). Gegen Ende des 19. Jahrhunderts gipfelte das rassistische Denken in der Überzeugung, dass es sich bei den Farbigen um Menschen zweiter Klasse handelte und der von Natur aus „faule Neger" von den Europäern zur Arbeit „erzogen" und notfalls gezwungen werden müsse (◗ M3). Diese Sichtweise fand sich vereinzelt sogar bei jenen, die den

Zivilisationsauftrag des weißen Mannes unter humanitären Gesichtspunkten vertraten.

Am deutlichsten zeigte sich das rassisch-chauvinistische Überlegenheitsbewusstsein der Kolonialherren in der Rassentrennungspolitik. Während sozialdarwinistische Theorien die farbigen Völker auf einer unteren Entwicklungsstufe ansiedelten, schloss der Rassismus eine mögliche Entwicklungsfähigkeit von vornherein aus. Daher sollten die angeblich biologisch unüberwindbaren Rassengrenzen auf keinen Fall überschritten, ein Aufstieg in privilegierte Stellungen sowie vor allem eine Rassenvermischung mit allen Mitteln verhindert werden. Rassistische Diskriminierungen und auch territoriale Rassentrennungen, wie getrennte Wohngebiete oder der Ausschluss Farbiger aus öffentlichen Einrichtungen, hat es in mehr oder weniger ausgeprägter Form in allen afrikanischen Kolonien gegeben. Die radikalste Form der Rassentrennung fand sich später im Apartheidsregime in Südafrika, das erst 1994 mit freien Wahlen und der Präsidentschaft *Nelson Mandelas* (bis 1999) endete.

▲ Werbeplakat für eine Singhalesen-Völkerschau im Hamburger Umlauff's Welt-Museum, Farblithographie und Buchdruck, um 1883/84 (Ausschnitt). Neben der Förderung der Welt- und Menschenkenntnis oder einfachen Belustigung dienten die Völkerschauen dazu, die europäische Bevölkerung für die Kolonialpolitik zu gewinnen.

Koloniale Herrschaft in Afrika

Die reale Durchsetzung von Herrschaft konnte in der Praxis von Region zu Region sehr unterschiedlich aussehen. Die Herrschaftspraxis war dabei weniger vom offiziellen Status der Kolonien als vielmehr von den verwaltungsmäßigen Zugriffsmöglichkeiten in den jeweiligen Gebieten, dem militärischen Potenzial und den unterschiedlichen herrschaftsideologischen Grundsätzen der europäischen Kolonialmächte abhängig. Auch unterschieden sich die Herrschaftsmethoden der Eroberungsphase von jenen der späteren Jahrzehnte, als sich die Kolonialmächte etabliert, aus ihren Erfahrungen gelernt und sich den Verhältnissen vor Ort angepasst hatten.

In einigen Gebieten Afrikas, wie in den Handelskolonien oder indirekt beherrschten Territorien kann kaum von effektiver Herrschaft gesprochen werden. In anderen Regionen Afrikas wiederum, vor allem in den Siedlungskolonien wie etwa im britischen Südafrika, im französischen Algerien, in Deutsch-Südwestafrika oder Deutsch-Ostafrika, etablierten sich gewaltsame Unterdrückungsregime.

Die Kosten für ihre Unterwerfung mussten die Afrikaner selbst tragen: Hütten- und Kopfsteuern wurden eingeführt, die in Form von Naturalien, Geld oder Arbeit abzuleisten waren. Meist wurde die Bevölkerung zudem zu direkter *Zwangsarbeit* verpflichtet. Die vielerorts vorgenommene Enteignungs- und Ausbeutungspolitik ließ ganze Gebiete verarmen; Mangelernährung, eingeschleppte Seuchen und Erschöpfung kostete unzählige Menschenleben.

Nirgendwo jedoch entwickelte sich eine solch menschenverachtende Terrorherrschaft wie im belgischen Kongo-Freistaat, wo mit rücksichtsloser Brutalität Kautschuk und Elfenbein aus den Gebieten herausgepresst und die Bevölkerung bei Nichterfüllung der geforderten Quoten zu Millionen verstümmelt oder getötet wurde. Nachdem die „Kongo-Gräuel" in Europa bekannt geworden waren, musste König Leopold II. seine Privatkolonie 1908 an den Staat übergeben. Insgesamt gingen vor 1914 die Kolonialregierungen jedoch nur selten gegen koloniale Missstände vor.

Legitimation und Praxis europäischer Kolonialherrschaft

▲ Ein Brite liest Zeitung auf der Veranda seines Hauses in Indien, Foto um 1870.
Die britischen Beamten in Indien umgaben sich meist mit einem aufwändigen Hofstaat. Frederick D. Lugard fasste den Grundsatz britischer Selbstdarstellung wie folgt zusammen: „Das Prestige des weißen Mannes muss hoch stehen, wenn eine Handvoll Weißer für Kontrolle und Lenkung von Millionen verantwortlich sein soll."

Britische Indirect Rule in der Praxis

Die Briten bevorzugten wo immer möglich ihr in den indischen Fürstenstaaten erprobtes Konzept der indirekt-informellen Herrschaft. Dieses System, das unter möglichst geringem Aufwand die britischen Wirtschafts- und Kapitalinteressen sicher stellte, schloss eine autoritäre Gewaltherrschaft von vornherein aus und war auf die Loyalität und Mitarbeit der Untertanen angewiesen. Nach den Erfahrungen des Sepoy-Aufstandes setzte Großbritannien daher in der zweiten Hälfte des 19. Jahrhunderts seiner in Indien durchgeführten Reform- und Annexionspolitik ein Ende. Auch in Afrika wurden fortan die Kenntnis und Wahrung der einheimischen Sprachen, lokalen Lebensgewohnheiten, Sitten und Gebräuche sowie religiöse Toleranz zur allgemein notwendigen Herrschaftsmaxime erhoben und bestehende staatliche Ordnungen und Hierarchien für die eigene Verwaltung genutzt. Besonders günstige Voraussetzungen boten sich dafür im südlichen Uganda und vor allem in Nigeria, wo die *Indirect Rule* unter Frederick D. Lugard umgesetzt wurde. Während die regionalen Herrscher nach außen weiterhin ihre Autorität behielten, trugen sie – gelenkt durch die britischen Residenten – zur Errichtung der eigenen Fremdherrschaft bei. Geschickt nutzten die Briten zudem bestehende Spannungen aus, um rivalisierende Bevölkerungsgruppen gegeneinander auszuspielen und damit die eigene Position zu festigen.

Auch wenn sich die britische Verwaltungspraxis unter allen als die humanste erwies und Rassismus niemals zur offiziellen Regierungspolitik wurde, haben doch auch viele Briten in rassistischen Begriffen gedacht. Es kann als ein Charakteristikum britischer Kolonialherrschaft gelten, dass wenige Engländer über Millionen von Farbigen herrschten, um deren Loyalität sie sich mit allen Mitteln bemühten, die sie jedoch im Grunde gering schätzten oder gar verachteten.

Ein Vergleich mit dem französischen Kolonialreich

Dem britischen Herrschaftsmodell wird häufig das französische gegenübergestellt (▶ M6). Das französische Kolonialreich war ähnlich vielfältig wie das englische Empire, jedoch verfolgten die Franzosen entsprechend ihrer republikanischen Tradition und ihrem ausgeprägten missionarischen Sendungsbewusstsein (mission civilisatrice) das Ideal der *Assimilation*: die Kolonien sollten dem Mutterland in jeder Hinsicht angeglichen und die afrikanische und asiatische Bevölkerung zu Franzosen „umerzogen" werden. Zum Teil waren die Kolonien, so etwa Algerien, integraler Bestandteil des französischen Staates und einige Gebiete entsandten sogar eigene Abgeordnete in die französische Nationalversammlung.

Da Selbstregierung dem Einheitsgedanken der Republik widersprach, wurden die Kolonien von den französischen Ministerien direkt verwaltet. Die eigentliche Machtausübung lag dabei in den Händen der französischen Gouverneure vor Ort. Die Umstände zwangen Frankreich jedoch schließlich dazu, das Konzept der Assimilation durch eine in Ansätzen dem britischen Modell nachempfundene Politik der *Assoziierung* (association) zu ersetzen, die den Kolonien eine gewisse Autonomie zugestand. Theoretisch stand den Eingeborenen, die sich zur französischen Kultur bekannten, die Möglichkeit offen, in der französischen Verwaltung aufzusteigen. In der Praxis scheiterte dies jedoch meist an den rassistischen Vorurteilen, der „Farbgrenze", und an den autokratischen Strukturen. Auf der untersten Verwaltungsebene „vor Ort" war die Zahl der Afrikaner zwar vergleichsweise hoch, weil die Franzosen zahlreiche Chiefs neu ernannten. Jedoch beruhte ihr Einfluss nicht auf traditioneller Autorität, sondern ausschließlich auf der Duldung durch die Kolonialmacht, von der sie vollständig abhängig blieben.

▲ *Zeitgenössische Karikatur auf die französische „Assimilationspolitik". Hier ist der Gouverneur von Madagaskar in der Tracht der Eingeborenen, die letzte Königin von Madagaskar, Ranavalona III. (1883–1897), hingegen in europäischer Kleidung abgebildet.*

Die deutschen Kolonien

Als in den Jahren 1884/85 die ersten deutschen Schutzgebiete in Afrika erworben wurden, orientierte sich Bismarck zunächst am britischen Vorbild: Private Handelsgesellschaften sollten die neuen Territorien verwalten, so dass dem Staat möglichst keine Kosten entstanden. Dieses Modell scheiterte jedoch am geringen Interesse des deutschen Handelskapitals, das vor den hohen finanziellen Einsätzen bei unklaren Gewinnchancen zurückschreckte. Da jedoch eine Preisgabe der Kolonien dem nationalen Prestigedenken widersprach, wurden die afrikanischen Schutzgebiete unter staatliche Verwaltung gestellt. Erst im Zuge einer systematischen Erschließungspolitik, die 1907/08 einsetzte, wurden weitere Rohstoffe (z.B. Diamanten in Südwestafrika) entdeckt. In den tropischen Kolonien (Togo, Kamerun) wurde zudem mit dem Ausbau von Plantagen begonnen.

Sehr viel rassistischer als die Briten ging die deutsche Kolonialmacht mit ihren afrikanischen Untertanen um. Da die Deutschen weder über eine jahrhundertelange Tradition im Umgang mit beherrschten Völkern noch über eigens geschultes Verwaltungspersonal verfügten, etablierte sich schnell ein System brutaler Zwangsarbeit, das nicht selten in eine von rohen Sitten, Unruhen und Skandalen geprägte Willkürherrschaft ausartete. Wenn die Bevölkerung diesem zu entgehen versuchte, wurde ihr Verhalten als „Faulheit" interpretiert und hart bestraft. In allen deutschen Kolonien war die Prügelstrafe gegen Farbige, die oft schon bei geringsten Anlässen verhängt wurde, gängige Praxis.

Dennoch gab es auch im deutschen Kolonialreich Ausnahmen, wo sich wie in der Handelskolonie Togo die Beziehungen zwischen Kolonialherren und Einheimischen mehr oder weniger „erträglich" gestalteten. Zudem bestand sowohl im Deutschen Reich als auch unter den Händlern und Beamten vor Ort eine Opposition, die sich Arbeitszwang und Ausbeutungspolitik widersetzte, radikalen Rassismus ablehnte und aktiv für eine christlich-humane und aufgeklärte „Eingeborenenpolitik" eintrat (▶ M5).

Legitimation und Praxis europäischer Kolonialherrschaft

Völker wehren sich: der Aufstand der Herero und Nama

Die Reaktionen der beherrschten Völker waren sehr unterschiedlich und lassen sich nicht allein auf Widerstand oder freiwillige Unterwerfung beschränken. Auch kam es häufig vor, dass die Völker ihre Haltung änderten, sich anfänglicher Widerstand in Kooperationsbereitschaft wandelte, oder im umgekehrten Fall Zusammenarbeit erst später in Gegenwehr umschlug. Große *Kolonialkriege*, wie sie vor allem die Eroberungsphase kennzeichneten, waren dabei seltener als die zahlreichen Aufstände oder *Guerillakriege*, mit denen alle Kolonialmächte in ihren Gebieten zu kämpfen hatten. So gab es zwischen 1894 und 1914 allein in Britisch-Ostafrika 50 bewaffnete Konflikte; in den deutschen Kolonien kam es im gleichen Zeitraum etwa alle zwei Monate zu kriegerischen Auseinandersetzungen. Unter diesen kann der Aufstand der *Herero* sowie anschließend der des Volkes der *Nama* in Deutsch-Südwestafrika als der folgenschwerste gelten, da mit dessen Niederschlagung die willentliche und fast vollständige Vernichtung der Herero verbunden war (M4). Hauptursachen für die Erhebung der Herero war die wirtschaftliche Ausbeutung, Diskriminierung und Unterdrückung der Bevölkerung, die mit einem zunehmenden „Herrenmenschen"-Verhalten der deutschen Siedler und Händler einherging. Land- und Viehraub sowie eine verheerende Rinderpest hatten das Viehzüchter-Volk um seine Lebensgrundlage gebracht und die Bereitschaft zum Widerstand steigen lassen. Im Januar 1904 kam es unter der Führung ihres Oberhauptes *Samuel Maharero* zu einem überfallartigen Aufstand, der die Deutschen völlig überraschte. Mithilfe massiver Truppenverstärkung besiegte der von der Reichsregierung beauftragte General *Lothar von Trotha* die Herero schließlich im August in der *Schlacht am Waterberg*. Von dort trieb von Trotha, der sich von Anfang an die Ausrottung des Volkes zum Ziel gesetzt hatte, das flüchtende Volk in die abgeriegelte wasserlose Wüste, um es verdursten und die Rückkehrer erschießen zu lassen. Nur wenigen Überlebenden gelang die Flucht, die anderen gerieten in Kriegsgefangenschaft. Da sie um ein ähnliches Schicksal fürchteten, erhoben sich schließlich auch die Nama gegen die Deutschen und begannen einen geschickt geführten Guerillakrieg, der sich bis 1907 hinzog. Durch Krieg und Gefangenschaft kamen möglicherweise 80 Prozent der Herero um. Nach ihrer Entlassung wurden sie einem rigorosen Überwachungs- und Kontrollregime unterworfen und zu recht- und besitzlosen Lohnarbeitern degradiert.

Das Vorgehen gegen die Herero wird vielfach als *Völkermord (Genozid)* betrachtet. Auch wenn es sich unzweifelhaft um ein grausames, humanitäres Verbrechen handelte, ist jedoch die definitorische Auslegung dessen, was unter Genozid zu verstehen ist, unter Historikern umstritten.

3. US-Imperialismus im 19. und frühen 20. Jahrhundert

3.1 Von der kontinentalen zur überseeischen Expansion

▲ „Westward the course of Empire takes its way", Ölgemälde von Emanuel Gottlieb Leutze, 1861. Das Gemälde zeigt symbolhaft die Eroberung der Pazifikküste durch amerikanische Pioniere, die – geführt von dem legendären Held des Manifest Destiny, Daniel Boone (1734–1820) – von den Gipfeln der Rocky Mountains auf das „gelobte Land" im Westen hinabblicken. Boone hatte zu Beginn der 1770er-Jahre die Route durch die Cumberland-Schlucht nach Tennessee entdeckt und damit den nachfolgenden Siedlern den Weg nach Westen gebahnt.

1823
Die Monroe-Doktrin fordert die Aufgabe aller Kolonialisierungsversuche der europäischen Staaten auf dem amerikanischen Doppelkontinent und die Nichteinmischung der USA in die inneren Angelegenheiten Europas

1846–1848
Der Krieg gegen Mexiko bringt den USA große territoriale Gewinne

1846/50
Mit der Eingliederung des südlichen Oregons und Kaliforniens wird die Pazifikküste erreicht

1853/54
Die USA erzwingen die Öffnung des japanischen Marktes

1867
Die USA erwerben Alaska und die Midway-Inseln im nördlichen Pazifik

1890
Mit der Erschließung des Westens kommt die Frontier-Bewegung zum Abschluss

▲ *George Washington, Ölgemälde von Gilbert Stuart, 1796.*

M1
Außenpolitik zwischen Isolation und Expansion

In seiner Abschiedsbotschaft vom 17. September 1796 erläutert der erste Präsident der Vereinigten Staaten, George Washington, die Grundsätze außenpolitischen Handelns, die bis in das 20. Jahrhundert für die amerikanische Politik bestimmend bleiben:

Für unser Verhalten gegenüber fremden Nationen gilt der Hauptgrundsatz, dass wir bei Entwicklung der Handelsbeziehungen möglichst wenig politischen Kontakt mit ihnen haben. [...]
5 Europa hat eine Reihe grundsätzlicher Interessen, die uns kaum oder doch nur entfernt angehen. Daher ist es oft in Streitigkeiten verwickelt, deren Ursachen unseren Interessen völlig fremd sind. Es wäre also unklug für uns, uns durch
10 künstliche Bindungen in das Wechselspiel der europäischen Politik oder in die landläufigen Kombinationen und Kollisionen seiner Freund- und Feindschaften zu verstricken. [...] Die richtige Politik besteht für uns darin, uns aus langfris-
15 tigen Bündnissen mit irgendeinem Teil des Auslands herauszuhalten [...].

Am 16. November 1819 notiert der amerikanische Außenminister und spätere Präsident John Quincy Adams in sein Tagebuch:

Die Welt muss mit dem Gedanken vertraut gemacht werden, dass der uns angemessene Herrschaftsbereich der nordamerikanische Kontinent ist. Seit unserer Unabhängigkeit ist dieser An- 20 spruch ebenso naturgesetzlich begründet wie die Tatsache, dass der Mississippi ins Meer fließt. Spaniens Gebiete grenzen im Süden, Großbritanniens im Norden an uns an. Es ist einfach unmöglich, dass Jahrhunderte vergehen sollten, oh- 25 ne sie von den Vereinigten Staaten annektiert zu sehen. Nicht etwa, dass wir dies aus expansionistischer Gesinnung oder aus Ehrgeiz erzwingen wollten, sondern weil es eine physische, moralische und politische Absurdität ist, dass solche 30 territorialen Bruchstücke, deren Herrscher sich fünfzehnhundert Meilen auf der anderen Seite des Ozeans befinden und die für ihre Besitzer wertlos und lästig sind, auf Dauer neben einer großen, mächtigen, wagemutigen und schnell 35 wachsenden Nation bestehen können.

Erster Text: Wolfgang Lautemann (Bearb.), Amerikanische und Französische Revolution. Geschichte in Quellen, München 1981, S. 115 f.
Zweiter Text: Hartmut Keil, Die vereinigten Staaten von Amerika zwischen kontinentaler Expansion und Imperialismus, in: Wolfgang Reinhard (Hrsg.), Imperialistische Kontinuität und nationale Ungeduld im 19. Jahrhundert, Frankfurt am Main 1991, S. 68–86, hier S. 70

1. *Erläutern Sie Ziele und Motive der von Washington formulierten außenpolitischen Grundsätze.*
2. *Stellen Sie dar, mit welchen Argumenten Adams den Herrschaftsanspruch der Vereinigten Staaten rechtfertigt.*
3. *Vergleichen Sie die Äußerungen Washingtons mit den Forderungen von Adams. Überlegen Sie, wie die beiden politischen Zielrichtungen – besonders im Hinblick auf das Verhältnis zu den europäischen Mächten – miteinander in Einklang gebracht werden können und welche Probleme sich daraus für die amerikanische Außenpolitik ergeben.*

M2
Die Monroe-Doktrin

In einer Rede vor dem Kongress am 2. Dezember 1823, später „Monroe-Doktrin[1]" genannt, formuliert der amerikanische Präsident James Monroe die Ziele der amerikanischen Außenpolitik:

Es ist ein Grundsatz, in welchem die Rechte und Interessen der Vereinigten Staaten inbegriffen sind: dass die amerikanischen Kontinente infolge des freien und unabhängigen Standes, den sie angenommen haben und behaupten, hinfort nicht als Gegenstände für die künftige Kolonisation durch irgendwelche europäischen Mächte zu betrachten sind [...]. Wir haben niemals an den Kriegen der europäischen Mächte teilgenommen, soweit sie diese allein angingen, und es verträgt sich nicht mit unserer Politik, daran teilzunehmen [...]. Wir sind deshalb den freundlichen Beziehungen, die zwischen den Vereinigten Staaten und jenen Mächten bestehen, die aufrichtige Erklärung schuldig, dass wir irgendwelchen Versuch von ihrer Seite, ihr System auf irgendeinen Teil dieser Halbkugel auszudehnen, als gefährlich für unseren Frieden und unsere Sicherheit betrachten würden. In die bestehenden Kolonien oder Dependenzen[2] irgendwelcher europäischen Macht haben wir nicht eingegriffen und werden wir nicht eingreifen, aber bei den Regierungen, die ihre Unabhängigkeit erklärt und behauptet und deren Unabhängigkeit wir nach vieler Überlegung und aus gerechten Gründen anerkannt haben, könnten wir irgendwelche Dazwischenkunft, um sie zu unterdrücken oder irgendwie sonst ihr Schicksal zu bestimmen, vonseiten irgendeiner europäischen Macht in keinem anderen Licht sehen als in dem der Bekundung unfreundlicher Gesinnung gegen die Vereinigten Staaten.

Fritz Wagner, USA. Geburt und Aufstieg der neuen Welt. Geschichte in Zeitdokumenten 1607–1865, München 1947, S. 176

1. Arbeiten Sie die in der Monroe-Doktrin genannten „Rechte und Interessen" und das Verhältnis gegenüber den europäischen Mächten sowie den übrigen amerikanischen Staaten heraus.
2. Analysieren Sie, welche defensiven und offensiven Strategien mit der Monroe-Doktrin verbunden sind und inwiefern sie sich bereits aus M 1 ableiten lassen.

▲ „The Birth of the Monroe Doctrine". James Monroe (1817–1825) und seine Berater, nach dem Gemälde von Clyde O. Deland, 1912 (Ausschnitt).

---
[1] Doktrin: Lehre, Grundsatz einer bestimmten Politik
[2] abhängige Gebiete

Von der kontinentalen zur überseeischen Expansion

M3
Expansion als Auftrag

Der Journalist John L. O'Sullivan publiziert 1839 in der Zeitschrift „The United States Democratic Review" einen Artikel über die Notwendigkeit und Ziele weiterer Expansion, die er in einer späteren Veröffentlichung als „offenkundige Bestimmung" (Manifest Destiny) des amerikanischen Volkes bezeichnet. Die von ihm geprägte Redewendung wurde in den folgenden Jahren zum programmatischen Schlagwort der Westexpansion.

Amerika ist ausgewählt für bessere Taten. Es ist unser unvergleichlicher Ruhm, dass wir keine Erinnerung an Schlachtfelder haben, sondern nur die Menschheit, die Unterdrückten aller Na-
5 tionen, die Gewissensfreiheit und das Wahlrecht verteidigt haben. [...] Die expandierende Zukunft ist die Arena für uns und unsere Geschichte. Wir treten in diesen unberührten Raum ein, mit Gottes Wahrheit in unserem Verstand, wohl-
10 tätigen Absichten in unseren Herzen und mit einem klaren Bewusstsein, das von der Vergangenheit unbefleckt ist. Wir sind die Nation des menschlichen Fortschritts, und wer wird, was kann uns Grenzen setzen auf unserem Marsch
15 nach vorne? [...]
Die weitreichende, grenzenlose Zukunft wird die Ära der amerikanischen Größe sein. In ihrer wunderbaren Herrschaft über Raum und Zeit ist diese Nation aus vielen Nationen dazu be-
20 stimmt, der Menschheit die Herrlichkeit des göttlichen Prinzips zu offenbaren; auf der Erde den edelsten Tempel zu errichten, der jemals der Verehrung des Höchsten gewidmet worden ist – der Heiligkeit und der Wahrheit. Der Boden die-
25 ses Tempels wird eine Hemisphäre sein – das Dach das Firmament der sternenübersäten Himmel und seine Gemeinde eine Union von vielen Republiken, die Hunderte von glücklichen Millionen umfassen [...].
30 Wir müssen weiter, um unsere Mission zu erfüllen – zur vollständigen Entwicklung der Prinzipien unserer Organisation – Gewissensfreiheit, Freiheit der Person, Freiheit des Handels und Streben nach Geschäften, Universalität von Frei-
35 heit und Gleichheit. Dies ist unsere oberste Bestimmung, und in dem ewigen, unausweich-

lichen Naturgesetz von Ursache und Wirkung müssen wir es erreichen. All dies wird unsere zukünftige Geschichte sein: auf Erden die morali-
40 sche Würde und das Heil der Menschheit zu etablieren – die unwandelbare Wahrheit und Wohltätigkeit Gottes. Amerika ist auserwählt für diese gesegnete Mission an den Nationen der Welt, die von dem lebensspendenden Licht der Wahrheit ausgeschlossen sind [...]. Wer kann dar-
45 an zweifeln, dass unser Land dafür bestimmt ist die große Nation der Zukunft zu werden.

The United States Democratic Review 6.23, 1839, S. 426–430, übersetzt von Boris Barth

1. *Nennen Sie die Punkte, an denen O'Sullivan die „Bestimmung" des amerikanischen Volkes festmacht.*
2. *Arbeiten Sie die Motive für die „Mission" heraus und erläutern Sie diese. Überlegen Sie, welche Konsequenzen sich daraus ziehen lassen.*

M4
Patriotisches Sendungsbewusstsein

In der Mitte des 19. Jahrhunderts hatte die Westexpansion der Vereinigten Staaten die Pazifikküste erreicht. Senator James Semple aus Illinois zitiert 1852 im Senat aus einer Schrift des Expansionspolitikers und Landspekulanten William Gilpin, um eine weitere Expansion zu rechtfertigen:

Es ist das noch nicht erfüllte Schicksal des amerikanischen Volkes, seinen Kontinent zu unterwerfen
– über die weiten Ebenen zum Pazifik zu eilen
– Millionen von Menschen jenseits der Meere 5 vorwärts zu treiben
– die Prinzipien der Selbstbestimmung ins Werk zu setzen
– jene herkulischen[1] Massen anzuregen
– eine neue Ordnung der menschlichen Belange 10 zu gestalten

[1] hergeleitet von dem antiken Helden Herkules, der sich durch außergewöhnliche Körperkräfte auszeichnete; hier im Sinne von gewaltig oder riesenhaft zu verstehen

US-Imperialismus im 19. und frühen 20. Jahrhundert

– die Versklavten zu befreien
– überalterte Nationen zu verjüngen
– Dunkelheit in Licht zu verwandeln
– den Schlaf von Hunderten von Jahren zu stören
– alten Nationen neue Kultur zu bringen
– das Schicksal der menschlichen Rasse zu festigen
– die Menschheit zu ihrem Kulminationspunkt zu führen
– zu verursachen, dass stagnierende Völker wiedergeboren werden
– die Wissenschaften zu vervollkommnen
– die Geschichte mit den Eroberungen des Friedens zu schmücken
– neuen herrlichen Ruhm über der Menschheit aufstrahlen zu lassen
– die Welt als eine Familie zu vereinen
– die Macht der Tyrannei zu brechen
– den Fluch, der die Menschheit drückt, zu lösen und Segnungen überall in der Welt zu verteilen.
Göttliche Aufgabe! Unsterbliche Mission! Lasst uns eilen und fröhlich den Weg, der vor uns liegt, betreten. Lasst jedes amerikanische Herz sich weit für den Patriotismus öffnen, dass dieser unvermindert glühe, und lasst uns frommen Glaubens der ungeheuren, der göttlichen Aufgabe unseres vielgeliebten Landes vertrauen.

Gertrude C. Schwebell (Hrsg.), Die Geburt des modernen Japan in Augenzeugenberichten, München ²1981, S. 103 f.

1. Arbeiten Sie die Bereiche heraus, die als Aufgabe des amerikanischen Volkes bezeichnet werden.
2. Vergleichen Sie die Ziele mit M3. Welche Entwicklung stellen Sie fest?
3. Erarbeiten Sie ein Mind-Map zum nationalen Selbstverständnis der Vereinigten Staaten. Ziehen Sie dazu M1 bis M3 heran.
4. Lassen sich in Bezug auf die Expansionsmotive Gemeinsamkeiten oder Unterschiede zu den europäischen Mächten feststellen?
5. Einige Historiker haben die Westausdehnung der USA im 19. Jahrhundert als eine Form des Imperialismus bezeichnet. Diskutieren Sie diese These.

▲ „American Progress", Gemälde von John Gast, 1872.
Das Bild zeigt ein perspektivisch gerafftes Amerika von der Ostküste bis zu den Rocky Mountains.
• Interpretieren Sie die Symbolik des Bildes und setzen Sie sich dabei mit dem Titel auseinander.

Von der kontinentalen zur überseeischen Expansion

◄ „Meeting of the rails", Fotografie von Andrew J. Russell, 1869.
Am 10. Mai 1869 wurde die erste transkontinentale Eisenbahnlinie in Promontory (Utah) fertiggestellt, wo die Schienenleger der beiden Eisenbahngesellschaften, der Central Pacific Railroad und der Union Pacific, aufeinandertrafen. Der Bau hatte zu einem regelrechten Wettrennen der beiden Eisenbahngesellschaften geführt, da diese von der Regierung neben Land auch bis zu 48 000 Dollar pro Schienenmeile erhielten.

„Winning of the West"

Während des gesamten 19. Jahrhunderts war die Geschichte der USA durch die Eroberung, Besiedlung und Erschließung der riesigen Territorien im mittleren Westen und an der nordamerikanischen Westküste bestimmt. Die Staatsgründung durch die dreizehn Gründerstaaten hatte 1789 die erste Expansionsphase beendet. Landkauf und Grenzverträge trieben die territoriale Expansion voran: 1803 hatte Präsident *Thomas Jefferson* das riesige Louisiana-Territorium zwischen dem Mississippi und den Rocky Mountains von Frankreich erworben (*Louisiana Purchase*) und damit das US-Staatsgebiet verdoppelt. Mithilfe von militärischem und diplomatischem Druck erreichte Außenminister *John Quincy Adams*, dass Spanien 1819 Florida an die USA verkaufte.

Nach der Durchquerung der Rocky Mountains zielte die Westwanderung zunehmend auf die Pazifikküste. Immer mehr Siedler ließen sich auch in den von Mexiko kontrollierten Gebieten Kalifornien und Neumexiko nieder, um deren Kauf sich die US-Regierung vergeblich bemühte. Als die USA 1845 die mexikanische Provinz Texas in die Union aufnahmen, führte dies zum *Krieg gegen Mexiko* (1846–1848), der den USA die Hälfte des mexikanischen Staatsgebietes einbrachte.

Verantwortlich für den Drang nach Westen und die schnell fortschreitende Besiedlung war ein Bündel von Faktoren: Die hohen Geburtenraten sowie die beginnende Masseneinwanderung aus Europa erzeugten einen gesteigerten Bevölkerungsdruck an der Ostküste. Siedler zogen in die unerschlossenen Territorien und ließen sich als Bauern oder Viehzüchter nieder. Ihnen folgten Handwerker und Kaufleute, und Siedlungen wuchsen zu Städten heran. In Kalifornien lösten Goldfunde 1849 eine Wanderungswelle aus, die die Anzahl der europäischen Bevölkerung des Gebietes von etwa 10 000 (1846) auf 250 000 (1852) Einwohner ansteigen ließ.

Nach dem Ende des *Amerikanischen Bürgerkrieges* (1861–1865) verstärkte sich die Wanderungsbewegung noch einmal erheblich. Der Ausbau des Eisenbahn- und Telegrafennetzes förderte die Erschließung des Westens und eröffnete den Zugang zu weiteren Rohstoffvorräten für die sich entwickelnde Industrie. 1890 wurde die Erschließung des Westens offiziell für beendet erklärt, da keine „freien" Landflächen mehr zur Verfügung standen.

US-Imperialismus im 19. und frühen 20. Jahrhundert

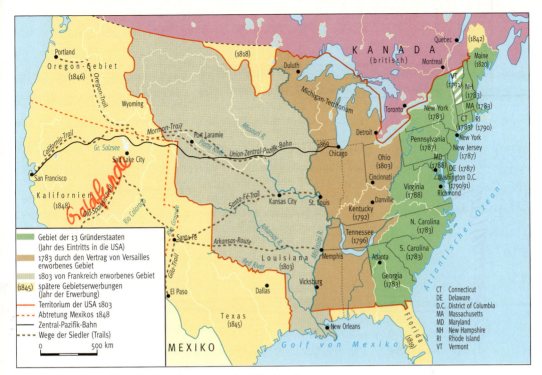

▲ *Die Entwicklung der Vereinigten Staaten von Amerika bis 1853.*

Leitlinien der Außenpolitik

Zum Vorteil für den Außenhandel und die Sicherheit hatte der erste amerikanische Präsident *George Washington* der jungen Nation den Rat gegeben, sich aus allen internationalen Angelegenheiten, vor allem den europäischen, herauszuhalten. Der Rat wurde jedoch nicht konsequent befolgt, da eine weitere Ausdehnung auf dem Kontinent zum Teil nur gegen europäische Besitzansprüche durchzusetzen war (▶ M1). Um außenpolitischen Konflikten aus dem Wege zu gehen, stellte Präsident *James Monroe* 1823 mit dem Ruf „Amerika den Amerikanern" den außenpolitischen Grundsatz auf, dass der amerikanische Doppelkontinent nicht zum Ziel weiterer europäischer Kolonialexpansion werden dürfe (▶ M2). Im Gegenzug würden sich die USA aus allen europäischen Angelegenheiten heraushalten. Den aktuellen Hintergrund der *Monroe-Doktrin* bildete die Sorge vor Interventionen der europäischen Mächte in den gerade unabhängig gewordenen süd- und mittelamerikanischen Staaten. Zudem hofften einflussreiche Persönlichkeiten in England immer noch, die verlorenen amerikanischen Kolonien zurückerwerben zu können.

Neben dieser defensiven Absicht enthielt die Doktrin jedoch auch eine offensive Komponente: Indem sie jeden fremden Einfluss auf dem Kontinent ausschloss, erhob sie zugleich den Anspruch der USA auf die alleinige Vormachtstellung in der „westlichen Hemisphäre". Folgerichtig lehnten die USA den Vorschlag mehrerer lateinamerikanischer Staaten ab, die Doktrin zur Grundlage eines gleichberechtigten Bündnisses zu machen. Insofern war die Monroe-Doktrin Ausdruck eines wachsenden nationalen Selbstbewusstseins, das mit deutlichen hegemonialen Ansprüchen einherging.

Dass die USA in der Folge ihre Ziele durchsetzen und den Ausbau ihres Staates ungestört vorantreiben konnten, verdankten sie den Rivalitäten in Europa, die ein weitergehendes Engagement auf dem amerikanischen Kontinent verhinderten.

Von der kontinentalen zur überseeischen Expansion

Amerikanisches Sendungsbewusstsein

Bereits seit der Kolonialzeit im 17. Jahrhundert hatten sich Eigenschaften und Verhaltensweisen ausgebildet, die das amerikanische Nationalbewusstsein bis heute prägen. Großen Einfluss übte der christliche Sendungsglaube der aus England stammenden *Puritaner*[1] sowie Selbstvertrauen und Fortschrittsoptimismus der *Pioniergeneration* aus, die unter den harten Lebensbedingungen der „Wildnis" den westlichen Kontinent besiedelten. Die permanent nach Westen verschobene Siedlungsgrenze entwickelte sich zum romantisierten Mythos der *Frontier*, die für Wagemut, Tatkraft und nahezu unbegrenztes Gewinn- und Erfolgsstreben stand. In den 1840er-Jahren erfuhr der amerikanische Pioniergeist mit der Vorstellung vom *Manifest Destiny*, der „offenkundigen" oder „unabweisbaren Bestimmung" des amerikanischen Volkes, eine ideologische Überhöhung (▶ M3). Danach folgten die Amerikaner einem göttlichen Auftrag, das als herrenlos angesehene Land bis zum Pazifik zu besiedeln und ihre demokratische Gesellschaftsordnung über den gesamten Kontinent auszubreiten. Die Verdrängung der *Indianer* wurde dabei nicht als Landraub, sondern als Teil einer notwendigen Mission zur Zivilisierung der Welt angesehen. Bemühungen, die indianische Bevölkerung in den Staatsverband der USA einzugliedern, gab es nicht. Stattdessen wurden die Indianer durch die freizügige Landpolitik der Regierung und skrupellose Eroberermentalität der Siedler systematisch vernichtet oder vertrieben und schließlich in kleine Reservate eingewiesen.

Ohnehin beschränkte sich das mit der Manifest Destiny zum Ausdruck gebrachte Sendungsbewusstsein auf die weißen, meist protestantischen Einwanderer. Die irischstämmigen Katholiken, von denen im 19. Jahrhundert mehrere Hunderttausende in die USA eingewandert waren, wurden als Menschen zweiter Klasse angesehen. Erst recht galt dies für die farbigen Afrikaner, die in Sklaverei und Unterdrückung lebten. Der Amerikanische Bürgerkrieg trug zwar zur Abschaffung der Sklaverei bei (13. Verfassungszusatz von 1865), hob jedoch nicht die *Rassentrennung (segregation)* auf, die in den 1890er-Jahren in den Staaten des amerikanischen Südens gesetzlich verankert wurde.

Nachdem 1890 die Westexpansion für beendet erklärt worden war, verlieh der Historiker *Frederick Jackson Turner* 1893 dem nationalen Selbstverständnis einen weiteren Impuls: Er führte die politischen und gesellschaftlichen Errungenschaften Amerikas nicht auf die europäischen Traditionen und Einflüsse zurück, sondern deutete die Erfahrungen der Frontier-Bewegung als wahren Ursprung demokratischer Ideale und amerikanischer Identität. Die Überzeugung von einer besonderen Sendung wirkt bis heute in den USA nach.

Nach Lateinamerika und Übersee

Im Verlauf des 19. Jahrhunderts nahm die Vorstellung des Manifest Destiny immer breitere Züge an und richtete sich seit den 1850er-Jahren auch auf Mittelamerika und die karibische See (▶ M4). Die Suche nach einer neuen Herausforderung wurde ideologisch mit dem Begriff der „new frontier" umschrieben, an der sich die Nation bewähren müsse.

---

[1] *Selbstbezeichnung (puritas: Reinheit) für die Angehörigen einer strenggläubigen protestantischen Glaubensrichtung. Diese hatten sich im 16. Jahrhundert gegen die Anglikanische Staatskirche gewandt und waren wegen religiöser Verfolgung seit 1620 nach Nordamerika ausgewandert.*

In Mexiko, Kuba, Puerto Rico und in der Dominikanischen Republik nahmen amerikanische Firmen hohe Investitionen vor. Um die politische und wirtschaftliche Stabilität der Länder und damit um ihre Kapitalanlagen besorgt, drängten sie die US-Regierung – vor den 1890er-Jahren noch vergeblich –, in der Karibik und in Mittelamerika militärische und politische Präsenz zu zeigen.

Während die USA dort gegen Ende des Jahrhunderts zunehmend wirtschaftlichen und politischen Einfluss gewannen, waren in Südamerika die Voraussetzungen für expansionistische Ambitionen nicht günstig. Hier hatten es die USA mit souveränen, politisch stabilen Staaten zu tun, an denen zudem die europäischen Großmächte, allen voran Großbritannien, großes wirtschaftliches Interesse zeigten. Seit dem Beginn der 1880er-Jahre entstanden deshalb Pläne zu einer *Panamerikanischen Union*, die eine umfassende politische und wirtschaftliche Zusammenarbeit aller amerikanischen Staaten vorsah. Dass der panamerikanische Gedanke auf eine nordamerikanische Vorherrschaft in Lateinamerika zielte, blieb den südamerikanischen Regierungen nicht verborgen und ließ sich deshalb zunächst nur ansatzweise mit der Einrichtung eines *Büros der Amerikanischen Republiken* für wirtschaftliche Angelegenheiten in Washington durchsetzen. Jedoch gelang es den südamerikanischen Staaten auf Dauer nicht, die wachsende wirtschaftliche Expansion der USA einzudämmen.

Das zweite große Betätigungsfeld der USA stellte der pazifische Raum dar. Nachdem bereits in den 1840er-Jahren Handelsverträge mit China abgeschlossen worden waren, erzwangen Kriegsschiffe 1853/54 die Öffnung des japanischen Marktes. 1867 wurden die Midway-Inseln erworben, die eine wichtige Flottenstation auf dem Weg nach Ostasien darstellten.

Während die Ausdehnung des amerikanischen Wirtschaftsraumes – „die informelle Herrschaft der Wirtschaftsexpansion" (Hans-Ulrich Wehler) – allgemein anerkannt wurde, blieb der Erwerb von Kolonien in der amerikanischen Öffentlichkeit umstritten. Schließlich waren die USA selbst einmal eine britische Kolonie gewesen und hatten ihre Freiheit in einem langen und blutigen Krieg erkämpfen müssen. Der Erwerb von Territorien bedeutete zudem eine erhebliche finanzielle und militärische Belastung, die politische und wirtschaftliche Risiken mit sich bringen konnte. Nur mit Mühe setzte Außenminister *William H. Seward* 1867 im Kongress den Kauf Alaskas von Russland durch.

▶ US-Außenminister *James G. Blaine*, der Initiator des Panamerikanismus, stiftet die Hochzeit zwischen Onkel Sam und Señorita Lateinamerika. Zeitgenössische Karikatur.

Von der kontinentalen zur überseeischen Expansion

3.2 Auf dem Weg zur imperialen Macht

▲ „Measuring Uncle Sam for a new suit", Karikatur aus der amerikanischen Zeitschrift „Puck", 1900.

1890–1909
Schutzzölle schotten den amerikanischen Binnenmarkt ab

1898
Nach dem Krieg gegen Spanien werden die USA lateinamerikanische und pazifische Kolonialmacht

1899
Die USA fordern den freien Zugang zu den chinesischen Märkten („Open Door Policy")

1901–1909
Präsident Theodor Roosevelt verschärft die imperialistische Politik in Lateinamerika („Big Stick Policy")

1904
Roosevelt erweitert die Monroe-Doktrin um ein Interventionsrecht in Lateinamerika

1917
Die USA treten in den Ersten Weltkrieg ein

M1
Erschließung neuer Märkte

1885 klagt der amerikanische Kongressabgeordnete Solon O. Thacher in einer Rede vor dem Unterausschuss des Senats über mangelnde Absatzmärkte:

Die wirtschaftliche Zukunft unseres Landes ist nicht nur voller Sonnenschein. Es gibt mehr Arbeiter, als Arbeit vorhanden ist. Wird ein Arbeiter entlassen, so wartet in fast allen handwerk-
5 lichen Berufen bereits ein anderer darauf, seine Stelle einzunehmen.
Für den Zustrom von Arbeitern aus anderen Ländern besteht kein großes Bedürfnis mehr. In allen Bereichen der Wirtschaft wird heute mehr
10 produziert als konsumiert werden kann. [...]
Mehr als jemals zuvor hängen unser zukünftiges Wachstum, der innere Frieden und die Stabilität unserer inneren Ordnung davon ab, dass wir neue Konsumenten für unsere Produkte finden.
15 Ziel dieser Maßnahme ist der Versuch, unseren landwirtschaftlichen und industriellen Produzenten einen angemessenen Markt zu schaffen.
Vergeblich suchen wir in anderen Erdteilen nach einem Volk, das bereit ist, die Erzeugnisse, die
20 wir auf unseren Farmen, Webstühlen, Hochöfen und Mineralölquellen über unseren eigenen Bedarf hinaus produzieren, abzunehmen. Die zentral- und südamerikanischen Nationen hingegen bieten nicht nur lockende und profitable Märkte,
25 um unsere Überproduktion abzubauen, sondern sie sind auch die einzigen Absatzgebiete, die sich finden lassen.

Wolfgang J. Mommsen (Hrsg.), Imperialismus. Seine geistigen, politischen und wirtschaftlichen Grundlagen. Ein Quellen- und Arbeitsbuch, Hamburg 1977, S. 205

1. *Untersuchen Sie, welche Konsequenzen sich aus den Forderungen Thachers für die USA und für die lateinamerikanischen Staaten ergeben.*
2. *Vergegenwärtigen Sie sich die weltweite Verteilung imperialistischer Einflusszonen zum Zeitpunkt der Rede. Ziehen Sie Statistiken zum Wirtschaftswachstum der USA hinzu (vgl. S. 20 f.) und ergänzen Sie Thachers Argumentation.*

M2
Seestrategische Überlegungen

Der amerikanische Admiral Alfred Thayer Mahan fordert in mehreren einflussreichen Schriften eine überseeische Expansion und die Schaffung einer starken Seemacht. In einem Aufsatz von 1893 heißt es:

Die Hawaii-Inseln[1] sind von größter Bedeutung für die handelspolitische und militärische Kontrolle des Pazifik, namentlich des nördlichen Pazifik, in dem die Vereinigten Staaten, geografisch gesehen, das größte Recht auf die politische Vor- 5 herrschaft besitzen. Diese brächte die folgenden, im Wesentlichen positiven Vorteile mit sich: Erhöhung der Sicherheit des Handels und Erleichterung der Kontrolle dieser Region durch die Marine [...]. Dass die Vorzüge unserer Wirt- 10 schaftsordnung Andersdenkenden nicht aufgezwungen werden dürfen, sei zugegeben, aber dieses Zugeständnis bedeutet nicht, dass es nicht doch sinnvoll und vernünftig sei, jene zu integrieren, die selbst dazu bereit sind. [...] 15
Die Interessen unserer drei großen Küstenregionen, der atlantischen, der am Golf von Mexiko gelegenen und der pazifischen [...] erfordern unsere Ausdehnung mittels des Panamakanals[2] auf das weite Meer hinaus [...]. Demgemäß ist der Pana- 20 makanal ein unverzichtbarer Bestandteil für die Zukunft der Vereinigten Staaten [...]. Wir wollen von der grundsätzlichen, von der Geschichte immer wieder bestätigten Wahrheit ausgehen, dass die Kontrolle der Meere – besonders entlang der 25 großen Linien, die durch nationales Eigeninteresse oder nationalen Handel gezogen werden – von den rein materiellen Elementen der Macht und des Wohlstands der Völker am bedeutsamsten ist. Der Grund dafür liegt in der Tatsache, dass das 30

---

[1] 1853 war ein Versuch, die wirtschaftlich und strategisch bedeutenden Hawaii-Inseln zu annektieren, am Widerstand der europäischen Mächte gescheitert. Über Handelsverträge hatten sich die USA jedoch 1875 bedeutende wirtschaftliche Vorrechte sowie 1887 die Marinebasis Pearl Harbor gesichert.
[2] In den 1880er-Jahren hatten französische Gesellschaften mit Arbeiten an dem Kanalbauprojekt begonnen, das die Meerenge in Mittelamerika durchsticht und damit eine kürzere Schifffahrtsverbindung zwischen Atlantik und Pazifik schafft. Zu diesem Zeitpunkt gehörte das Territorium zu Kolumbien. Vgl. S. 90 f.

Auf dem Weg zur imperialen Macht

▲ „Sampson and Schley Leading the Fleet into New York Harbor", Ölgemälde von Fred Pansing (Ausschnitt), 1898.

Mit einer Schiffsparade durch den New Yorker Hafen wurden am 20. August 1898 nach dem Sieg im Spanisch-Amerikanischen Krieg (vgl. S. 89) die Flottenführer Admiral William Thomas Sampson und Commodore Winfield Scott Schley geehrt. In den 1880er-Jahren hatte die USA mit der Modernisierung ihrer Kriegsflotte begonnen. Nachdem der Kongress – beeinflusst durch die Theorien des Seestrategen Alfred Thayer Mahan – zu Beginn der 1890er-Jahre dem Bau von drei modernen Kriegsschiffen zugestimmt hatte, stieg das Land zu einer der führenden Seemächte auf.

Meer das größte Medium der Zirkulation in der Welt ist. Daraus folgt mit Notwendigkeit das Prinzip, dass es zur Kontrolle der Seewege zwingend notwendig ist, wann immer es gerechtfertigt er-
35 scheint, Besitzungen zu erwerben, die zur Sicherung der Seeherrschaft beitragen.

Ulrich Janiesch, Imperiale Zeitalter. Imperium Romanum – Moderner Imperialismus, Stuttgart 1998, S. 50

1. Nehmen Sie Stellung zu den Argumenten, mit denen Mahan eine Expansion der USA rechtfertigt.
2. Vergleichen Sie Mahans Ziele mit den Vorstellungen der Manifest Destiny (vgl. S. 74).
3. Stellen Sie Mahans Theorie den europäischen Formen und Begründungen imperialistischer Herrschaft gegenüber. Gibt es Gemeinsamkeiten oder Unterschiede?

M3
Interventionspolitik: das Beispiel Kuba

Der amerikanische Präsident William McKinley fordert am 11. April 1898 vor dem Kongress ein militärisches Eingreifen in Kuba, wo die spanische Kolonialmacht mit harten Unterdrückungsmaßnahmen gegen die kubanische Unabhängigkeitsbewegung vorgeht und bürgerkriegsähnliche Zustände herrschen. Am 16. April 1898 beschließt der Senat die Intervention. In der Kriegsbotschaft des Präsidenten heißt es:

Die gewaltsame Intervention der Vereinigten Staaten als ein neutraler Staat zur Beendigung des Krieges ist in Übereinstimmung mit den großen Geboten der Humanität und in Analogie zu vielen historischen Präzedenzfällen[1], bei denen benachbarte Staaten jenseits ihrer Grenzen eingriffen, um die sinnlosen Opfer eines wechselseitigen Vernichtungskrieges zu beenden, aus rationalen Gründen zu rechtfertigen. [...] Die Gründe für eine solche Intervention können kurz folgendermaßen zusammengefasst werden:
Erstens. Aus Gründen der Humanität und um die Barbareien, das Blutvergießen, den Hungertod und das schreckliche Elend zu beenden, das dort jetzt herrscht und das die Parteien des Konflikts entweder nicht beenden oder lindern wollen. [...]
Zweitens. Wir sind es unseren Bürgern in Kuba schuldig, ihnen den Schutz und die Sicherheit für Leben und Eigentum zu gewähren, die keine Regierung drüben ihnen leisten kann oder leisten will, und zu diesem Zweck den Zustand zu beenden, der sie des gesetzlichen Schutzes beraubt.
Drittens. Das Interventionsrecht kann durch die sehr ernsthafte Schädigung der Wirtschaft, Geschäfte und des Handels unserer Bevölkerung und durch die mutwillige Zerstörung von Eigentum und die Verwüstung der Insel gerechtfertigt werden.
Der vierte Grund ist von größter Wichtigkeit. Der gegenwärtige Zustand der Angelegenheiten in Kuba ist eine ständige Bedrohung unseres Friedens und bürdet dieser Regierung enorme Kosten auf. Ein solcher Konflikt, der jahrelang auf einer Insel andauert, die so nahe bei uns liegt

---
[1] *Musterfälle, die als Vorbilder für ähnliche Sachverhalte dienen können*

82 US-Imperialismus im 19. und frühen 20. Jahrhundert

und mit der unsere Bevölkerung solche Handels- und Geschäftsbeziehungen hat; das Leben und die Freiheit unserer Bürger sind in ständiger Gefahr, ihr Eigentum wird zerstört, sie selber werden ruiniert.[...]
Die einzige Hoffnung auf Abhilfe und Ruhe in einem Zustand, der nicht länger ertragen werden kann, ist die erzwungene Befriedung Kubas. Im Namen der Humanität, der Zivilisation, um der gefährdeten amerikanischen Interessen willen, die uns das Recht geben und uns verpflichten, zu sprechen und zu handeln, muss der Krieg in Kuba gestoppt werden.

Nach dem Spanisch-Amerikanischen Krieg erhält Kuba zwar die formale Unabhängigkeit, muss jedoch 1901 auf Druck der US-Regierung einen nach Senator Orville H. Platt benannten Zusatz („Platt Amendment") in seine Verfassung aufnehmen, der bis 1934 gültig bleibt:

Die kubanische Regierung stimmt zu, dass die Vereinigten Staaten das Interventionsrecht ausüben können, und zwar für die Bewahrung der Unabhängigkeit Kubas und die Aufrechterhaltung einer Regierung, die das Leben, das Eigentum und die individuelle Freiheit zu schützen in der Lage ist [...]. Damit die Vereinigten Staaten die Unabhängigkeit Kubas sichern, die Bevölkerung schützen und sich selbst verteidigen können, verkauft oder leiht die kubanische Regierung den Vereinigten Staaten Land, das für die Kohleverladung und als Marinestützpunkt notwendig ist.

Erster Text: Ulrich Janiesch, a.a.O., S. 51
Zweiter Text: Praxis Geschichte, Heft Nr. 6 (2005), S. 25

▲ *Foto von Theodore Roosevelt (Bildmitte) mit seinem aus Cowboys, Jägern und Kunstreitern bestehenden freiwilligen Kavallerieregiment, den „Rough Riders", 1898 im Spanisch-Amerikanischen Krieg in Kuba.*
Der imperiale Politiker Roosevelt hatte sich vehement für den Krieg gegen Spanien eingesetzt und sogar sein Amt als Stellvertretender Marineminister aufgegeben, um auf eigene Initiative in den Krieg zu ziehen. Sein Einsatz brachte ihm den Ruf eines Kriegshelden ein und trieb seine politische Karriere voran. 1901 wurde er nach dem Tod Präsident McKinleys mit erst 42 Jahren zum jüngsten Präsidenten der US-Geschichte, als welcher er die amerikanische Machstellung weiter ausbaute.

1. Bewerten Sie die Gründe, die Präsident McKinley für eine amerikanische Intervention angibt. Überlegen Sie, welche Argumente als Rechtfertigung dienen und warum McKinley eine Legitimation notwendig erscheint.
2. Erläutern Sie, welche Ermächtigungen sich die amerikanische Regierung mit dem Platt Amendment einräumt und wie sie ihr Vorgehen begründet. Diskutieren Sie die Rolle, die die USA damit für sich beanspruchen.
3. Analysieren Sie die Bedeutung, die das Platt Amendment für die Souveränität des kubanischen Staates hatte.
4. Überseeische Angriffe der USA hatte es seit der Jahrhundertmitte gegeben. Begründen Sie, weshalb man trotzdem für die USA erst seit dem letzten Jahrzehnt des 19. Jahrhunderts von einer imperialistischen Politik spricht.

Auf dem Weg zur imperialen Macht

▲ „The White Man's Burden (Apologies to Kipling)", Karikatur von Victor Gillam für das New Yorker Magazin „Judge", 1899.
Auf dem steinigen Weg zum Gipfel der Zivilisation müssen „barbarism", „oppression", „superstition", „brutality", „ignorance", „vice", „slavery", „cruelty" und „cannibalism" überwunden werden.

- Erläutern Sie die dargestellten Figuren und vergleichen Sie die Karikatur mit dem Gedicht „The White Man's Burden" von Rudyard Kipling. Begründen Sie, welche Haltung der Karikaturist gegenüber Kiplings Gedicht und der US-Politik einnimmt.

M4
„The White Man's Burden"?

Nachdem die USA 1898 die Philippinen von Spanien erworben haben, werden sie dort in einen Aufstand philippinischer Unabhängigkeitskämpfer verwickelt, den die amerikanischen Besatzungstruppen niederschlagen. Am 4. Februar 1899, dem Tag des Kriegsausbruchs, veröffentlicht der britische Journalist und Dichter Rudyard Kipling in der Londoner „Times" und einen Tag später in der „N.Y. Tribune & Sun" das Gedicht „The White Man's Burden" und greift damit in die Diskussion um die amerikanische Außenpolitik ein. Hier die ersten drei von insgesamt neun Strophen:

Take up the White man's burden –
Send forth the best ye breed –
Go bind your sons to exile
To serve your captives' need;
5 To wait in heavy harness
On fluttered folk and wild –
Your new-caught, sullen peoples,
Half devil and half child.

Take up the White Man's burden –
10 In patience to abide,
To veil the threat of terror

Nehmt auf euch des Weißen Mannes Bürde –
schickt die Besten, die ihr aufzieht, hinaus.
Auf, gebt eure Söhne in die Verbannung,
der Notdurft eurer Gefangenen zu dienen.
Lasst sie schwer gerüstet wachen 5
über eine Menge, wankelmütig und wild –
eure frisch eingefangenen, tückischen Völkerschaften, die halb noch Kinder sind, halb Teufel.

Nehmt auf euch des Weißen Mannes Bürde –
in Langmut auszuharren, 10
den drohenden Terror zu beschwichtigen,

And check the show of pride;	den anmaßenden Stolz zu dämpfen;
By open speech and simple,	mit offenen und schlichten Worten,
An hundred times made plain.	die es hundertfach klarmachen,
15 To seek another's profit,	auf eines anderen Vorteil zu sinnen 15
And work another's gain.	und zum Nutzen eines anderen zu wirken.
Take up the White Man's burden –	Nehmt auf euch des Weißen Mannes Bürde –
The savage wars of peace –	die grimmen Kriege zur Befriedung,
Fill full the mouth of Famine	gebt den hungrigen Mäulern zu essen
20 And bid the sickness cease;	und gebietet der Seuche Einhalt. 20
And when your goal is nearest	Wenn ihr dann dicht vor dem Ziel steht,
The end for others sought,	was ihr andern zuliebe erstrebt, fast erreicht habt:
Watch Sloth and heathen Folly	seht zu, wie Faulheit und heidnischer Irrwahn
Bring all your hope to nought.	eure ganze Hoffnung zunichte machen.

Auf Kiplings Gedicht antwortet der Dichter Ernest Crosby in der New York Times vom 15. Februar 1899 mit folgenden Versen:

Take up the White Man's burden
Send forth your sturdy kin,[1)]
And load them down with Bibles
And cannon-balls and gin.
5 Throw in a few diseases
To spread the tropic climes,
For there the healthy niggers
Are quite behind the times. [...]

Take up the White Man's Burden
10 And teach the Philippines
What interest and taxes are
And what a mortgage means [...][2)]
They need our labor question, too,
And politics and fraud –
15 We've made a pretty mess at home,
Let's make a mess abroad.

Erster Text: Rudyard Kipling, Die Ballade von Ost und West. Ausgewählte Gedichte, Zürich 1992, S. 126 (englische Fassung); Rudyard Kipling, Gesammelte Werke, Bd. 3, übersetzt von Karl August Horst, unveränderter Nachdruck der Ausgabe von 1965, München 1978, S. 945 (deutsche Fassung)
Zweiter Text: Ernest Crosby, The Real White Man's Burden. Swords and Ploughshares, New York 1902, S. 32 ff.

▲ *Eine Gruppe verwundeter Filipinos, Foto um 1899.*

1. *Informieren Sie sich über Leben und Werk des Autors Rudyard Kipling.*
2. *Analysieren Sie, was Kipling unter der „Bürde des weißen Mannes" versteht.*
3. *Vergleichen Sie Kiplings Perspektive mit derjenigen von Crosby. Diskutieren Sie, ob eine Verbesserung der Welt mit imperialen Mitteln möglich ist.*
4. *Der Historiker Jürgen Osterhammel betont, dass das Gedicht vor dem Hintergrund „einer Welt ohne UNO und ohne internationale karikative Organisationen" geschrieben worden ist. Überlegen Sie, was Osterhammel damit meinen könnte.*

[1)] *sturdy kin:* kräftige (oder: robuste, stämmige) Verwandtschaft
[2)] *interest and taxes:* Zinsen und Steuern; *mortgage:* Hypothek

Auf dem Weg zur imperialen Macht

M5
Roosevelt ergänzt die Monroe-Doktrin

Die innenpolitische und finanzielle Schwäche einzelner lateinamerikanischer Staaten veranlassen die europäischen Mächte, ausstehende Staatsschulden mithilfe von militärischem Druck einzutreiben. Vor diesem Hintergrund verkündet Präsident Theodore Roosevelt am 6. Dezember 1904 vor dem Kongress seine als „Big Stick Policy" benannte neue außenpolitische Zielrichtung:

Es ist nicht wahr, dass die Vereinigten Staaten Hunger auf Land haben und irgend etwas mit anderen Nationen der westlichen Hemisphäre vorhaben, es sei denn, es dient deren eigener Wohl-
5 fahrt. Dieses Land wünscht nur, seine Nachbarländer stabil, geordnet und blühend zu sehen. Jedes Land, dessen Bewohner sich gut betragen, kann unserer herzlichen Freundschaft sicher sein. Wenn eine Nation zeigt, dass sie weiß,
10 wie man mit angemessener Tüchtigkeit und Anständigkeit soziale und politische Angelegenheiten anfasst, wenn sie für Ordnung sorgt und ihre Schulden bezahlt, braucht sie kein Eingreifen der Vereinigten Staaten zu befürchten. Chronisches
15 Fehlverhalten oder Schwäche, die auf eine allgemeine Lockerung der Bindungen einer zivilisierten Gesellschaft hinauslaufen, kann in Amerika wie überall schließlich die Intervention einer zivilisierten Nation erfordern, und in der westlichen Hemisphäre kann die Bindung der Vereinigten 20 Staaten an die Monroe-Doktrin die Vereinigten Staaten zwingen, in besonders schlimmen Fällen von Fehlverhalten oder Schwäche, wenn auch widerstrebend, eine internationale Polizeigewalt auszuüben. [...] Wir würden uns bei ihnen nur 25 einmischen, wenn uns kein anderer Ausweg bleibt, und auch dann nur, wenn offenkundig geworden ist, dass sie unfähig oder nicht willens sind, Gerechtigkeit im Innern walten zu lassen, und wenn sie nach außen die Rechte der Vereinig- 30 ten Staaten verletzen oder den Angriff eines anderen Landes zum Schaden der Gesamtheit der amerikanischen Nationen herausgefordert haben.

Herbert Schambeck, Helmut Widder und Marcus Bergmann (Hrsg.), Dokumente zur Geschichte der Vereinigten Staaten von Amerika, 2. erweiterte Auflage, Berlin 2007, S. 418

1. Benennen Sie die Ziele, die Roosevelt mit seiner Botschaft verfolgt.
2. Roosevelts Rede wurde als „Corollary" (Zusatz) zur Monroe-Doktrin bekannt. Begründen Sie diese Aussage.

◂ „Theodore Roosevelt and his Big Stick in the Caribbean", Karikatur von William Allen Rogers, 1904.
In einer seiner frühen Reden griff Theodore Roosevelt ein altes Sprichwort auf: „Speak softly and carry a big stick, and you will go far".
• Erläutern Sie, in welcher Weise dieses Sprichwort für die Außenpolitik Roosevelts steht und übersetzen Sie es in konkrete politische Handlungsweisen.

US-Imperialismus im 19. und frühen 20. Jahrhundert

M6
Open Door Policy

Nach dem Ende seiner Amtszeit erläutert Theodore Roosevelt seinem Nachfolger William H. Taft in einem Schreiben vom 22. Dezember 1910 die Chancen und Grenzen eines amerikanischen Engagements in China:

Ein Bündnis mit China bedeutet angesichts der absoluten militärischen Hilfosigkeit des Landes für uns keine zusätzliche Stärke, sondern eine zusätzliche Verpflichtung, die wir uns aufbür-
5 den; und da ich die Politik des Bluffs völlig ablehne, sowohl in der nationalen als auch in der internationalen Politik als auch im Privatleben, und es auch ablehne, die alte Grenzerregel „Zieh nie [den Colt], wenn du nicht schießen willst" zu
10 verletzen, halte ich es für falsch, Positionen zu beziehen, die wir nicht verteidigen können. Was die Mandschurei[1] anbetrifft, so können wir Japan nicht stoppen, wenn es einen unseren Interessen entgegengesetzten Kurs einschlägt, falls
15 wir nicht zum Kriege bereit sind; und ein erfolgreicher Krieg um die Mandschurei würde von uns eine Flotte so groß wie die englische und eine Armee so stark wie die deutsche verlangen. Die Politik der „offenen Tür" in China war eine
20 gute Sache, und ich hoffe, sie wird es in Zukunft bleiben, solange sie durch allgemeines diplomatisches Übereinkommen gesichert werden kann; aber wie die Geschichte der Mandschurei sowohl unter Russland als auch unter Japan ge-
25 zeigt hat, verschwindet die ganze Politik der „offenen Tür" de facto völlig, wenn eine mächtige Nation entschlossen ist, sie zu missachten, und lieber ein Kriegsrisiko eingeht als ihre Absichten aufzugeben.

Detlef Junker, Von der Weltmacht zur Supermacht. Amerikanische Außenpolitik im 20. Jahrhundert, Mannheim 1995, S. 30

Erläutern Sie das Motto „Zieh nie, wenn du nicht schießen willst". Diskutieren Sie seine Anwendung in der Außenpolitik.

---

[1] *Region im Nordosten Chinas; vgl. S. 108*

M7
Dollars statt Kanonen

1912 rechtfertigt Präsident William H. Taft vor dem amerikanischen Kongress die Strategie der „Dollar Diplomacy":

Die Diplomatie der gegenwärtigen Regierung hat sich bemüht, den Ideen eines modernen Handelsverkehrs zu entsprechen. Diese Politik ist dadurch gekennzeichnet, dass sie Kugeln durch Dollars ersetzt. [...]
5 Für die Vereinigten Staaten ist der nationale Gewinn zweifacher Natur. Erstens ist es offensichtlich, dass die Monroe-Doktrin in der Region des Panamakanals und der Karibischen See von besonderer Bedeutung ist. Dort fällt auch den Ver-
10 einigten Staaten die Aufrechterhaltung der Doktrin am schwersten. [...] Die Vereinigten Staaten sind froh, amerikanische Bankiers ermutigen und unterstützen zu können, die bei der finanziellen Rehabilitierung dieser Länder zu helfen
15 bereit sind; die finanzielle Rehabilitierung dieser Länder und der Schutz der Zollstationen vor dem Zugriff von Möchte-Gern-Diktatoren würde mit einem Schlag die Bedrohung durch ausländische Gläubiger und die Gefahr revolutionä-
20 rer Unruhen beseitigen. Der zweite Vorteil, den die Vereinigten Staaten daraus ziehen, betrifft im wesentlichen alle südlichen Häfen und insbesondere die Häfen des Golfs von Mexiko, den Handel und die Industrie des Südens. Die Republi-
25 ken Zentralamerikas und der Karibik besitzen große natürliche Reichtümer. Sie bedürfen nur der Stabilität und ausreichender Mittel zur finanziellen Regeneration, um in eine Ära des Friedens und des Wohlstands einzutreten, die ihnen
30 Profite und Glück bringen würde und zugleich die Voraussetzungen für einen florierenden Warenaustausch mit unserem Land schaffen würde.

Wolfgang J. Mommsen (Hrsg.), a.a.O., S. 223 f.

1. *Arbeiten Sie heraus, was Taft unter Dollar Diplomacy versteht und inwiefern sein Programm mit der Monroe-Doktrin verknüpft ist.*
2. *Stellen Sie die Dollar Diplomacy dem Konzept der Open Door Policy gegenüber und erläutern Sie die Unterschiede.*

Auf dem Weg zur imperialen Macht

◀ Das Flatiron Building in Manhattan, Bildpostkarte von 1903. Mit seinen 22 Stockwerken und einer Höhe von 87 Metern ist es der älteste Wolkenkratzer New Yorks. Nach 1865 stiegen die USA zu einer führenden Industrie- und Exportnation auf und hatten bereits vor der Jahrhundertwende die europäischen Staaten in der Industrieproduktion überholt. Ein damit einhergehender Bauboom veränderte das Bild der Städte: Die Wolkenkratzer wurden zum Symbol für das rasche Wirtschaftswachstum und die zunehmende Machtstellung der Vereinigten Staaten in der Welt.

Grundlagen und Motive der imperialistischen Politik

Gegen Ende der 1880er-Jahren trat die amerikanische Außenpolitik in eine neue Phase ein. Das enorme Bevölkerungswachstum und ein massiver Industrialisierungsschub hatten die USA im späten 19. Jahrhundert zu einer wirtschaftlichen Großmacht werden lassen, die sich dem Wettlauf der Industrienationen um die Aufteilung der Welt nicht mehr entziehen wollte. Mit dem wirtschaftlichen Erfolg waren Selbst- und Sendungsbewusstsein der Nation weiter gestiegen. Gestützt auf einen weitverbreiteten Sozialdarwinismus glaubten viele an einen Erziehungs- und Missionsauftrag der überlegenen „angelsächsischen Rasse", die allein Freiheit und Demokratie in die Welt tragen könne.

Wie in Europa setzte sich zudem bei vielen Amerikanern die Überzeugung durch, Wirtschaftskrisen und soziale Konflikte nur durch die Gewinnung neuer Absatzmärkte und Rohstoffquellen vermeiden zu können (▶ M1). Besonders die wirtschaftliche Depression von 1893 und die Befürchtung, dass mit dem Abschluss der Westexpansion bald die eigenen Ressourcen erschöpft sein könnten, ließ den Wohlstand des Landes immer mehr von der Ausweitung des Außenhandels abhängig erscheinen. Auf der Suche nach Investitions- und Absatzmöglichkeiten wurden amerikanische Unternehmen zunehmend jenseits der amerikanischen Grenzen in Mittel- und Südamerika sowie in Ostasien tätig, wo sie schon lange ihren Einfluss geltend gemacht hatten.

Wichtigster Theoretiker des überseeischen Imperialismus war seit den frühen 1890er-Jahren Captain (später Admiral) *Alfred Thayer Mahan*. Er entwickelte ein umfangreiches Konzept zur Sicherung der amerikanischen Macht- und Handelsinteressen, die nur über eine starke Seemachtstellung zu erreichen sei (▶ M2). Angelehnt an das Vorbild des britischen Empire strebte er nicht nach einem Kolonialreich, sondern nach einem die Weltmeere umspannenden Wirtschaftsraum, der von den USA indirekt beherrscht werden sollte. Mit seinen geostrategischen Theorien (*Navalismus*) übte Mahan erheblichen Einfluss auf eine jüngere Generation amerikanischer Politiker aus – unter anderem auch auf den späteren Präsidenten Theodore Roosevelt. Dieser war in den 1890er-Jahren Staatssekretär im Marineministerium und setzte sich verstärkt für das 1890 begonnene Flottenbauprogramm ein.

Der Spanisch-Amerikanische Krieg

Das Jahr 1898 markiert in der amerikanischen Außenpolitik eine Zäsur: 1895 brach auf Kuba ein Bürgerkrieg aus, in dem einheimische Rebellengruppen für die Unabhängigkeit der Insel von der spanischen Kolonialmacht kämpften. Die USA nutzten den Aufstand zu einer militärischen Intervention in Kuba und im Pazifik, die ihnen erhebliche territoriale Gewinne einbrachte.

Mehrere Gründe waren für das Eingreifen in den Konflikt verantwortlich: Die langjährigen Auseinandersetzungen auf Kuba schädigten die bereits von den USA dominierte kubanische Wirtschaft. Daneben gewannen geostrategische Interessen an Gewicht, die sich vor allem auf den Erwerb der Philippinen als pazifischen Marinestützpunkt richteten. Eine einflussreiche Lobby von Kubanern, die in den USA lebten, mobilisierte die amerikanische Öffentlichkeit. Vor allem die nationale Presse heizte die Kriegsstimmung an, indem sie die spanische Kolonialherrschaft als barbarisches Joch darstellte und eine massive anti-spanische Propaganda verbreitete. Den Anlass für die Intervention bot schließlich die Explosion des im Hafen von Havanna liegenden amerikanischen Schlachtschiffes „Maine" in der Nacht zum 15. Februar 1898, bei der 260 amerikanische Seeleute ums Leben kamen. Die Ursachen der Explosion ließen sich niemals ganz aufklären, wahrscheinlich handelte es sich um einen Unfall. Die amerikanische Presse proklamierte den Vorfall eigenmächtig als spanischen Terroranschlag, was die US-Regierung zum Eingreifen veranlasste. Der Krieg gegen Spanien wurde nach kaum vier Monaten zugunsten der überlegenen amerikanischen Streitkräfte entschieden. Bereits während des Krieges sicherten sich die USA mit Hawaii das „Sprungbrett" nach Asien. Im *Frieden von Paris* (12.12.1898) musste Spanien Kuba, Puerto Rico, Guam und die Philippinen abtreten. Formal wurde Kuba unabhängig, faktisch wurde die Insel von den USA besetzt und wirtschaftlich ausgebeutet. Mit dem *Platt Amendment*, das Kuba 1901 unter Zwang annahm, sicherten sich die USA ein uneingeschränktes Interventionsrecht (▶ M3). Zudem erhielten sie den Stützpunkt Guantanamo, den die US-Navy bis heute unterhält.

Besonders die Unterwerfung der Philippinen zeigt den „unverhüllten Übergang zum Kolonialismus" (Wolfgang J. Mommsen). Hier hatten die Einheimischen zunächst auf der Seite der Vereinigten Staaten gegen die Spanier gekämpft. Als die Filipinos jedoch nach der spanischen Niederlage eine eigene unabhängige Republik gründen wollten, stand dies im Widerspruch zu den Interessen der USA. In einem bis 1902 andauernden Guerillakrieg, bei dem 20 000 philippinische Soldaten und Hunderttausende von Zivilisten ums Leben kamen, wurden die Aufständischen niedergeschlagen und die Philippinen unter direkte amerikanische Verwaltung gestellt.

▼ Titelseite der „New York World" vom 17. Februar 1898.

Auf dem Weg zur imperialen Macht

Imperialismus im Widerstreit der Meinungen

Gegen Ende des 19. Jahrhunderts hatte die Presse dafür gesorgt, dass die amerikanische Außenpolitik immer mehr zum Thema einer breiten Öffentlichkeit wurde. Anlässlich des Spanisch-Amerikanischen Krieges und der Eroberung der Philippinen 1899 meldete sich der britische Journalist *Rudyard Kipling* mit seinem Gedicht „The White Man's Burden" zu Wort, das in verschiedenen Zeitungen veröffentlich wurde (◗ M4). Von der politischen und kulturellen Mission der Kolonialmächte überzeugt, erhob er die Zivilisierung der „wilden Völker" und die Neuordnung der Welt durch die überlegenen und fortschrittlichen Staaten zur ethischen Pflicht, die auch der amerikanischen Nation auferlegt sei. Wenige Jahre später distanzierte er sich jedoch von den imperialistischen Bestrebungen der USA.

Das Vorgehen der US-Regierung auf Kuba sowie vor allem auf den Philippinen stieß in der amerikanischen Bevölkerung auch auf Widerstand. Viele Amerikaner verurteilten die imperialistische Politik als einen Verrat an den antikolonialen Prinzipien der Gründerväter, mit denen sie ihre Unabhängigkeit von England erkämpft hatten. Sie plädierten für die Selbstbestimmungsrechte der Völker und erklärten die amerikanische Politik als unvereinbar mit dem amerikanischen Sendungsbewusstsein.

Vor der Ratifizierung des Friedensvertrages mit Spanien schlossen sich 1898 die Expansionsgegner zur *Anti-Imperialist League* zusammen. Neben moralischen Begründungen wurden Bedenken laut, die expansive Politik könne die USA in internationale Auseinandersetzungen verstricken. Dies käme einem Verstoß gegen die Warnung Washingtons sowie den Vorgaben der Monroe-Doktrin gleich. Eine Ausdehnung des wirtschaftlichen und politischen Einflusses wäre auch ohne kolonialen Besitz möglich. Zu den Gegnern der imperialistischen Politik zählten zudem die Gewerkschaften, die eine Arbeiterschwemme aus den Kolonien und damit eine Verschärfung der sozialen Probleme befürchteten. Schließlich wurden auch rassistische Stimmen laut, die jede Vermischung der angelsächsischen Bevölkerung mit „minderwertigen" Völkern ablehnten. Die unterschiedlichen Interessenlagen der anti-imperialistischen Bewegung verhinderten letztlich einen Konsens, sodass sich die Expansionsbefürworter im Senat durchsetzen konnten.

Interventionspolitik in Lateinamerika

Bis zur Jahrhundertwende diente die Monroe-Doktrin zur Abwehr europäischer Interventionen auf dem amerikanischen Kontinent. 1904 erweiterte Präsident Roosevelt die Monroe-Doktrin um einen deutlich imperialistischen Zusatz (*Roosevelt Corollary*): Er erklärte die USA zu einer „internationalen Polizeimacht", die jederzeit in die politischen und wirtschaftlichen Verhältnisse der süd- und mittelamerikanischen Staaten eingreifen dürfe. Angesichts häufiger Unruhen, Bürgerkriege und Revolutionen schien die Durchsetzung der amerikanischen Interessen in dieser Region nur über ein hartes, machtpolitisches Vorgehen möglich zu sein (◗ M5).

Ganz im Sinne des von Mahan aufgestellten Konzepts nahm in Roosevelts Außenpolitik der Bau des *Panamakanals* als Verbindung zwischen Atlantik und Pazifik einen besonders hohen Stellenwert ein. Die Verkürzung des Seewegs eröffnete nicht nur wirtschaftliche, sondern auch erhebliche strategische Vorteile, da sich dadurch die Manövrierfähigkeit der Kriegsmarine erheblich verbesserte.

Um die alleinige Kontrolle über den Kanal zu erhalten, kaufte Roosevelt 1902 die bisher von französischer Seite geleisteten Bauarbeiten auf. Als sich jedoch die kolumbia-

US-Imperialismus im 19. und frühen 20. Jahrhundert

nische Regierung weigerte, die zu ihrem Territorium gehörende Kanalzone zu verpachten, unterstützten die USA ein Jahr später eine Rebellion der kolumbianischen Provinz Panama, die sich für unabhängig erklärte. Im November spaltete sich die neue Republik Panama von Kolumbien ab und überließ den USA eine 32 km breite Kanalzone. Zwischen 1906 und 1914 wurde der Panamakanal fertiggestellt, die offizielle Eröffnung fand allerdings erst nach dem Ersten Weltkrieg im Jahre 1920 statt.

Roosevelts Vorgehen zeigt, dass die USA gemäß ihrer antikolonialistischen Traditionen in Lateinamerika keine eigenen Kolonien oder Territorien besetzen wollten, sie sich aber stets zu politischen und militärischen Interventionen bereit zeigten, wenn eigene Interessen auf dem Spiel standen. Noch im 19. Jahrhundert war ein solches Vorgehen stets als Ausnahme gewertet worden und auf heftigen innenpolitischen Widerstand gestoßen. In den folgenden Jahren wurde die als *Big Stick Policy* benannte Strategie Roosevelts in Mittelamerika und der Karibik jedoch zum festen Bestandteil der amerikanischen Außenpolitik.

▲ *Verkürzung des Seeweges durch den Panamakanal.*

Formen indirekter Einflussnahme: „Open Door Policy" und „Dollar Diplomacy"

Nachdem sich die USA die Vorherrschaft in Mittelamerika und der Karibik gesichert hatten, richtete der Blick sich zunehmend auf Ostasien. Da die europäischen Großmächte und Japan am Ende des Jahrhunderts damit begannen, China in koloniale Interessensphären aufzuteilen, befürchteten die USA, im Wettlauf um die begehrten asiatischen Absatzmärkte zu kurz zu kommen. Anders als in Lateinamerika und im karibischen Raum scheuten Regierung und amerikanische Öffentlichkeit dort jedoch vor einem militärischen Engagement und internationalen Auseinandersetzungen zurück. Daher setzten sich die USA für eine informelle *Open Door Policy* ein und forderten die rivalisierenden Mächte auf, allen Nationen gleiche und unbeschränkte Handelsmöglichkeiten einzuräumen (♦ M6).

Während die USA den eigenen Markt durch hohe Zollbarrieren gegen die ausländische Konkurrenz abschirmten, beanspruchten sie hingegen für sich uneingeschränkte Handelsrechte in Übersee. Die amerikanische Regierung setzte dieses Prinzip durch diplomatischen, gelegentlich auch militärischen Druck durch und versuchte wo immer möglich, Länder und Märkte für die amerikanische Industrie zu öffnen.

Die Nachfolger Roosevelts setzten die amerikanische Interessenpolitik mit den Instrumenten indirekter Einflussnahme fort. In Mittelamerika und der Karibik wurde die *Dollar Diplomacy* ausgedehnt (♦ M7): Über hohe finanzielle Investitionen im Ausland gelang es der US-Regierung nicht nur, der eigenen Industrie wirtschaftliche Vorzugsrechte und große Absatzmärkte zu sichern, sondern ganze Staaten auf den US-Markt zu fixieren. Daher sprachen Kritiker schon bald von einem *Dollar-Imperialismus*. In einigen Ländern Mittelamerikas war die ökonomische Dominanz so stark, dass US-amerikanische Firmen Einfluss auf die Regierungsentscheidungen der Staaten nehmen konnten.

Auf dem Weg zur imperialen Macht

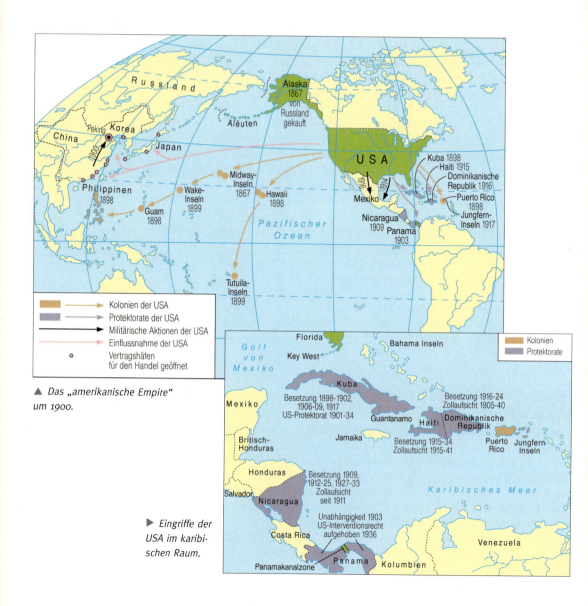

▲ Das „amerikanische Empire" um 1900.

▶ Eingriffe der USA im karibischen Raum.

Die 1899 gegründete amerikanische Handelsgesellschaft *United Fruit Company*, die durch ihre Monopolstellung im Bananenhandel in Mittelamerika und der Karibik eine skrupellose wirtschaftliche Ausbeutung betrieb, war sogar für den Sturz mehrerer unliebsamer Regierungen verantwortlich. In Mexiko kontrollierten um 1910 US-amerikanische Firmen 100% der Erdölförderung, 98,2% des Bergbaus, 87% der Elektrizitätsversorgung und 84,3% der verarbeitenden Industrie. Diese Branchen produzierten fast ausschließlich für den Export in die Vereinigten Staaten. Ihre Fabriken waren wiederum mit Maschinen ausgerüstet, die im Ausland hergestellt wurden – ein mexikanischer Maschinenbau existierte nicht. Alle Versuche, den Einfluss der amerikanischen Industrie zugunsten der heimischen Unternehmen einzuschränken, stießen in den USA stets auf massiven Widerstand.

US-Imperialismus im 19. und frühen 20. Jahrhundert

Der Eintritt der USA in den Ersten Weltkrieg 1917

Während die USA in der westlichen Hemisphäre ein Imperium aufgebaut hatten, wahrten sie gegenüber den europäischen Mächten und ihren Militärbündnissen Distanz. Auch als am 1. August 1914 in Europa der Erste Weltkrieg ausbrach, in dem sich die Mächte der *Entente* (Großbritannien, Frankreich, Russland) und die *Mittelmächte* (Deutschland, Österreich-Ungarn) gegenüberstanden, fühlten sich die USA weiterhin zu traditioneller Neutralität verpflichtet. Von Anfang an neigten sich die Sympathien der amerikanischen Öffentlichkeit jedoch den demokratischen Ländern der Entente zu, denen sie sich kulturell eher verbunden fühlte als den autoritären Regimen der Mittelmächte. Außerdem liehen amerikanische Finanziers den Entente-Staaten erhebliche Summen, deren Rückzahlung im Falle einer Niederlage auf dem Spiel gestanden hätte.

Die nach 1914 eingeschlagene „parteiische Neutralität" hielt nicht lange an. Als sich die Politik des Deutschen Kaiserreiches mit der Wiederaufnahme des unbegrenzten U-Boot-Krieges sowie einem deutsch-mexikanischen Bündnisvorschlag auch gegen die Vereinigten Staaten richtete, bewirkte dies die Abkehr von der bisherigen außenpolitischen Haltung: Am 6. April 1917 erklärten die USA dem Deutschen Reich den Krieg, den sie im Sinne Präsident *Woodrow Wilsons* als „Kreuzzug für die Demokratie" führten, und griffen damit erstmals aktiv auf den europäischen Kriegsschauplätzen ein.

Am Ende des Krieges waren die USA nicht nur zum Gläubigerland Europas, sondern zur stärksten Wirtschafts- und Handelsmacht der Erde aufgestiegen, deren neue Weltmachtrolle sich bereits abzuzeichnen begann. Das idealistische Ziel Wilsons, nach Beendigung des Krieges eine stabile Weltfriedensordnung zu schaffen, scheiterte jedoch. Der US-Kongress lehnte eine Ratifizierung des 1919 in *Versailles ausgehandelten Friedensvertrages* und einen Beitritt der USA zum *Völkerbund*[1] ab. Die amerikanische Öffentlichkeit befürchtete, dadurch unausweichlich in künftige militärische Konflikte hineingezogen zu werden, und kehrte zu ihrer isolationistischen Grundhaltung zurück. Wirtschaftlich und finanziell blieben die Vereinigten Staaten weiterhin eng mit Europa verflochten, zogen sich politisch jedoch wieder aus Europa und dem internationalen Weltgeschehen zurück. Zugleich weiteten die USA ihre wirtschafts- und sicherheitspolitische Vormachtstellung im ostasiatisch-pazifischen Raum aus, wo sie vor allem den japanischen Herrschaftsansprüchen entgegenwirkten.

---

[1] *Der auf Initiative Präsident Wilsons 1919 gegründete Völkerbund sollte die Zusammenarbeit aller Staaten fördern sowie den Frieden sichern. Die fehlende Mitgliedschaft der USA und die Unfähigkeit des Völkerbundes, den Zweiten Weltkrieg zu verhindern, führten zu seiner Auflösung.*

Auf dem Weg zur imperialen Macht

Grundbegriff: Imperien ···⟫ Von der Zeit der frühen Hochkulturen bis zu den großen europäischen Kolonialreichen hat es Imperien in allen Epochen und Weltgegenden gegeben.

Das antike Römische Reich stellt den klassischen Fall eines Imperiums dar, das zum Vorbild für viele spätere Großreiche wurde. Der Begriff „imperium" (lat. *imperare:* „herrschen", „befehlen") bezeichnete zunächst die Befehlsgewalt der höchsten römischen Beamten bzw. der römischen Kaiser und später das gesamte römische Herrschaftsgebiet – das *Imperium Romanum.* Ausgehend von einem kleinen Stadtstaat eroberten die Römer innerhalb von mehreren Jahrhunderten ein Weltreich, das eine Vielzahl von Völkern, Religionen, Sprachgemeinschaften und ethnischen Gruppen umfasste, sich zugleich jedoch in seinen Strukturen lange als stabil erwies. Neben dem politischen Führungsanspruch, der wirtschaftlichen Dynamik und militärischen Überlegenheit spielte für die Lebensdauer des Imperiums vor allem die Fähigkeit zur Integration der eroberten Gebiete (*Romanisierung*) eine große Rolle. Diese wurde durch Machtteilung (*divide et impera:* „teile und herrsche"), religiöse Toleranz und eine gewisse Mitbestimmung der Bevölkerung erreicht und zusätzlich durch die römische Herrschaftsideologie, die *Pax Romana*, legitimiert und untermauert.

Die meisten der neuzeitlichen Großreiche wie das Reich Karls V. waren ebenfalls multi-ethnische imperiale Staatsverbände. Im Gegensatz zum zaristischen Russland, das im Inneren Asiens ein riesiges Flächenreich eroberte, errichteten die europäischen Mächte im Verlauf der europäischen Expansion Überseeimperien. Der vom Wort „imperium" abgeleitete Begriff „Imperialismus" verweist auf das Bestreben der Mächte, abhängige Gebiete zu erwerben und diese in einem Welt- oder Kolonialreich nach dem Vorbild des Imperium Romanum zusammenzufassen. Das britische Weltreich (British Empire) kam im 19. Jahrhundert dem römischen Weltreich in seiner Ausdehnung und Dominanz am nächsten, obwohl es völlig anders entstanden und aufgebaut war. Da die überlegene See- und Handelsmacht Großbritannien nicht so sehr auf territoriale Herrschaft, sondern auf ökonomische Durchdringung abzielte, gelang es ihr, das riesige Empire mit einem geringen militärischen und finanziellen Aufwand zu kontrollieren und zu verwalten.

Nach dem Ersten Weltkrieg entwickelte der seit dem 19. Jahrhundert von Europa ausgehende Nationalismus eine erhebliche Sprengkraft für den Zusammenhalt der Imperien, da dieser bei den beherrschten Völkern mit einem wachsenden Unabhängigkeitsstreben einherging. Zudem steht die mit der Vorstellung eines einheitlichen, nationalen Volkes verbundene Idee der Nation in direktem Widerspruch zu den multi-ethnischen und multi-religiösen Grundstrukturen der imperialen Herrschaft, sodass sich Imperien und Nationalstaaten meistens ausschließen.

Mit dem Zusammenbruch der Sowjetunion 1991 schien das letzte Imperium der Geschichte untergegangen zu sein. Inzwischen werden die USA in ihrem Verständnis als alleinige Weltordnungsmacht sowohl von kritischer als auch zustimmender Seite zunehmend als Imperium des 21. Jahrhunderts gedeutet. Vor diesem Hintergrund wird die Frage diskutiert, welche Rolle ein Imperium mit einer demokratischen Gesellschaftsordnung in einer globalisierten Staatenwelt einnehmen kann.

US-Imperialismus im 19. und frühen 20. Jahrhundert

4. China und Japan im Zeitalter des Imperialismus

4.1 China und die imperialistischen Mächte

„Ein Spuk am hellen, lichten Tage", Karikatur aus „Der Wahre Jacob" vom 11. September 1911.

1840–1842
Im ersten Opiumkrieg unterliegt China der britischen Flotte. Mit dem Vertrag von Nanjing (Nanking) beginnt die Zwangsöffnung Chinas und die Serie der „ungleichen Verträge"

1850–1864
Innere Krisen entladen sich im Taiping-Aufstand

1856–1860
Nach dem zweiten Opiumkrieg gegen England und Frankreich muss China die Öffnung weiterer Häfen und die christliche Mission billigen

1895
Der Vertrag von Shimonoseki besiegelt die chinesische Niederlage im Krieg gegen Japan; ein „Wettlauf" nach China beginnt

1897
Das Deutsche Reich besetzt die Bucht von Jiaozhou (Kiautschou)

1898
Die „100-Tage-Reform" des Kaisers Guangxu scheitert am Widerstand der Reformgegner

1900/01
Der Aufstand des Geheimbundes der Yihetuan („Boxer") wird durch eine internationale Armee niedergeschlagen

1911/12
Nach dem Sturz des Kaisers endet die letzte Dynastie; China wird Republik

▲ Kaiser Qianlong (1735–1796) bei einem Siegesfest nach dem Feldzug gegen die Westmongolen, Ausschnitt eines chinesischen Rollenbildes von Lang Shihning, 1760.
Unter Kaiser Qianlong stand das chinesische Reich auf dem Höhepunkt seiner Macht und erreichte mit fast zwölf Millionen Quadratkilometern die größte Ausdehnung seiner Geschichte. Zum chinesischen Herrschaftsbereich gehörten neben den eroberten Gebieten in Zentralasien auch die tributpflichtigen Vasallenstaaten Korea, Annam (Vietnam), Siam, Burma und Nepal.

M1
Keine Verwendung für den Außenhandel

Großbritannien ist im 18. Jahrhundert der größte Abnehmer chinesischer Exportwaren wie Tee, Lackwaren oder Seide. Da es jedoch im Gegenzug seine eigenen Waren nicht in China absetzen kann, mit Silber bezahlen muss und damit ein großes Handelsdefizit einfährt, ersucht der englische König den chinesischen Kaiser im Jahre 1793 über eine Gesandtschaft um einen Handels- und Freundschaftsvertrag sowie die Einrichtung einer ständigen diplomatischen Vertretung. Darauf antwortet ihm Kaiser Qianlong:

Was Euer dringendes Gesuch angeht, einen Eurer Untertanen abzuordnen, dass er an meinem Himmlischen Hof akkreditiert werde und die Kontrolle über den Handel Eures Landes mit
5 China ausüben soll, so steht diese Bitte im Gegensatz zu den Gewohnheiten meiner Dynastie und kann nicht in Erwägung gezogen werden […]. Wenn Ihr versichert, dass Eure Hochachtung für Unsere Himmlische Dynastie Euch mit dem
10 Wunsch nach unserer Kultur erfüllt, muss doch darauf hingewiesen werden, dass unsere Gebräuche und Gesetzgebung sich so vollständig von den Euren unterscheiden, dass, selbst wenn Euer Gesandter in der Lage wäre, die Ansätze
15 unserer Kultur aufzunehmen, unsere Gewohnheiten und Sitten unmöglich in Euern fremden Boden verpflanzt werden könnten. Daher würde durch die Bestellung eines Botschafters nichts gewonnen werden, wie geschickt er auch sein würde. Meine Herrschaft über die weite Welt hat 20 das eine Ziel, vollkommen zu regieren und die Staatspflichten zu erfüllen: fremde und kostspielige Gegenstände interessieren mich nicht. […] Der hervorragende Ruf unserer Dynastie ist in jedes Land unter dem Himmel gelangt, und 25 Herrscher aller Völker haben ihre Tributabgabe auf dem Land- und Seeweg überbracht. Wie Euer Gesandter mit eigenen Augen sehen kann, besitzen wir alles. Ich lege keinen Wert auf fremde Gegenstände, die fremdländisch oder geschickt 30 erfunden sind, und ich habe keine Verwendung für die Produktion Eures Landes. […] Es schickt sich, o König, meinen Willen zu achten und mir in Zukunft noch größere Verehrung und Loyalität zu erweisen, sodass Ihr durch ständige 35 Unterwerfung unter unseren Thron Frieden und Wohlwollen für Euer Land sichert.

Günter Schönbrunn (Bearb.), Das bürgerliche Zeitalter 1815–1914. Geschichte in Quellen, München 1980, S. 531 f.

Beurteilen Sie die Haltung des chinesischen Kaisers gegenüber dem englischen König und sein Selbstverständnis in Bezug auf die Außenwelt.

96 China und Japan im Zeitalter des Imperialismus

M2
Die „traditionale" Gesellschaft Chinas

Die Historikerin Sabine Dabringhaus schildert 1992 einige zentrale gesellschaftliche Merkmale des chinesischen Kaiserreiches im 19. Jahrhundert:

Das (bäuerliche) China war [...] weniger ein Land der Dörfer als eines der Familien und Sippen. Regiert wurde es von einer Bürokratie, die zentral von Peking aus gesteuert wurde. [...] Eine
5 Anstellung im Staatsdienst war mit außerordentlichem Sozialprestige und guten Bereicherungschancen verbunden und bildete für alle Schichten der chinesischen Bevölkerung das schlechthin erstrebenswerte Lebensziel. Unter „Bürokratie"
10 darf man sich dabei keinen alles kontrollierenden Staatsapparat nach der Art des 20. Jahrhunderts vorstellen. Die alte chinesische Staatsbürokratie war zwar hoch zentralisiert und in sich stark nach Rangstufen hierarchisiert, konnte aber
15 das Land nur sehr oberflächlich regieren. Der Beamte unterster Stufe saß in einer Kreisstadt und war dort mit einem kleinen Mitarbeiterstab für bis zu 250 000 Untertanen zuständig. [...] Es gab kaum Ansätze zu einer Machtbalance innerhalb
20 des Systems, wie sie in Europa traditionell durch das Spannungsverhältnis zwischen Monarch und Aristokratie gegeben war. [...] Die Bürokratie, die auf die autoritäre Staatsideologie des Konfuzianismus[1] eingeschworen war, verteidig-
25 te kompromisslos ihr Machtmonopol. Jede über das Familiäre hinausgehende Selbstorganisation gesellschaftlicher Kräfte, wie sie in der europäischen und der nordamerikanischen Geschichte so wichtig war (Vereine, Bünde, kirchliche Grup-
30 pen usw.) wurde als systemgefährdend missbilligt. Deshalb spielten Geheimgesellschaften in China eine solch außerordentliche Rolle. Politik außerhalb der Bürokratie war „Schattenpolitik".

Sabine Dabringhaus, Der Boxer-Aufstand in China (1898–1900). Studienbrief der FernUniversität Hagen. Grundkurs Neuzeitliches Asien, Kurseinheit 7, 1992, S. 18

1. *Charakterisieren Sie die Besonderheiten der chinesischen Bürokratie und erläutern Sie, was diese über das Wesen des chinesischen Staates aussagen.*
2. *Analysieren Sie, welche Möglichkeiten einer „Modernisierung" für den chinesischen Staat gegeben waren.*

M3
Bevölkerungswachstum Chinas und Europas

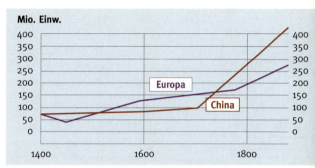

▲ *Nach: Geschichte lernen, Heft Nr. 74 (2000), S. 30*

1. *Vergleichen Sie das Bevölkerungswachstum in Europa und in China. Benennen Sie mögliche Ursachen für die Entwicklung.*
2. *Überlegen Sie, wie die europäischen Staaten auf die mit dem Bevölkerungswachstum verbundenen sozialen und politischen Probleme reagierten.*
3. *Ziehen Sie aus M1 und M2 Schlüsse, wie China auf diese Herausforderung reagiert haben könnte.*

---

[1] Der Konfuzianismus ist die auf den chinesischen Philosophen Konfuzius (551–479 v. Chr.) zurückgehende, neben Buddhismus und Daoismus vor allem in China verbreitete Morallehre und Staatsideologie. Diese erhob die Familie, die väterliche Autorität sowie die Befolgung der sittlichen Gebote, Traditionen und Riten zu Leitbildern der Gesellschaft.

M4
Die Krise Chinas im 19. Jahrhundert

Der Historiker und ehemalige deutsche Botschafter in China Konrad Seitz beschreibt die Gründe für den Niedergang Chinas im 19. Jahrhundert:

Über ein halbes Jahrhundert [...], von 1775 bis 1839, war der Niedergang Chinas rein von inneren Ursachen getrieben: von der Bevölkerungsexplosion und der mit ihr zusammenhängenden Verarmung; vom Verfall der Verwaltung, als einer gleichbleibenden Zahl von Beamten die unablässig steigende Zahl der Menschen in ihren Verwaltungsbezirken buchstäblich über den Kopf wuchs; und schließlich, als unmittelbarster Grund für die Rebellion der Bauern, von der sich ausbreitenden Korruption. Erst 1839 kam durch den Opiumkrieg mit Großbritannien zu den inneren Gründen des Niedergangs ein mächtiger Stoß von außen. [...] Die Briten hatten seit der Macartney-Gesandtschaft einen Weg gefunden, ihr Dauerdefizit im Handel mit China zu beseitigen: den Opiumschmuggel. Opium war seit 1800 in China verboten, doch das störte die Engländer nicht. Sie gewannen Opium aus dem Mohnabbau in Bengalen, verschifften es von Kalkutta nach Kanton und schleusten es nach China ein, wo es über ein Netzwerk von Händlern im ganzen Land verbreitet wurde. [...] Das britische Opium verseuchte die Bevölkerung Chinas und zerrüttete das Heer. Überall in den Städten sah man die abgemagerten Gestalten der Opiumsüchtigen. Gleichzeitig stürzte der Opiumschmuggel die Wirtschaft in eine schwere Krise. Bis 1826 flossen schätzungsweise fünfhundert Millionen spanische Silberdollar, die damalige Weltwährung, in das Qing-Reich und trieben die Wirtschaft an. 1827 aber kehrte sich der chinesische Handelsüberschuss in ein ständig wachsendes Defizit um, und von nun an floss – in immer größeren Mengen – Silber aus China ab. [...] Der Geldumlauf schrumpfte, Mitte der dreißiger Jahre versank die chinesische Wirtschaft in Deflation und Rezession. [...] Dies traf die Bauern hart, denn ihre Einnahmen bestanden in Kupfermünzen, die Steuern jedoch waren in Silber festgesetzt. Seit den dreißiger Jahren unterminierte der britische Opiumschmuggel also nicht nur die Volksgesundheit, sondern trug durch die schwere Störung der Wirtschaft wesentlich zu den sozialen Unruhen in China bei. 1838 beschloss der Kaiser – „endlich", ist man versucht zu sagen –, gegen den Opiumschmuggel einzuschreiten. [...] London nahm dies zum Anlass, den Krieg zu erklären. Die englische Kriegsflotte hatte mit den waffentechnisch hoffnungslos unterlegenen Chinesen leichtes Spiel. Im August 1842 kapitulierte die chinesische Regierung und unterschrieb den Vertrag von Nanjing [Nanking]. Der Vertrag sah unter anderem Folgendes vor:
- China öffnet fünf Küstenstädte für ausländische Konsuln, Kaufleute und Missionare: Kanton, Amoy (Xiamen), Fuzhou, Ningbo und Shanghai. Die ausländischen Konzessionsgebiete sind extraterritorial und unterstehen nicht der chinesischen Jurisdiktion.
- China tritt die Insel Hongkong an Großbritannien ab.
- China zahlt als Kriegsentschädigung 21 Millionen Silberdollar.

▲ Britische Flotteneinheiten bombardieren 1841 die Hafenstadt Guangzhou (Kanton), Holzstich aus dem 19. Jahrhundert.

- China hebt das Monopol der chinesischen Handelshäuser[1] auf.
- China führt für Importe wie Exporte einen „gerechten und regelmäßigen" – lies: niedrigen und einheitlichen – Zoll ein; er wurde später für Importe auf durchschnittlich fünf Prozent des Werts der Waren festgelegt.

[...] Der Vertrag von Nanjing war der erste der „ungleichen Verträge". Er legte die Grundlagen für ein neues, von Europa diktiertes Außenhandelssystem, das das chinesische Tributsystem ablöste: das System der „Vertragshäfen". In dieses System waren alle europäischen Mächte sowie Amerika, Russland und – im weiteren Verlauf – Japan eingeschlossen. Es galt zu verhindern, dass ausländische Mächte einzeln in Teilen Chinas eigene Kolonien errichteten, und so erfand man die „Meistbegünstigungsklausel", nach der China alle Rechte, die es einem Staat einräumte, automatisch auf die übrigen Staaten ausdehnen musste. Alle Vertragshäfen – es sollten bis zum Ende der Qing-Dynastie an die achtzig werden – wiesen die gleiche Struktur auf. [...] Die demütigende Niederlage gegen die westlichen Barbaren erschütterte das Ansehen des Kaisers in der Beamtenschaft, im Heer und im Volk aufs Schwerste. Der Hass auf die Fremden verband sich mit dem latent stets vorhandenen Hass auf die fremde Mandschu-Dynastie. Es bildete sich die Vorstellung, die Mandschus beschwichtigten die Barbaren, um sich selbst auf Kosten des chinesischen Volkes zu retten. Aufruhr im Innern (nei luan) und Invasion von außen (wai huan) trieben sich nun in Wechselwirkung gegenseitig voran. Unmittelbar nach der Jahrhundertwende brach ein Massenaufstand nach dem anderen aus [...]. Die Qing-Herrschaft überlebte noch mehr als ein halbes Jahrhundert, bis sie 1911, fast wie von selbst, in sich zusammenfiel.

Konrad Seitz, China. Eine Weltmacht kehrt zurück, Berlin ³2000, S. 86–90

---

[1] Vor 1842 war der von China streng kontrollierte Außenhandel lediglich über den Hafen von Guangzhou (Kanton) möglich, wo die britischen Händler ihre Geschäfte zudem nur über die mit einem Handelsmonopol ausgestatteten „Dreizehn Handelshäuser" (hongs) tätigen konnten.

1. *Zeigen Sie die Gründe auf, die Seitz für den Niedergang Chinas benennt. Beachten Sie dazu Ihre Ergebnisse aus M3.*
2. *Erläutern Sie die Klauseln des Vertrages von Nanjing und deren Auswirkungen für das chinesische Kaiserreich.*
3. *Vergleichen Sie die imperialistische Politik der Großmächte in China mit den Zielen und Herrschaftsmethoden in Afrika oder Indien. Bewerten Sie das jeweilige Vorgehen hinsichtlich der Beweggründe und Folgen.*
4. *Diskutieren Sie die These, dass China durch eine positive Reaktion auf die britische Gesandtschaft im Jahre 1793 und die freiwillige Öffnung seiner Märkte die Chance auf eine gleichberechtigte Rolle in der Welt gehabt hätte.*

M5
China braucht Reformen

Die Niederlage Chinas im Krieg gegen Japan 1895 beschleunigt die imperialistische Einflussnahme der Großmächte, die nun zur Kolonialisierung der chinesischen Randgebiete und der intensiven wirtschaftlichen Durchdringung des Landes übergehen. Angesichts des äußeren Drucks und daraus folgender schwerer innerer Krisen äußert sich der chinesische Schriftsteller und Reformer Liang Qichao[1] 1896 in einer Denkschrift:

Diejenigen, die gegen Veränderungen eintreten, behaupten fortwährend: „Wir folgen den Vorfahren, folgen den Vorfahren." Wissen sie, dass von den prähistorischen, antiken, mittelalterlichen und modernen Zeiten bis zum gegenwärtigen Tage viele Hunderttausende und Myriaden[2] von Veränderungen geschehen sind? [...] Dennoch dachten der Prinz und das Volk, die oberen und unteren Klassen immer störrisch, dass „unsere heutigen Gesetze von unseren Vorfahren benutzt wurden, um das Reich zu regieren, und es wurde gut regiert". Sie beachteten diese [Gesetze] starrsinnig, folgten der Tradition kritiklos. [...]

---

[1] Im Chinesischen steht der Familienname vor dem Vornamen.
[2] Myriade: im Griechischen eine Anzahl von 10 000; steht im Plural meist für eine unzählige große Menge

China und die imperialistischen Mächte

Indien ist eines der ältesten Länder der großen
Erde. Es folgte der Tradition ohne Veränderung,
es ist zu einer englischen Kolonie gemacht worden. Das Territorium der Türkei erstreckte sich
über drei Kontinente und hatte für tausend Jahre
einen Staat geschaffen, jetzt, weil die alten Wege
ohne Veränderungen beschritten werden, wird
es von sechs großen Ländern dominiert, die das
türkische Territorium aufgeteilt haben. Afrika ist
drei Mal größer als Europa, und im Inneren, aus-
genommen die Wüstenzone, gibt es überall üppi-
ge Pflanzen und reiche Herden. Die eingeborenen
Völker konnten die Zivilisation nicht erreichen,
und übergaben deshalb ihr Land widerstandslos
an starke Feinde. [...]
Das Alter des Landes China kommt dem Indiens
gleich, und die Fruchtbarkeit des Landes ist der
Türkei überlegen, aber Chinas Anpassung an
fehlerhafte Denkweisen und die Unfähigkeit
sich aufzuraffen macht es auch zu einem Bruder
dieser zwei Länder. [...] Immer wenn es eine
Überschwemmung oder eine Trockenheit gibt,
sich die Verkehrsverhältnisse verschlechtern, gibt
es keine Möglichkeit, Nahrungsmittel zu trans-
portieren [...]. Die Mitglieder von Geheimgesellschaften sind über das ganze Land verbreitet
und warten auf ihre Chance. Die Industrie ist
unterentwickelt, Debatten über den Handel finden nicht statt, die selbst erzeugten Güter sind
täglich schwerer zu verkaufen. [...] Der Druck
nimmt jeden Tag zu und unsere finanziellen Quellen sind fast ausgetrocknet. Die Schulen werden
schlecht verwaltet und die Studenten [...] wissen
nicht, wie man auch nur ein praktisches Ding er-
ledigt. Die fähigsten Studenten arbeiten an kleinen Übungen, an blumenreichem Schreiben und
an verschiedenen Kleinigkeiten. Erzähle ihnen
über die Weiten der Ozeane, so reißen sie ihre
Augen auf und glauben es nicht. [...]
[In den europäischen Ländern] wird die Industrie gefördert und der Handel geschützt, weil die
Europäer fürchten, dass die Quellen des Reichtums von anderen erobert werden könnten, und
ihr Land dadurch geschwächt und erschüttert
würde. Generäle müssen über Kenntnisse verfügen, Soldaten müssen lesen und schreiben können und Tag und Nacht so üben, als ob ein Feind
bereits im Anmarsch wäre; [...] ihre Schiffe und

Waffen sind modern und sie wetteifern miteinander in Manövern, weil sie fühlen, dass sie bereits bei der leichtesten militärischen Schwäche
geschlagen werden würden und sich vielleicht
niemals wieder erheben könnten. Alle anderen
verwaltungstechnischen Maßnahmen sind ähnlich. Sie konkurrieren miteinander und stimulie-
ren sich gegenseitig jeden Tag. Deshalb entwickeln sie ihre Talente und die Weisheit ihres Volkes
durch Nacheiferung, und der Wohlstand und die
Stärke ihrer Länder reicht immer aus, dass sie
gegeneinander Krieg führen können. [...] Aber
dieses sogenannte unabhängige oder isolierte
Land, China, hat niemals große Feinde gesehen.
Stolz betrachtet es sich selbst als hoch und mächtig und behauptet, niemand käme ihm gleich.

*Ssu-yu Teng / John K. Fairbank, China's Response to the West.
A Documentary Survey 1839–1923, Cambridge/Mass. 1965,
S. 154–157, übersetzt von Boris Barth*

1. *Erläutern Sie, wie Liang die Notwendigkeit
für eine Reformierung des chinesischen Staates
begründet. Auf welche Ursachen führt er die
Situation des Landes zurück?*
2. *Beurteilen Sie sein Bild von Europa.*
3. *Arbeiten Sie aus den Ausführungen Liangs
konkrete Reformvorschläge heraus.*

M6
Missionare in China

*Der deutsche Forschungsreisende Ferdinand von Richt-
hofen schreibt 1898 über die Missionare des Franzis-
kaner-Ordens in Shandong[1]:*

Die Geografie von China war den Missionaren
unbekannt, und selbst in ihrer eigenen Provinz
kannten sie wenig mehr als die Namen und an-
nähernde Lage der Missionsstationen. [...] Es
setzte mich besonders in Verwunderung, dass
die meisten die chinesische Sprache nicht be-

[1] *Provinz an der chinesischen Ostküste, die seit der Besetzung
der Hafenstadt Qingdao (Tsingtau) 1897 durch das Deutsche
Reich unter deutschem Einfluss stand*

China und Japan im Zeitalter des Imperialismus

herrschten und sich um die Erlernung der Schriftzeichen nicht kümmerten. Überhaupt hatten sie, mit Ausnahme der Förmlichkeiten, von allem,
10 was chinesisch ist, unvollkommene Vorstellungen und hielten es nicht für der Mühe wert, in dessen Geist einzudringen. [...] Hier [in Jinan], wie anderwärts, hörte ich die Klage, dass die meisten der neuen Christen sich nur taufen lie-
15 ßen, um den fremden Schutz zu erhalten.

Der seit 1896 als österreichischer Botschafter in China tätige Arthur von Rosthorn, selbst gläubiger Katholik, notiert über die christlichen Missionen:

Die religiöse Propaganda – China durch den Frieden von Nanking im Jahre 1842 aufgezwungen – war dem Volke und der Regierung schon lange ein Dorn im Auge. Nicht als ob die Chine-
20 sen in religiöser Hinsicht fanatisch oder auch nur intolerant wären; allein die christlichen Kirchen verboten den Ahnenkult, der die Grundlage der Familienordnung ist, und die Konvertiten[2]) lösten sich naturgemäß aus der Familiengemein-
25 schaft los, was zu allerlei Streitigkeiten und Störungen des sozialen Gleichgewichts führte. Dazu kam, dass die katholische Geistlichkeit ihre Proselyten[3]) vielfach durch persönliche Intervention bei den Behörden begünstigte, was bisweilen
30 Rechtsbeugungen zur Folge hatte und böses Blut machte. Dem abergläubischen Volke war leicht einzureden, dass die Missionen, welche in selbstloser Weise Spitäler und Orphelinate [Waisenhäuser] unterhielten, diese Institute kommerziell
35 ausbeuteten.

Sabine Dabringhaus, a.a.O., S. 28 f.

1. *Beschreiben Sie, wie sich die Tätigkeit der Missionare in China hier darstellt.*
2. *Begründen Sie, warum die Missionare in China als Bedrohung empfunden wurden.*

[2]) *Personen, die zu einem anderen Glauben oder einer anderen Konfession übergetreten sind*
[3]) *Neubekehrte*

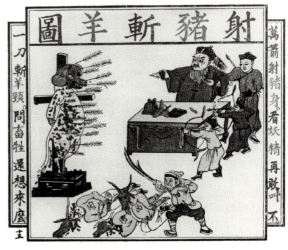

▲ *Chinesische Karikatur der Boxer-Bewegung, um 1900. Das Schwein links steht für Jesus, die Ziegen am unteren Bildrand sollen Ausländer darstellen.*

M7
„Vertreibt die fremden Banditen!"

Das Vordringen der Fremden durch die deutsche Besetzung der Provinz Shandong sowie Flut- und Dürrekatastrophen lösen Ende der 1890er-Jahre in Nordchina große Unruhen aus. Vor diesem Hintergrund formiert sich der sich schnell ausbreitende religiöse Geheimbund der Yihetuan (I-ho t' uan), deren Mitglieder sich selbst als „Milizen für Gerechtigkeit und Eintracht" bezeichnen, jedoch aufgrund ihrer rituellen Kampfkunst von den Europäern allgemein „Boxer" genannt werden. In einem ihrer Aufrufe aus dem Jahr 1900 heißt es:

Seit der Periode von Hsien-feng[1]) haben die Katholiken mit Fremden konspiriert, haben China Schwierigkeiten bereitet, unser Nationaleinkommen vergeudet, unsere Klöster aufgebrochen, buddhistische Bilder zerstört und die Friedhöfe 5 unseres Volkes beschlagnahmt. [...] Dies hat auch die Bäume und Pflanzen des Volkes betroffen, sodass sie durch Katastrophen von Heuschrecken und Trockenheit fast in jedem Jahr leiden müssen. Unsere Nation ist des Friedens und unser 10 Volk der Sicherheit beraubt. [...] Weil einige Personen ihre fremde Religion und betrügerische Technik nutzen, das Volk zu täuschen, ist der Himmel oben zornig und sendet viele kluge

[1]) *auch Xianfeng, Mandschu-Kaiser von 1850 bis 1861*

China und die imperialistischen Mächte

15 Männer, um auf die Erde herabzusteigen und zu dem göttlichen Altar zu kommen, damit unsere Jugend in die I-ho-Gesellschaft initiiert wird. „I" bedeutet Freundlichkeit, und „ho" bedeutet Höflichkeit; Freundlichkeit und Höflichkeit werden
20 Stadt und Land friedlich und harmonisch machen. Unser Volk soll die richtigen Prinzipien und Tugenden als Grundlage nehmen und soll sich der Landwirtschaft als seinem Beruf ergeben. Das Volk soll dem Buddhismus folgen und gehorchen.

Im Sommer 1900 verbreiten die Boxer Plakate mit folgendem Text:

25 Die Geister helfen den Fäusten, den Milizen für Gerechtigkeit und Eintracht, aus dem einfachen Grund, weil die Teufel in China Unruhe stiften. [...] Der Herrscher des Himmels ist wütend, der Herrscher der Unsterblichen ist ärgerlich, gemeinsam steigen sie die Berge herab, um die Lehre zu
30 verkünden. Die Geister kommen aus den Höhlen heraus, die Unsterblichen steigen die Berge herab, sie verbinden sich mit den menschlichen Körpern, um den Faustkampf zu üben. Sie zerstören Eisenbahngleise, sie reißen Telegrafendrähte
35 herunter und brennen wütend Dampfschiffe nieder. Die großen französischen Teufel sind in ihren Herzen von gewaltiger Angst ergriffen, die Engländer, Amerikaner, Deutschen und Russen sind alle in einer unangenehmen Lage. Die ausländischen Teufel werden alle vollkommen vernich- 40
tet. Die große Qing beruhigt das Land völlig.

Erster Text: Ssu-yu Teng/John K. Fairbank, a.a.O., S. 189 f., übersetzt von Boris Barth
Zweiter Text: Sabine Dabringhaus, Der Boxeraufstand in China (1900/1901). Die Militarisierung eines kulturellen Konflikts, in: Eva-Maria Auch/Stig Förster (Hrsg.), „Barbaren" und „Weiße Teufel". Kulturkonflikte und Imperialismus in Asien vom 18. bis zum 20. Jahrhundert, Paderborn 1997, S. 123–144, hier S. 123

1. *Erschließen Sie aus den Aufrufen Wesen und Motive der Yihetuan. Welche kulturellen und gesellschaftlichen Vorstellungen werden hier deutlich?*
2. *Erörtern Sie die Ziele der Bewegung und auf welche Weise diese erreicht werden sollen.*
3. *Vergleichen Sie Beweggründe und Ziele der Yihetuan mit jenen des Reformers Liang in M5. Bestimmen Sie jeweils das Verhältnis zur Regierung und überlegen Sie, welche Schlüsse sich auf Herkunft und Stellung der Yihetuan und des Reformers ziehen lassen.*

◀ „Völker Europas, wahret eure heiligsten Güter", Zeichnung von Hermann Knackfuß nach einem Entwurf Kaiser Wilhelms II., 1895. Mit seiner nach dem Ende des Chinesisch-Japanischen Krieges angefertigten Zeichnung wollte Wilhelm II., durch die Vision der „Gelben Gefahr" (vgl. den Methodenbaustein auf S. 124 f.) beunruhigt, einen Zusammenschluss der europäischen Mächte bewirken. Der als Schutzpatron der Deutschen geltende Erzengel Michael – hier in der Gewandung eines römischen Legionärs – leitet die als Frauengestalten dargestellten europäischen Völker in den Kampf.

• Analysieren Sie, wie die „äußere Bedrohung" auf der einen und Europa auf der anderen Seite dargestellt sind und was unter den „Heiligsten Gütern" verstanden wird.

China und Japan im Zeitalter des Imperialismus

M8
„Pardon wird nicht gegeben"

Als die Übergriffe der Boxer gegen Ausländer mit der Ermordung des deutschen Gesandten Klemens Freiherr von Ketteler am 19. Juni 1900 und der darauf folgenden Belagerung des Gesandtschaftsviertels in Peking durch chinesische Regierungstruppen eskalieren, hält Kaiser Wilhelm II. am 27. Juli 1900 in Bremerhaven eine Ansprache vor den deutschen Truppen, die zur Bekämpfung des „Boxeraufstandes" nach China entsandt werden. Obwohl die Reichsbehörden gegenüber der Presse auf eine teilweise Streichung der Rede bestehen, wird sie am folgenden Tag vollständig in der Nordwestdeutschen Zeitung publiziert und als „Hunnenrede" Wilhelms II. weltbekannt:

▲ *„Völker Chinas, wahret eure heiligsten Güter!"* Karikatur nach einer Zeichnung von Gustav Brandt aus dem „Kladderadatsch" vom 19. Dezember 1897.
• Vergleichen Sie die Karikatur mit der Zeichnung von Hermann Knackfuß links.

Große überseeische Aufgaben sind es, die dem neu entstandenen Deutschen Reich zugefallen sind, Aufgaben, weit größer, als viele meiner Landsleute es erwartet haben. Das Deutsche
5 Reich hat seinem Charakter nach die Verpflichtung, seinen Bürgern, wofern diese im Ausland bedrängt werden, beizustehen. [...] Das Mittel, das ihm dies ermöglicht, ist unser Heer. [...] Eine große Aufgabe harrt eurer: Ihr sollt das schwere
10 Unrecht, das geschehen ist, sühnen.
Denn ein Fall, wie es die Chinesen getan haben, die es gewagt, tausendjährige alte Völkerrechte umzuwerfen und der Heiligkeit des Gesandten, der Heiligkeit des Gastrechtes in so abscheu-
15 licher Weise Hohn zu sprechen, ist ein Vorfall, wie er in der Weltgeschichte noch nicht vorgekommen ist, und dies hat sich noch dazu ein Volk geleistet, welches stolz ist auf seine vieltausendjährige Kultur! Aber ihr könnt daraus erse-
20 hen, wohin eine Kultur kommt, die nicht auf dem Boden des Christentums aufgebaut ist: Jede heidnische Kultur, mag sie noch so schön und herrlich sein, wird bei der ersten Katastrophe erliegen!
25 Bewährt die alte preußische Tüchtigkeit, zeigt euch als Christen im freudigen Ertragen von Leiden, möge Ehre und Ruhm euren Fahnen und Waffen folgen, gebt an Manneszucht und Disziplin aller Welt ein Beispiel. Ihr wisst es wohl, ihr
30 sollt fechten gegen einen verschlagenen, tapferen, gut bewaffneten, grausamen Feind. Kommt ihr an ihn, so wisst: Pardon wird nicht gegeben, Gefangene werden nicht gemacht. Wer euch in die Hände fällt, sei euch verfallen. Wie vor 1 000 Jahren die Hunnen unter König Etzel sich einen 35 Namen gemacht, [...] so möge der Name Deutscher in China auf 1 000 Jahre durch euch in einer Weise bestätigt werden, dass niemals wieder ein Chinese es wagt, einen Deutschen auch nur scheel anzusehen! Wahrt die Manneszucht, der Segen 40 Gottes sei mit euch [...]: Öffnet der Kultur den Weg ein für allemal!

Michael Balfour, Der Kaiser Wilhelm II. und seine Zeit, Berlin 1996, S. 272 f.

1. *Erläutern Sie den Auftrag Kaiser Wilhelms II. an die deutschen Truppen. Auf welche Weise rechtfertigt er das Vorgehen in China?*
2. *Analysieren Sie Stil und Wortwahl der Ansprache und bewerten Sie die Sichtweise des Kaisers gegenüber China. Ziehen Sie die Abbildung von Knackfuß (S. 102) hinzu.*
3. *Recherchieren Sie, welche Bedeutung der Anspielung auf die Hunnen zukommt und was dies über das Selbstverständnis des Kaisers aussagt.*
4. *Begründen Sie, warum die Reichsbehörden eine Veröffentlichung der vollständigen Rede zu verhindern suchten.*

China und die imperialistischen Mächte

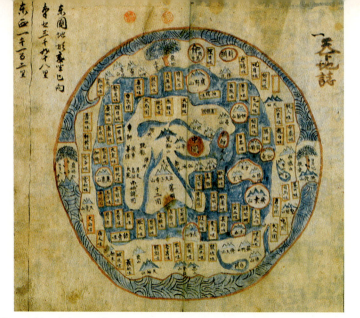

▲ *Chinesische Weltkarte in einem koreanischen Atlas, um 1700. Hier ist China – das „Reich der Mitte" – inmitten seiner Nachbarländer Korea, Japan und Annam (Vietnam) sowie einigen mythischen Reichen dargestellt.*

Ostasien – was ist das?

In Europa wird „Ostasien" häufig als sprachliche, kulturelle und ethnische Einheit angesehen – eine Sichtweise, die völlig falsch ist. So ist schon die geografische Zuordnung des Begriffs umstritten, dem allgemein all jene Gebiete Asiens zugeordnet werden, die kulturhistorisch durch China geprägt wurden (Großteil der heutigen Volksrepublik China, Japan, Taiwan, Korea, Vietnam). Doch auch wenn China mehrere Jahrhunderte lang in Japan als kultureller Lehrmeister angesehen wurde, hat die chinesische Sprache mit der japanischen nichts gemein. Zudem betont die japanische Identität die Insellage, während Chinesen seit jeher auf dem Kontinent lebten. Bereits die Bezeichnung „Asien" und die damit verbundene Vorstellung von einer geografischen Einheit geht nicht etwa auf Chinesen, Inder oder Japaner, sondern auf die Europäer zurück.

Besonders deutlich zeigt sich der europäische Blick auf das kulturell „Fremde" in der ethnischen Zuordnung der Ostasiaten als „Gelbe". Im 16. und 17. Jahrhundert waren europäische Seefahrer immer wieder überrascht, dass sie nach dem „schwarzen" afrikanischen Kontinent und dem „braunhäutigen" Indien im Osten Asiens wieder auf „weißhäutige", den Europäern ähnelnde Völker trafen. Erst im ausgehenden 18. Jahrhundert wurde den Asiaten zunehmend eine „gelbe" Hautfarbe zugedacht. Wer sich mit Asien beschäftigt, muss sich zudem von den europäisch geprägten Zeitkategorien lösen: Während die europäische Geschichte in die Epochen Antike, Mittelalter, Frühe Neuzeit, Neuzeit und Zeitgeschichte eingeteilt wird, folgt die chinesische Geschichte der Kaiserzeit einer Periodisierung nach Dynastien.

China und Europa vor 1800

Ein direkter Vergleich zwischen China und Europa wäre noch um 1750 eindeutig zugunsten der asiatischen Großmacht ausgegangen. Zu dieser Zeit war das 2000-jährige Kaiserreich China nicht nur das größte, sondern auch fortschrittlichste Reich der Erde. Viele technische Erfindungen, die Europa erst seit dem späten 16. Jahrhunderte machte, gab es in China bereits Jahrhunderte zuvor. Dazu zählen etwa die Papierherstellung, der Buchdruck, der Kompass, das Schießpulver und sogar die Stahlerzeugung. Auch wirtschaftlich war China dem frühneuzeitlichen Europa voraus: Die weit entwickelte Agrartechnik sorgte für eine expandierende Landwirtschaft. Handwerk und Manufakturen produzierten in großen Mengen Waren aller Art, insbesondere Baumwollstoffe, Seide, Tee und Porzellan, die auf den asiatischen und auch europäischen Märkten verkauft wurden.

Seit dem 16. Jahrhundert bestand zwischen China und Europa ein regelmäßiger Handelsverkehr. Da China jedoch keinen Bedarf für ausländische Produkte hatte, mussten die europäischen Kaufleute für chinesische Waren mit Silber bezahlen, das in Europa knapp war. Im Verlauf des 18. Jahrhunderts schloss sich das Land zudem gegenüber dem Ausland ab und beschränkte den Außenhandel fortan auf die kleine Hafenstadt Guangzhou (Kanton). Eine britische Gesandtschaft, die 1793 versuchte, den chinesischen Kaiser zu einem Handelsabkommen zu bewegen, musste unverrichteter Dinge wieder abreisen (▶ M1).

Seit 1644 herrschten über China die nach ihrer mandschurischen Herkunft[1] benannten *Mandschu-Kaiser der Qing-Dynastie*. Für die Regierung und Verwaltung des riesigen Vielvölkerreiches konnten sich die Mandschu auf eine straff zentralisierte Bürokratie und ein hierarchisch gegliedertes Beamtentum stützen, das sich streng an der konfuzianischen Staatsideologie[2], der geistig-moralischen Grundlage der gesellschaftlichen und staatlichen Ordnung Chinas, orientierte (▶ M2). Als „Sohn des Himmels" herrschte der Kaiser nach chinesischer Vorstellung nicht nur über China, sondern über alle Völker der Erde, die seine Oberhoheit anzuerkennen hatten. Das Bewusstsein, als „Reich der Mitte" und einzige Zivilisation allen anderen Ländern überlegen zu sein, gründete nicht zuletzt in der Tatsache, dass China außerhalb seiner Grenzen nur tributpflichtige Vasallen oder schlicht „Barbaren" kannte. Vom Meer aus war China noch nie bedroht worden und in Zentralasien hatte es die feindlichen Nomadenvölker von Tibet bis zur Mongolei unterworfen.

Als sich das Qing-Reich um 1800 auf dem Höhepunkt seiner Macht wähnte und die britische Gesandtschaft mit hochmütiger Herablassung zurückwies, wusste es nicht, dass in Europa das Zeitalter der Industrialisierung begonnen und die See- und Wirtschaftsmacht Großbritannien China bereits überflügelt hatte. Damit änderte sich auch das westliche Chinabild: Respekt und Hochachtung vor der alten Hochkultur wichen einem wachsenden Gefühl der Überlegenheit und der Überzeugung, dass China nicht mehr als ein rückständiges und in seinen veralteten Traditionen gefangenes Land sei. Als deutliches Zeichen dafür galt seine Abschottungspolitik, die vor allem Großbritannien nicht mehr lange zu dulden bereit war.

Opiumkrieg und „ungleiche Verträge"

Seit dem ausgehenden 18. Jahrhundert gingen die Briten dazu über, in immer größeren Mengen Opium aus Indien illegal nach China einzuführen, um damit ihr Handelsdefizit auszugleichen. Für China bedeutete dies, dass nun mehr Silber aus dem Land floss, als mit dem Export chinesischer Waren eingenommen wurde. Da zudem die Zahl der Rauschgiftsüchtigen anstieg, ging die Regierung verstärkt gegen den britischen Opiumschmuggel vor, ließ große Mengen des Rauschgifts beschlagnahmen und vernichten. Dies bot den Briten 1840 einen Anlass, um gegen China einen Krieg zu beginnen und das Land für Handel und Mission zu öffnen. Mühelos gelang es, die schlecht ausgerüsteten chinesischen Soldaten zu besiegen und der Qing-Regierung nach dem verlorenen *Opiumkrieg* 1842 den *Vertrag von Nanjing* (Nanking) aufzuzwingen (▶ M4). China musste fünf Häfen für die Ausländer öffnen, niedrige Einfuhrzölle gewähren und das spätere Hongkong an Großbritannien abtreten. Der verlorene Opiumkrieg wurde in China zunächst als Niederlage in einem wenig bedeutenden Grenzkonflikt gewertet. Langfristig hatte er jedoch schwerwiegende Folgen,

---

[1] *zur Mandschurei vgl. die Karten auf S. 108 und 118*
[2] *vgl. Anm. 1 auf S. 97*

China und die imperialistischen Mächte

denn er veränderte Chinas Stellung in der Welt grundlegend. In den nächsten Jahren folgte nach einem weiteren verlorenen Krieg gegen England und Frankreich – dem so genannten *zweiten Opiumkrieg* (1856–1860) – eine ganze Reihe „ungleicher", d.h. einseitig aufgezwungener Verträge mit weiteren europäischen Mächten, den USA und später auch Japan. Bis 1877 musste China 39 Verträge mit 16 Staaten unterzeichnen. Neben Hongkong gelangten weitere „Pachtgebiete", wie der von den Russen besetzte Hafen Port Arthur unter fremde Kontrolle. In diesen Gebieten unterstand die chinesische Bevölkerung nicht den einheimischen Behörden, sondern jenen der Fremdmächte. Die den Ausländern gewährten Privilegien, wie wirtschaftliche Vorrechte und der juristische Status der *Extraterritorialität*, der diese auch in China dem Recht des eigenen Landes unterstellte, machte aus den Chinesen Bürger zweiter Klasse. Auch die bis dahin von China abhängigen und tributpflichtigen Randstaaten wurden von Europäern besetzt: 1885 eroberte Frankreich Annam, das spätere Vietnam, und 1886 bemächtigten sich die Engländer Burmas.

Die europäischen Mächte sicherten sich ihren Einfluss nicht durch direkte Herrschaft, sondern mit den Methoden des informellen Imperialismus. Sie konnten sich dafür auf eine Schicht selbstständiger Kaufleute, die *Compradoren*, stützen, die meist in den Hafenstädten für europäische Firmen arbeiteten und den Handel in das Landesinnere organisierten. Mit dem einheitlich festgelegten Zollsatz verfügten die ausländischen Mächte zudem über ein Kontrollinstrument, mit dem sich die chinesische Wirtschaft steuern und auf die eigenen Bedürfnisse ausrichten ließ. Vor der Küste stationierte Kriegsschiffe sorgten zusätzlich für die nötige Drohkulisse. Allerdings gelang es niemals wie in Indien, mithilfe indirekter Herrschaft weite Teile des Landes zu unterwerfen. Bis zum Ende des 19. Jahrhunderts beschränkte sich die europäische Kontrolle auf wenige Küstenstädte und deren nähere Umgebung. Auch Jahrzehnte nach der Öffnung war ein Großteil der Landbevölkerung nicht mit den Europäern in Berührung gekommen.

Innere Krisen Als die Briten die Öffnung des Landes erzwangen, befand sich das chinesische Kaiserreich bereits in einem unaufhaltsamen Niedergang. Hauptursache war das enorme Wachstum der Bevölkerung, die sich im 18. Jahrhundert verdoppelt hatte und durch die begrenzten landwirtschaftlichen Erträge nicht mehr ausreichend ernährt werden konnte (♦ M3). Die langen Kriege in Zentralasien hatten zudem die Staatskassen geleert. Die Regierung reagierte auf die Finanzkrise mit massiven Steuererhöhungen, was zu einer Verarmung weiter Bevölkerungskreise führte. Eine schleichende Inflation zerstörte zudem die Lebensgrundlage der Bauern, die zu einem landlosen Proletariat herabsanken, das zu Rebellionen und Unruhen neigte. Gleichzeitig verlor der Verwaltungsapparat durch Korruption und Ämterkäuflichkeit zunehmend an Effektivität. Überschwemmungen, Dürre, Hungersnöte und Seuchen verstärkten die Krise. Hinzu kamen schließlich die verheerenden Folgen des britischen Opiumhandels, der nicht nur die Gesundheit des Volkes, sondern auch die Stabilität der Währung untergrub.

Durch die schweren sozialen Spannungen und die wachsende Unzufriedenheit der Bevölkerung wurde das Land von zahllosen Rebellionen und Massenaufständen erfasst. Der schwerste von ihnen war der *Taiping-Aufstand* (1850–1864), der sich gegen die Mandschu-Dynastie und die als ungerecht empfundene konfuzianische Gesellschaftsordnung richtete, das Land tief spaltete und außenpolitisch schwächte. Er kostete etwa 20 Millionen Menschen das Leben und ging damit als einer der größten Bürgerkriege in die Geschichte ein. Letztlich zerfiel die Bewegung in verschiedene Fraktionen und konnte mit großer Härte durch die Truppen einiger hoher Provinzgouverneure niedergeschlagen werden.

Angesichts der inneren Krisen und der offensichtlichen Schwäche Chinas gegenüber den westlichen Mächten wurde von hohen Würdenträgern und Provinzmachthabern ein als „Selbststärkungsbewegung" proklamiertes Reformprogramm eingeleitet. Eine Rüstungs- und Werftindustrie, Eisenbahn- und Telegrafenlinien wurden aufgebaut, Schulen nach westlichem Muster eingerichtet und Studenten ins westliche Ausland geschickt. Gesellschaftliche Reformen blieben jedoch aus. Die bestehende politische Ordnung sollte lediglich durch die Einführung westlicher Technik gesichert werden. Letztlich erwiesen sich die Bemühungen daher als halbherzig und wenig erfolgreich, blieben regional begrenzt und gingen meist über ihre Ansätze kaum hinaus.

„Scramble for China" Bereits seit den 1870er-Jahren häuften sich die politischen Reibungen zwischen China und Japan, das zwischenzeitlich in den Kreis der Großmächte aufgestiegen war. Zum zentralen Streitpunkt wurde die Oberhoheit über die Halbinsel Korea, die formal selbstständig, zugleich aber China gegenüber tributpflichtig war. Über Korea suchte sich Japan Zugang zum asiatischen Festland zu verschaffen, um sich dort eigene Einflusssphären zu sichern. Im *Chinesisch-Japanischen Krieg* 1894/95 erlitt China schließlich eine demütigende Niederlage und musste Japan im Vertrag von *Shimonoseki* (1895) unter anderem die Insel Formosa (Taiwan) abtreten, die Unabhängigkeit Koreas anerkennen, chinesische Häfen für den japanischen Außenhandel öffnen und eine hohe Kriegsentschädigung zahlen.

In den Jahrzehnten nach der Öffnung hatte sich China seine Selbstständigkeit gegenüber den imperialistischen Mächten weitgehend bewahren können. Mit dem verlorenen Krieg gegen Japan verlor es nun den Rest seines internationalen Ansehens. Ein regelrechter „Wettlauf nach China" („scramble for China") setzte ein, bei dem alle imperialistischen Mächte versuchten, sich ein möglichst großes Stück vom chinesischen Kuchen abzuschneiden. Ende 1897 lieferte die Ermordung zweier deutscher Missionare auch dem Deutschen Reich den Vorwand, den günstig gelegenen Hafen *Qingdao (Tsingtau)* zu annektieren und die umliegende Provinz Shandong (Shantung) zur deutschen „Interessenzone" zu erklären. In den folgenden Jahren gerieten die chinesischen Küstenregionen und ganze Provinzen bis tief in das Landesinnere unter fremden Einfluss.

Vor allem aber gingen die Mächte nun zu einer intensiveren wirtschaftlichen Durchdringung des Landes über. Sie errichteten in den Häfen eigene Industrien, begannen mit dem Bau von Eisenbahnen und zwangen der chinesischen Regierung überaus ungünstige Finanzierungsbedingungen auf. Bahnbauten wurden damit zu einem bedeutenden Instrument des europäischen *Finanzimperialismus*. Bald beherrschte ausländisches Kapital viele wichtige Wirtschaftssektoren.

Die Konkurrenz der imperialistischen Mächte in China trug letztlich auch dazu bei, dass das Land nicht vollständig unter fremde Herrschaft geriet. Vielmehr musste allen an der Aufrechterhaltung der chinesischen Zentralregierung gelegen sein, da nur diese den gleichberechtigten Zugang zu den chinesischen Märkten – das Prinzip der „offenen Tür" – gewährleisten konnte.

China und die imperialistischen Mächte

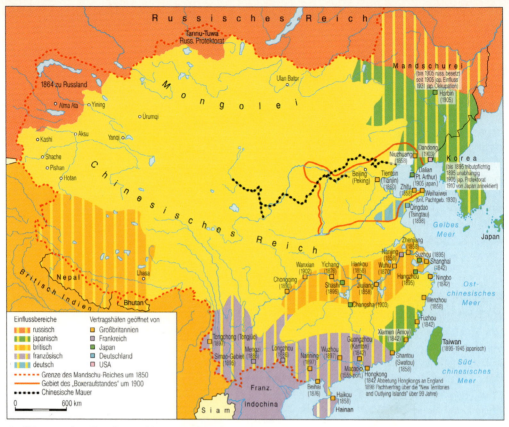

▲ China von der Mitte des 19. bis zum Anfang des 20. Jahrhunderts.

Die „Reform der hundert Tage"

Nach der Niederlage im Krieg gegen Japan unternahm die Gelehrtenelite, die sich 1895 zu den staatlichen Beamtenprüfungen in Peking zusammenfand, den Versuch, der wachsenden Bedrohung von außen durch radikale Reformen zu begegnen. Der Gelehrte *Kang Youwei* und sein Schüler *Liang Qichao* stellten sich an die Spitze der Reformgruppe (♦ M5). Sie erarbeiteten ein Reformmanifest, das von einem großen Teil der Beamtenelite und dem jungen Kaiser *Guangxu* (1875–1908) unterstützt wurde. Unter Beibehaltung des Konfuzianismus sollte vor allem eine Modernisierung der Armee und der Wirtschaft durchgesetzt und systematisch Kenntnisse aus anderen Ländern gesammelt werden. Ferner wollten die Reformer wirkungsvolle Maßnahmen gegen die Korruption in der Verwaltung entwickeln und das traditionelle Erziehungs- und Prüfungssystem, das strikt an dem Studium der konfuzianischen Schriften, jedoch in keiner Weise auf notwendige praktische Fähigkeiten ausgerichtet war, umgestalten und um westliche Einflüsse erweitern.

Kaiser Guangxu zeichnete zwischen Juni und September 1898 insgesamt 27 Erlasse – daher „Reform der hundert Tage" genannt –, in denen er die Durchführung der Reformvorschläge anordnete. Ihre Umsetzung wurde jedoch durch eine konservative Clique um die einflussreiche Kaiserinwitwe *Cixi*, die lange Jahre für ihren Neffen Guangxu die Regierungsgeschäfte geführt hatte, verhindert. Am 20. September 1898 initiierte sie einen Staatsstreich, ließ den Kaiser entmachten und auf einer Insel im Palastgelände einsperren. Zahlreiche Reformer wurden verhaftet, einige wurden hingerichtet, andere flohen ins Ausland. Erst 1905 wurde eine der wichtigsten Forderungen der Reformer erfüllt und das alte Prüfungssystem abgeschafft. Die Reformphase war jedoch beendet.

China und Japan im Zeitalter des Imperialismus

Boxeraufstand und Ende des Kaiserreichs

Als in den 1890er-Jahren die Zahl der Ausländer erheblich anstieg, verband sich besonders im labilen Nordchina das durch Armut und Naturkatastrophen verursachte Elend der Landbevölkerung mit einem steigenden Fremdenhass. Dieser konzentrierte sich insbesondere auf die christlichen Missionare, die immer weiter in das Landesinnere vordrangen, mit einem aggressiven Sendungsbewusstsein auftraten und sich oftmals wie eine fremde Besatzungsmacht aufführten (▶ M6).

Vor diesem Hintergrund formierte sich die traditionalistische und fremdenfeindliche Geheimgesellschaft der *Yihetuan* – wegen ihrer Kampfübungen auch als „Boxer" bezeichnet – die immer mehr Unzufriedene um sich sammelte. Mit dem Ruf „Unterstützt die Qing, vertreibt die fremden Teufel!" breitete sich die Aufstandsbewegung im Frühjahr 1900 wie ein Flächenbrand in den nördlichen Provinzen aus (▶ M7). Als im Juni der deutsche Gesandte in Peking ermordet und das Gesandtschaftsviertel in Beijing von den Aufständischen geplündert und belagert wurde, schloss sich der anfänglich schwankende Kaiserhof um die Kaiserinwitwe Cixi schließlich dem Aufstand an und erklärte den Westmächten den Krieg, ohne auf eine militärische Auseinandersetzung vorbereitet zu sein.

Angesichts ihrer bedrohten Machtstellung schlossen sich die imperialistischen Mächte zu einer gemeinsamen „Strafexpedition" zusammen und entsandten ein aus acht Nationen bestehendes Expeditionskorps nach China, um den Aufstand niederzuwerfen. Vor der Abreise der deutschen Truppen forderte Kaiser Wilhelm II. die Soldaten in seiner „Hunnenrede" zu einem gnadenlosen Vorgehen auf (▶ M8). Nach ihrer Niederschlagung wurden die Boxer gefangengenommen und in Massenexekutionen hingerichtet, Dörfer und Städte geplündert und niedergebrannt. Vor allem aber wurde China eine enorme „Kriegsentschädigung" auferlegt. Da es dem Land nicht möglich war, das Geld aus eigener Kraft aufzubringen, musste die Regierung es sich zunächst bei europäischen Bankiers leihen, was die einseitige Abhängigkeit von Europa noch verstärkte.

Die Konflikte, die sich seit Jahrzehnten angestaut hatten, steigerten sich noch einmal im Jahre 1911. Um die leeren Kassen zu füllen und die finanziellen Forderungen der Europäer zu begleichen, führte die Regierung 1910 neue Steuern ein. Hierdurch wuchs jedoch die allgemeine Unzufriedenheit im Land weiter an. Die Qing-Dynastie hatte ihr Ansehen und ihre Macht längst verloren. Im Oktober 1911 brach die *chinesische Revolution* aus: Lokale Rebellionen verbreiteten sich im ganzen Land, die Provinzen erklären nach und nach ihre Unabhängigkeit.

Am 1. Januar 1912 wurde unter der Führung des revolutionären Reformers *Sun Yatsen* (1866–1925) die *Republik China* ausgerufen und im Februar 1912 die Abdankung des letzten chinesischen Kaisers verkündet. Damit endete das chinesische Kaiserreich, das über zweitausend Jahre Bestand gehabt hatte.

▶ *Enthauptung von Boxern durch japanische Soldaten nach der Einnahme Pekings, Foto des deutschen Militärattachés in Peking, Otto Brandt, vom August 1900.*

China und die imperialistischen Mächte

4.2 Japans Weg in die Moderne

▲ Ankunft der „schwarzen Schiffe", zeitgenössischer japanischer Druck. Im Jahre 1853 erschienen dunkel geteerte US-Kriegsschiffe an der japanischen Küste, um das Land zur Aufgabe seiner Isolationspolitik zu zwingen. Die Ankunft der „Barbaren" löste im Land einen Schock und in der Folge die größten Umwälzungen in der japanischen Geschichte aus.

1639
Japan beginnt sich von der Außenwelt abzuschließen

1854
US-amerikanische Kriegsschiffe erzwingen die „Öffnung" Japans; im amerikanisch-japanischen „Freundschaftsvertrag" von Kanagawa muss Japan Zugeständnisse machen

1868–1912
Während der Meiji-Ära wird die Modernisierung Japans nach westlichen Vorbildern vorangetrieben

1889
Japan wird konstitutionelle Monarchie

1894/95
Der erste Chinesisch-Japanische Krieg bildet den Auftakt des japanischen Imperialismus

1904–05
Im Russisch-Japanischen Krieg gewinnt mit Japan erstmals eine asiatische Nation über eine europäische Macht

1910
Japan annektiert Korea

1931/32
Die Mandschurei wird annektiert und als Mandschukuo zum japanischen Marionettenstaat

1937–1945
Der zweite Krieg gegen China entwickelt sich zu einem langen Guerillakrieg; nach dem Eintritt in den Zweiten Weltkrieg erobert Japan fast ganz Südostasien, muss jedoch 1945 kapitulieren und verliert danach seinen Kolonialbesitz

M1

**Die Ankunft der „Barbaren" –
Krieg oder freiwillige Öffnung Japans?**

*Die Zwangsöffnung Chinas durch die Briten im Jahre
1842 lässt in Japan die Besorgnis über die Bedrohung
durch den Westen wachsen. In seinem Hauptwerk
über den Opiumkrieg warnt der japanische Sinologe
Shionoya Toin[1] daraufhin seine Landsleute:*

Durch ihre gründlichen Kenntnisse und große
technische Geschicklichkeit haben die Barbaren
die Astronomie und Geografie gemeistert; sie er-
forschen Klima und Gebräuche. Sie haben sogar
5 eine gute Kenntnis der gesprochenen und ge-
schriebenen chinesischen Sprache erworben, auch
von den schwachen und starken Seiten der Regierung und der militärischen Macht Chinas. [...]
In der Tat, die Barbaren kennen sich selbst und
10 andere, die Chinesen dagegen sind so überzeugt
von ihrer Überlegenheit, dass sie denken, sie
brauchen die Verhältnisse der Barbaren nicht zu
studieren. Kein Wunder, dass die Chinesen es
nicht mit den Barbaren aufnehmen können. [...]
15 Nachdem die englischen Barbaren China besiegt
hatten, lebten sie mit ihren Frauen und Kindern
in den Häfen. [...] Ich sage, sie tun dies, weil sie
aus China ein zweites Indien machen wollen.

*Als im Juli 1853 ein US-amerikanisches Flottenge-
schwader unter Commander Matthew Calbraith Perry in der Bucht von Edo, dem heutigen Tokio, landet,
um den nach außen abgeschotteten Inselstaat für den
Handel zu öffnen, löst dies innerhalb der japanischen
Führungsschicht eine Debatte darüber aus, wie den
amerikanischen Forderungen zu begegnen sei. Matsudaira Keiei, ein hoher Beamter, fordert:*

In Perrys Brief sind Passagen, in denen er uns
20 droht und in denen er unsere nationalen Gesetze
als „nicht aufgeklärt" bezeichnet, was wirklich
unverschämt ist. Dies macht es absolut notwendig, dass wir der Welt unsere Stärke beweisen,
indem wir seine Schiffe zerstören. Gründliche
25 Studien der gegenwärtigen Situation jedoch wei-
sen aus, dass wir hilflos sind. [...] Wenn wir vor-

▲ *Japanisches Porträt von Commander Matthew Cal-
braith Perry während seines Aufenthalts in Shimoda,
Ausschnitt einer Querrolle (27,6 x 1021 cm), Tusche
und Farbe auf Papier, nach 1854.*
*Die zahlreichen zu dieser Zeit in Shimoda angefertigten
Querrollen und Holzschnitte dienten dazu, die amerika-
nische Invasion im Land bekannt zu machen.*
• *Beschreiben Sie die besonderen Merkmale, die der
Künstler den Europäern zuschreibt. Überlegen Sie, wie
das Porträt auf japanische Betrachter wirkte.*

läufig nachgeben würden: eine drei- bis fünfjäh-
rige Grenze für den Vertrag, [...] es wäre die Höhe der Schmach. Und wenn die Zeit käme, würden wir uns den gemeinsamen Angriffen vieler 30
starker Nationen gegenübersehen. [...] Ich be-
fürchte, dass dann nicht nur die Barbaren, sondern auch die Daimyo[2], ja sogar die geringeren
Samurai, die Kompetenz des Bakufu[3] bezwei-
feln würden. Es könnte sogar geschehen, dass 35
die Kontrolle des Shogunats[4] unwirksam wird
[...]. Falls wir weder Krieg noch Frieden wählen
und falls die Barbaren sehen, dass wir uns mit
Verlegenheitslösungen begnügen, und falls sie
dann die Hauptstadt in Flammen setzen mit ih- 40
ren Kanonen und die Krieger niedermähen, dann
ist es klar für mich, das fast nichts den Zusammenbruch unseres Landes verhindern könnte.
[...] Zum Schluss würden Friedensverhandlun-
gen begonnen, und unser Land würde eine Kolo- 45
nie, ein Sklave der Barbaren! [...] Und da es mein
fester Glaube ist, dass die Existenz des Landes

---

[1] *Wie im Chinesischen steht in Japan der Geschlechter- bzw.
Nachname dem Vornamen voran.*

[2] *Territorialherrscher und Lehnsherren der Samurai, der Mitglieder der japanischen Kriegerkaste*
[3] *die Verwaltung der herrschenden japanischen Militärregierung,
des Shogunats; siehe Anm. 4*
[4] *Der Shogun war der militärische Oberbefehlshaber und oberste Lehnsherr der Daimyo, der anstelle des machtlosen Tenno
(„himmlischer Kaiser") die eigentliche Herrschaftsgewalt ausübte.*

Japans Weg in die Moderne

◀ Festzug der Angehörigen der fünf Vertragsnationen USA, Frankreich, Russland, Niederlande und Großbritannien nach ihrem Abschluss von Handelsverträgen mit Japan, Farbholzschnitt von Hashimoto Sadahide, Yokohama, 1861.
Die in den Verträgen festgelegte Öffnung Yokohamas, die den Ausländern erlaubte, sich dort niederzulassen und Handel zu treiben, ließ den Ort zum wichtigsten internationalen Hafen und zum Zentrum für die Verbreitung westlicher Kultur und Technik werden.

auf dem Spiel steht, halte ich es für die allerdringendste Aufgabe des Bakufu, jedes törichte Gerede über Frieden zu verbieten, sofort anzukündigen, dass wir Kriegsvorbereitungen treffen, und einen Oberbefehlshaber zu berufen.

Japan willigt schließlich 1854 in einen Freundschafts- und Handelsvertrag über die Öffnung von Häfen und Handelsrechten ein, dem bis 1861 ähnliche „ungleiche Verträge" mit weiteren Mächten folgen. Damit nehmen Japans Kontakte zum Westen zu. 1864 rät der Beamte Ikeda Nagaaki nach der Rückkehr der von ihm geleiteten ersten offiziellen Auslandsdelegation:

Eine genaue Prüfung der westlichen Länder zeigt, dass, obgleich sie alle unser Land begehren und nur auf eine passende Gelegenheit warten, über uns herzufallen, sie sich doch der Schwierigkeiten eines langen Krieges bewusst sind, da ihre Streitkräfte jenseits der Meere so weit von zu Hause entfernt kämpfen müssten [...]. Ist aber der Suez-Kanal [...] fertig, dann können sie mit ihren Kriegsschiffen direkt zu den Ländern des Ostens fahren, und die Seereise wird nur ein Drittel der jetzigen Zeit beanspruchen. Sollte es dann geschehen, dass neue Zwischenfälle in Japan passieren [...], dann kann es wohl sein, dass die Fremden sich zusammentun und ihre Eroberungspläne gemeinsam durchführen. [...] Unser sorgfältiges Studium der Verhältnisse des Westens scheint aber zu beweisen [...], dass alle Länder Europas im Verlauf von drei bis fünf Jahren in einen größeren Krieg verwickelt sein werden. Hat das Bakufu bis dahin Recht und Gesetz in Japan wiederhergestellt, so wird es diese Spaltung der Fremden zu einer neuen Formulierung seiner Außenpolitik benutzen können. [...] Wir schlagen vor:
- Gesandte in alle Länder Europas zu senden;
- Verträge zu schließen – nicht nur mit europäischen Ländern, sondern mit allen anderen unabhängigen Ländern, damit wir uns im gegebenen Fall mit den einen gegen die anderen verbünden können;
- Studenten ins Ausland zu schicken, damit wir Kenntnisse des See- und Landkrieges erwerben;
- dass wir verschiedene westliche Zeitungen bestellen und uns so über die Ereignisse selbst informieren;
- dass es unseren Menschen erlaubt wird, in fremde Länder zu gehen, um Handel zu treiben und sich mit den Lebensbedingungen der Fremden vertraut zu machen.

Gertrude C. Schwebell (Hrsg.), Die Geburt des modernen Japan in Augenzeugenberichten, München ²1981, S. 82 f., 124 f., 350 f.

1. Schildern Sie die japanischen Reaktionen auf das Vordringen der imperialistischen Mächte.
2. Erarbeiten Sie aus den Texten die wesentlichen Kennzeichen des japanischen Herrschaftssystems zu diesem Zeitpunkt.
3. Nehmen Sie jeweils die Position Matsudairas und die Ikedas ein. Führen Sie in einem fiktiven Streitgespräch die Argumentation fort und erwägen Sie Vor- und Nachteile der verschiedenen Vorgehensweisen. Beziehen Sie Ihre Kenntnisse über China mit ein.

M2
Japan studiert den Westen

Fukuzawa Yukichi, Gründer der ersten westlich geprägten höheren Schule in Japan, der späteren Keio-Universität in Tokio, und bedeutendster Vertreter der nach 1868 einsetzenden Reformperiode[1], nimmt zwischen 1860 und 1867 als Dolmetscher an den ersten Auslandsdelegationen nach Amerika und Europa teil. In seinen 1866 veröffentlichten Reiseberichten heißt es:

Das bisherige Verhalten der ausländischen Regierungen, die Schwäche Japans und die Unwissenheit der Japaner zu ihrem Vorteil auszunutzen, konfrontierte die Japaner mit schwie-
5 rigen Problemen. Hier im Ausland jedoch konnte ich sehen, dass es auch gerecht gesinnte und freundliche Leute gab, was mich in meiner Ansicht, Japan sollte mit der übrigen Welt Verkehr pflegen, bestärkte. [...] Es bestand [...] keine Not-
10 wendigkeit, über solche Dinge wie Physik und Chemie, Maschinenbaukunde oder Elektrizität, Dampf, Buchdruckerei, industrielle Produktion und dergleichen Fragen zu stellen, da ich als Nichtfachmann ja sowieso nicht tief in diese Ge-
15 biete hätte eindringen können. Und das Allgemeine konnte ich leicht aus Büchern entnehmen. [...] es gab viele andere Dinge, die ich wissen wollte, z.B. wie ein Spital finanziell geführt werde und wer die Mittel hierfür aufbringe. Bei einer
20 Bank wollte ich wissen, wie die Ein- und Auszahlungen vor sich gingen, wie das Postrecht gestaltet sei, in Frankreich gab es eine Wehrpflichtverordnung, in England jedoch nicht [...].
Und dann gab es in der Politik das Wahlrecht, et-
25 was gänzlich Unverständliches. Wenn man die Leute dort fragte, was denn das Wahlgesetz für ein Gesetz und was für ein Amt das Parlament sei, so hatten sie nur ein Lächeln übrig. [...] Ich erfuhr auch, es gäbe Parteien, die Konservativen
30 und Liberalen, die sich auf das schärfste gegenseitig bekämpften. Ich konnte nicht verstehen, warum sie einander in Friedenszeiten in der Politik befehdeten. Ich konnte mir nicht vorstellen, was diese Parteien machten.

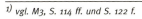
[1] vgl. M3, S. 114 ff. und S. 122 f.

▲ „Auf der Culturreise. Die Japanesen, getreu ihrer Mission, die europäische Civilisation kennen zu lernen, gewinnen in Essen einen Einblick in dieselbe." Karikatur aus „Berliner Wespen. Illustrirtes humoristisches Wochenblatt" vom 21. März 1873.
Die japanische Delegation besichtigte am 7. und 8. März 1873 auch die Kanonenfabrik Krupp in Essen. Rechts im Bild: Firmeninhaber Alfred Krupp.
• Beurteilen Sie die deutsche Sichtweise der „Culturreise".

Von Ende 1871 bis Herbst 1873 besucht eine hochrangige japanische Regierungsdelegation unter Staatschef Iwakura Tomomi die USA und Europa, um über die Aufhebung der „ungleichen Verträge" zu verhandeln. Dieses Ziel scheitert zwar, die Reise hat jedoch verstärkte Modernisierungsbemühungen zur Folge. Einer der Delegationsteilnehmer, der japanische Wissenschaftler Kume Kunitake, fasst seine Eindrücke 1878 in einem offiziellen Bericht zusammen:

In Europa leben verschiedenste Völker und Volks- 35 gruppen in ihren heimatlichen Regionen. So wie sich deren Äußeres und ihre Sprachen unterscheiden, sind auch ihre Sitten und Gebräuche vielfältig. Ihre Eigenart, also ihr inneres Wesen, verändern sie nicht. Selbst das, was wir gewöhnlich 40 Wandel und Fortschritt nennen, ist häufig nur ein Wettstreit um [eigene] Vorteile. Denn sie schätzen

Japans Weg in die Moderne

es, auf dem Vertrauten zu beharren, es weiter zu kultivieren und daraus noch Neues zu entfalten.
55 Es ist für die Gemüter nicht erfreulich, sich abrupt alter Dinge zu entledigen und neuen zuzuwenden, weshalb sich alle Staaten auf das nachhaltigste bemühen, Traditionen nicht zu verwerfen und althergebrachtes Recht beizubehalten. Somit be-
60 haupten die Bürger die Grenzen ihrer Länder und bewahren jene Eigenheiten, die sich von anderen merklich unterscheiden. [...] Dies mag erklären, warum Fortschritt einhergeht mit Festhalten an alten Sitten, gegenseitigem Ansporn und dem
65 Wetteifer, Wohlstand zu gewinnen. [...] Uneinheitlichkeit zu tadeln, entspringt einer beschränkten Sichtweise, mit der sich der Gebildete nicht beschäftigt. Was sind wohl [letztlich] die entscheidenden Bereiche, die die Politik verfolgen und
70 die Erziehung fördern sollten? [...] verlangt ist der Blick auf folgende zwei Begriffe, nämlich „Wohlstand" und „Stärke" anzustreben. Das Wesentliche ist, dass die Bürger eines Landes das Gewerbe vorantreiben, selbstständig werden, höflich
75 im Umgang miteinander sind, Vertrauen besitzen und aus unterschiedlichen Bedürfnissen ihren Nutzen ziehen, dass sie nach außen den Einfluss ihres Landes nicht schmälern und nach innen die öffentliche Ruhe wahren und dass sie
80 schließlich danach streben, den Frieden in der Welt zu erreichen. [...] Die Regierungsweise im Okzident legt auf Selbstständigkeit Gewicht [...].

Erster Text: Fukuzawa Yukichi. Eine autobiographische Lebensschilderung, übersetzt von Gerhard Linzbichler in Gemeinschaftsarbeit mit Hidenao Arai u.a., Tokio 1971, S. 151 f., 156 f. Zweiter Text: Peter Pantzer (Hrsg.), Die Iwakura-Mission. Das Logbuch des Kume Kunitake über den Besuch der japanischen Sondergesandtschaft in Deutschland, Österreich und der Schweiz im Jahre 1873, München 2002, S. 161 f., 164 f.

1. *Beschreiben Sie die Begegnung mit dem westlichen Ausland und benennen Sie die Bereiche, denen von japanischer Seite ganz besonderes Interesse entgegengebracht wird.*
2. *Ergründen Sie, welche Lehre Kume aus seinen Beobachtungen für das eigene Land zieht.*

M3
Kaiser und Reformen: die Wirkung der „Meiji"-Ära

Die gewaltsame Öffnung versetzt Japan in eine innenpolitische Krise. Nachdem 1868 der letzte Shogun gestürzt und die Regierungsgewalt des Kaisers formal wiederhergestellt ist, wird eine umfassende staatlich gelenkte Reformperiode eingeleitet. Der deutsche Arzt Erwin Bälz, von 1876 bis 1905 als Professor an der medizinischen Hochschule in Tokio und als Leibarzt der japanischen Kaiserfamilie tätig, schreibt um 1900 über die als Meiji-Ära („Erleuchtete Regierung") benannte Regierung Kaiser Mutsuhitos (1868–1912):

Der jetzige Kaiser hatte kurz nach seiner Thronbesteigung im Jahre 1868 eine Proklamation erlassen, in der er dem Volk Anteil an der Regierung und eine Verfassung versprach. Aber die Männer am Staatsruder sahen bald, dass das 5 Volk nicht entfernt dafür reif war. Man schob daher den Zeitpunkt wiederholt hinaus und schickte zunächst den Staatsrat – den späteren Fürsten – Ito[1] nach Berlin zum genaueren Studium der Verfassungen. [...] Die Verfassung, von Fürst Ito 10 [...] bearbeitet, wurde unter ungeheurem Jubel des ganzen Landes am 11. Februar 1889 feierlich proklamiert und damit das Recht- und Pflichtbewusstsein zwischen Herrscher und Volk gesetzlich festgelegt. 15
Es zeigte sich aber bald, dass die Verfassung vielen nicht liberal genug war. Denn das Wahlrecht war sehr beschränkt, und das Recht, die Minister zu ernennen, kam nicht dem Parlament zu. Man hat den Versuch gemacht, der Verfassung die Deu- 20 tung zu geben, dass dies dennoch möglich sei. Das ist aber nur der Fall bei einer verkünstelten Auslegung. Ito selbst, der Vater der Verfassung, erklärte, das Recht, die Minister zu ernennen und zu entlassen, sei und bleibe ein Privileg des 25 Kaisers, und bis jetzt ist diese Auslegung befolgt worden. [...] Fukuzawa[2] war ein bedeutender und außerhalb der Regierungskreise der ein-

---

[1] Ito Hirobumi (1841–1909) war mehrfach Ministerpräsident und Präsident des Geheimen Staatsrates, dem aus altgedienten Staatsmännern und Spitzenfunktionären (genro) bestehenden Beratergremium des Kaisers.
[2] Fukuzawa Yukichi (1835–1901), siehe M2 auf S. 113

▲ Die Proklamation der Verfassung im Thronsaal des Neuen Palastes in Tokio, Farbholzschnitt von Adachi Ginko, 1889. Am 11. Februar 1889, dem Gedenktag der Thronbesteigung des legendären ersten Kaisers Jinmu im Jahre 660 v. Chr., verkündete der Kaiser eine neue Verfassung, die unter Mitarbeit deutscher Juristen entstand und sich am Vorbild Preußens orientierte. Kaiser Mutsuhito steht unter dem mit dem traditionellen kaiserlichen Chrysanthemen-Emblem geschmückten Baldachin vor dem in Deutschland gefertigten Thron. Auf dem Podest links von ihm sitzt die Kaiserin, in der rechten hinteren Ecke des Saales befinden sich die ausländischen Diplomaten.
• Beschreiben Sie Saalausstattung, Kleidung und Haltung der Anwesenden. Wie könnte die Zeremonie auf ausländische Beobachter gewirkt haben?

flussreichste Mann des Landes: der „Praeceptor Japonis"[3]. Und dieser Fukuzawa hat sich dem Berichterstatter einer großen amerikanischen Zeitschrift gegenüber geäußert: „Ich bewundere euer freies Land; wir selbst sind für eine Republik noch nicht reif und haben daher einen Kaiser. Aber das dürfen Sie mir glauben, dass schon jetzt der Kaiser in der Politik weniger zu sagen hat als der König in England." Diese Äußerung gab die Stimmung eines großen Teiles der gebildeten Japaner in den neunziger Jahren wieder. Und die Kenntnis dieser Stimmung ließ es der Regierung klug erschienen, nachgiebig zu sein, bis das Schicksal ihr eine Gelegenheit bot, ein einigendes Band für die ganze Nation neu zu schaffen, und zwar in Form des Krieges mit China wegen Korea. Und dieser Krieg hatte die von der Regierung gewünschte Folge: Das ganze japanische Volk war einig und begeistert durch die Erfolge der nationalen Waffen. [...] Das Nationalgefühl erwachte; es setzte eine gesunde Reaktion gegen die blinde Nachahmung alles Fremden ein. Man hörte viel weniger von den Herrlichkeiten der freien Staaten. Die größten Schreier für eine parlamentarische Regierung hielten sich zurück. [...] Und den tieferen Grund zu diesem der Welt erstaunlichen Sieg über den chinesischen Koloss suchte man jetzt in den spezifisch-japanischen Eigenschaften, und in diesem Japanertum spielte auch das Herrscherhaus mit seiner „ewigen Dynastie" eine große Rolle. So ging dieses gestärkt aus der Krise hervor. Die Person des Kaisers trat mehr und mehr in den Vordergrund. In jeder Schule, in jedem Amt wurde sein Bild aufgehängt, das jetzt bei feierlichen Gelegenheiten durch Verbeugen gegrüßt werden muss. Es erging ein Edikt, das die Grundlage aller sittlichen Erziehung der japanischen Jugend bildet und in dem der Kaiser als eine Art Vater seines Volkes erscheint. Und so wurde der Kult des Kaisers als eines gewissermaßen ideellen symbolischen Repräsentanten der Nation in den an sich uralten,

---

[3] Lehrer, Lehrmeister Japans

Japans Weg in die Moderne

aber jetzt wieder günstig vorbereiteten Boden mit voller Absicht gesät. Und man wird den führenden japanischen Staatsmännern nicht die Anerkennung versagen können, dass ihr planmäßiges Werk voll und ganz, manchmal fast über das beabsichtigte Maß hinaus gut gelang.

Toku Bälz (Hrsg.), Erwin Bälz. Das Leben eines deutschen Arztes im erwachenden Japan. Tagebücher, Briefe, Berichte, Stuttgart³1937, S. 95–97

1. *Skizzieren Sie die japanische Verfassung und analysieren Sie ihre Bedeutung vor dem Hintergrund der geschilderten Parlamentarismus-Debatte.*
2. *Diskutieren Sie die innenpolitische Wirkung des japanischen Sieges im Krieg gegen China 1895.*
3. *Charakterisieren Sie das japanische Modernisierungsprogramm und dessen Zielsetzung. Berücksichtigen Sie dabei die Rolle des Kaisers.*

M4
**„Bereichert das Land – stärkt die Armee":
Japans Weg in die Weltpolitik**

Der Historiker Bernd Martin bewertet 2006 die Folgen des innen- und außenpolitischen Wandels Japans im Hinblick auf den Chinesisch-Japanischen Krieg:

Während der gesamten Meijizeit (1868–1912) wurden die Reformen im Inneren von kriegerischen Planungen und Aktionen nach außen hin begleitet. Bereits der Schlachtruf der Erneuerer „Bereichert das Land – stärkt die Armee" enthielt schlagwortartig das gesamte Programm der angestrebten Modernisierung. [...] Die von den Gründervätern der Meijizeit zur Staatsdoktrin erhobene Shinto-Ideologie[1] von der göttlichen Abstammung des Herrschers und seiner immerwährenden, ungebrochenen Herrschaft, forderte

den Führungsanspruch des „Sohnes des Himmels" auf dem Pekinger Drachenthron direkt heraus. Fortan sollte Tokio zum Mittelpunkt eines großjapanischen Reiches werden und die Rolle Pekings übernehmen. Der kleine Bruder war angetreten, den großen Bruder zu entmachten, was den konfuzianischen Normen zutiefst widersprach. [...]
Zum eigentlichen Streitfall zwischen China und Japan wurde Korea. Das dem chinesischen Tributärsystem[2] zugehörige „Land der Morgenstille" entzog sich der japanischen Aufforderung zur Öffnung von Häfen und Aufnahme eines geregelten Handelsverkehrs. [...] Keine zwanzig Jahre nach Unterzeichnung des ungleichen Handelsvertrages mit den Amerikanern zwang Japan nach amerikanischem Vorbild Korea 1876 einen Vertrag auf, der ihm Zollpräferenzen und Exterritorialität[3] im einzigen geöffneten Hafen, Pusan, einbrachte. Selbst noch durch ungleiche Verträge seiner vollen Souveränität beraubt, wandte Japan dieses imperialistische Herrschaftsinstrument bei seinem direkten Nachbarn an, betonte indes, wie es einst auch die Amerikaner getan hatten, das Land lediglich in die Familie der zivilisierten Staaten führen zu wollen. [...] Diesem Anliegen halfen japanische Truppen in Seoul nach, indem sie den Königspalast besetzten und [...] einen gefügigen jungen Monarchen als neuen Herrscher installierten. Der junge König von Japans Gnaden erklärte wunschgemäß China den Krieg, Peking sandte Verstärkung nach Korea. Der militärische Konflikt war nicht mehr aufzuhalten. Von den westlichen Großmächten unterstützte Großbritannien das japanische Vorgehen in Korea, um das russische Vordringen in Asien aufzuhalten. Das Reich des Tenno bekam diese Statthalterrolle britischer imperialer Ambitionen ausdrücklich bestätigt, als Großbritannien am 16. Juli 1894 auf seine aus ungleichen Verträgen mit Japan herrührenden Sonderrechte verzichtete und das fernöstliche Inselreich als souveränen Partner in die Völkerfamilie aufnahm. [...]

---

[1] Der Shintoismus (von Shinto = „Weg der Götter") ist eine hauptsächlich in Japan praktizierte Religion, die sich durch eine Vielzahl von Kulten und Glaubensformen auszeichnet und an die einheimischen Gottheiten (kami) gerichtet ist.

[2] gemeint sind die China gegenüber tributpflichtigen Staaten; siehe S. 96
[3] auch Extraterritorialität

116   *China und Japan im Zeitalter des Imperialismus*

Der Verlauf des Krieges schien das japanische Erneuerungsprogramm zu bestätigen. [...] Als der japanischen Armee der Weg nach Peking offen stand, willigte China im April 1895 in Friedens
60 verhandlungen ein. Das japanische Kriegsziel, den tributären Ring Chinas aufzubrechen, vermochte Ito [...] bei den Verhandlungen in Shimonoseki vollauf zu erreichen. China trat Formosa und die Halbinsel Liaodong mit Port Arthur an
65 Japan ab und bestätigte die „vollständige Autonomie und Unabhängigkeit" Koreas. Außerdem verpflichtete sich China zur Zahlung einer beträchtlichen Kriegsentschädigung, öffnete den Japanern weitere Häfen und gestand dem Sieger
70 die gleichen Sonderrechte im Reich der Mitte zu, die sich die Westmächte einst gewaltsam genommen hatten. Aus den eigenen ungleichen Verträgen gerade entlassen, gesellte sich Japan fortan in China als gleichrangige Macht zu den imperi
75 alistischen Mächten. Nunmehr unterlagen japanische Staatsbürger in China wie alle „Westler" nicht der chinesischen Gerichtsbarkeit, sondern genossen Exterritorialität. Der kleine Bruder Japan hatte den großen Bruder China nicht nur mi
80 litärisch besiegt, sondern auch tief gedemütigt. Der Friedensvertrag von Shimonoseki war folglich nur ein brüchiger Waffenstillstand.

Bernd Martin, Ein Sieg des kleinen Bruders: Der Chinesisch-Japanische Krieg, in: DIE ZEIT (Hrsg.), Welt- und Kulturgeschichte. Epochen, Fakten, Hintergründe, Bd. 12: Das Zeitalter des Nationalismus, Hamburg 2006, S. 409–420, hier S. 409, 412 f., 415–418

1. *Benennen Sie die von Martin aufgezeigten Ursachen und Motive für den Chinesisch-Japanischen Krieg.*
2. *Erläutern Sie das Vorgehen Japans gegenüber China und die Folgen, die der Friedensvertrag von Shimonoseki für die asiatischen Machtverhältnisse mit sich brachte.*
3. *Bestimmen Sie die Bedeutung der Jahre 1894/95 für das Verhältnis Japans zu den westeuropäischen Mächten und den USA.*
4. *Analysieren Sie anhand von M3 und M4 den Zusammenhang von japanischer Innen- und Außenpolitik.*

M5
Der Russisch-Japanische Krieg

Der Historiker Rudolf Hartmann bewertet den Ausgang des Russisch-Japanischen Krieges von 1904/05:

International überraschte der [japanische] Sieg über Russland, einer anerkannten europäischen Großmacht, mehr noch als der über China. In der umfangreichen zeitgenössischen Literatur werden die Ursachen fast ausschließlich in militäri 5 schen Aspekten gesehen wie in der kriegerischen Moral, im „Samuraigeist" [...], und nicht zuletzt in einem modern geschulten Offizierskorps, das stark nach europäischen, namentlich deutschen Vorbildern ausgebildet war. So unerlässlich solch 10 militärische Faktoren zweifellos gewesen waren, die wirklichen Ursachen lagen sicher tiefer. So ist der Sieg nur schwer denkbar ohne die britische und amerikanische finanzielle wie auch diplomatische Unterstützung, nicht zu reden vom po 15 litischen und moralischen Wert des Bündnisvertrages mit England. Noch weniger aber ist er denkbar ohne die in den vorangegangenen gut drei Jahrzehnten zielstrebig geführte Modernisierung des Landes. [...]   20
Die Erkenntnis und Erfahrung, dass ein relativ kleines Land wie Japan eine europäische Großmacht wie Russland besiegen konnte, gab nationalen Befreiungsbewegungen in Asien, besonders in Indien und China, kräftige Impulse. Der japa 25 nische Sieg demonstrierte, dass die kolonialen Mächte Europas nicht allmächtig und unüberwindbar waren. [...] Japan wurde, ungeachtet seiner weiteren Expansionspolitik, über längere Zeit zum Idol nationaler asiatischer Unabhän 30 gigkeitsbewegungen. Deren Führer – ob aus China, aus Indochina oder aus Indien – suchten in Japan Zuflucht, Rat und Unterstützung.

Rudolf Hartmann, Geschichte des modernen Japan, Berlin 1996, S. 100 f.

1. *Erklären Sie, wie Hartmann die Entwicklung Japans interpretiert.*
2. *Nehmen Sie Stellung: Welche Bedeutung misst Hartmann dem Westen für den japanischen Aufstieg zur Imperialmacht bei?*

M6
Japanische Expansion 1895–1933

1. Beschreiben Sie die Entwicklung der japanischen Expansion bis 1931/33 und ordnen Sie die Phasen der Ausbreitung in den historischen Kontext ein.
2. Erarbeiten Sie die weitere Expansion Japans bis 1945. Ziehen Sie dazu zusätzliches Kartenmaterial heran und beachten Sie auch M7.

M7
Außenpolitische Ziele

Vom 27. Juni bis 7. Juli 1927 findet unter dem Vorsitz des japanischen Ministerpräsidenten und Generals Tanaka Giichi in Tokio eine Konferenz über die künftige japanische Politik in Asien statt. Die in einem vertraulichen Memorandum festgehaltenen Ergebnisse der Konferenz werden vermutlich nie dem Kaiser übergeben, gelangen jedoch auszugsweise in chinesische Hände und werden als offizielles Memorandum veröffentlicht. In dieser umstrittenen „Tanaka-Denkschrift" heißt es:

Seit dem Weltkrieg sind die Politik und die Volkswirtschaft unseres Kaiserreiches sehr aus dem Gleichgewicht gebracht worden. Das rührt daher, dass wir uns die Vorrechte und die wirklichen Gewinne in der Mandschurei und Mongolei nicht zunutze gemacht haben. [...] Sogar die Vorrechte in der Südmandschurei, die wir uns durch den russisch-japanischen Krieg erworben haben, sind durch den Vertrag der neun Mächte[1] sehr beschränkt worden [...]. Um uns selbst zu schützen und auch um andere zu schützen, können wir Japaner nur durch eine Politik von „Blut und Eisen" die verwickelte Lage im Fernen Osten entwirren. [...]. Wenn wir in Zukunft China kontrollieren wollen, müssen wir zuerst den Einfluss der Vereinigten Staaten von Amerika ausrotten, so wie wir es früher Russland gegenüber im russisch-japanischen Krieg gemacht haben. Um China zu erobern, müssen wir zuerst die Mandschurei und Mongolei erobern. Wenn es gelungen ist, China zu erobern, werden die zentral- und kleinasiatischen Staaten, ferner Indien und die Südsee unsere Macht fürchten, uns verehren und sich ergeben. Dann wird die Welt sich damit abfinden, dass der Ferne Osten uns gehört, und nie wagen, uns anzugreifen. [...] Wenn wir die Vorrechte in der Mandschurei und Mongolei wirklich in der Hand haben, dann brau-

[1] Gemeint ist das auf der Washingtoner Konferenz (12. November 1921–6. Februar 1922) von Belgien, den Niederlanden, China, Frankreich, Großbritannien, Italien, Japan, Portugal und den Vereinigten Staaten geschlossene Neunmächteabkommen, das China unter anderem Souveränität und territoriale Integrität zusicherte und Japan zur Räumung der von ihm besetzten chinesischen Gebiete verpflichtete.

China und Japan im Zeitalter des Imperialismus

chen wir diese als unseren Stützpunkt und dringen von dort unter der Maske des Handels in die übrigen Teile Chinas ein. Die Mandschurei und Mongolei sind gewissermaßen unser Kommandoturm, von dem aus wir den Reichtum ganz Chinas an uns ziehen. [...] Obwohl die Macht Sowjetrusslands sich im Niedergang befindet, wollen die Russen mit ihrer Konkurrenz in der Mandschurei und Mongolei dort nicht einen Augenblick zurück bleiben; sie hemmen immerfort unsere Unternehmungen und wollen stets unsere Südmandschurische Eisenbahn schädigen. Wir müssen uns daher sehr vor ihren Fortschritten in acht nehmen und die Mukdenregierung[2] als Keil benutzen, um die Ausdehnung des russischen Einflusses nach Süden zu verhindern. Als erstes wollen wir unter dem Vorwand, das Vordringen Sowjetrusslands nach Süden verhindern zu wollen, mit Gewalt in die Nordmandschurei eindringen, um den dortigen Reichtum an uns zu ziehen. Dann wären wir imstande, sowohl im Norden die Ausbreitung des russischen Einflusses nach Süden als auch im Süden die des chinesischen Einflusses nach Norden zu verhindern. [...]

Wir müssen uns vor Augen halten, dass Amerika nach dem Weltkrieg in geheimem Einverständnis mit England steht und bei jeder Bewegung uns hindern will, gegen China vorzugehen. Aber wenn wir an die Selbstständigkeit unseres Landes denken, so wird uns nichts anderes übrig bleiben, als den Krieg gegen Amerika zu führen, um China und die ganze Welt zu warnen. Überdies ist die amerikanische Flotte bei den Philippinen nur einen Steinwurf weit von unserer Tsushima- und Kurilenstraße entfernt. Wenn die feindlichen U-Boote in diesen Meerengen kreuzen, so ist es bestimmt nicht möglich, Rohstoffe und Nahrungsmittel aus der Mandschurei und der Mongolei an uns zu liefern. [...] Wenn Eisen und Petroleum in der Mandschurei uns in die Hände fallen, werden unsere Armee und Marine eine unbezwingliche Verteidigungsmauer bilden können. [...] Wir können uns nur beglückwünschen, dass wir die Dauer unseres Reiches so für alle Zeit befestigen können.

Elmar Krautkrämer (Hrsg.), Internationale Politik im 20. Jahrhundert. Dokumente und Materialien, Band 1: 1919–1939, Frankfurt am Main 1976, S. 55–57

1. *Fassen Sie die in der Denkschrift genannten Ziele zusammen. Arbeiten Sie sowohl die Motive als auch die geplante Vorgehensweise heraus.*
2. *Stellen Sie anhand des Textes und der Karten auf S. 108 und 118 das internationale Mächteverhältnis in Ostasien dar. Gegen welche Mächte hat sich die japanische Politik von „Blut und Eisen" demzufolge zu richten?*
3. *Prüfen Sie durch einen Vergleich mit Ihren Ergebnissen aus M6, inwieweit die Tanaka zugeschriebenen Pläne umgesetzt wurden. Beurteilen Sie den historischen Quellenwert des Memorandums.*
4. *Beschreiben Sie die Entwicklung Japans und Chinas im imperialistischen Zeitalter. Vergleichen Sie die Reaktionen auf das Vorgehen der imperialistischen Mächte und bewerten Sie jeweils deren Gründe und Folgen.*

---

[2] *Nach der Besetzung der Mandschurei 1931 installierte Japan 1932 den neuen Marionettenstaat Mandschukuo unter dem letzten chinesischen Kaiser Pu Yi (1908–1912), der dort mit Sitz in der ehemaligen mandschurischen Hauptstadt Mukden zunächst als Präsident und seit 1934 als Kaiser regierte.*

Japans Weg in die Moderne

Herrschaft und Gesellschaft zur Zeit des Tokugawa-Shogunats (1603–1868)

Bis zur Mitte des 19. Jahrhunderts war Japan ein Feudalstaat, der in einigen Zügen an das europäische Mittelalter erinnert. An der Spitze der Gesellschaftsordnung stand der *Tenno*, der „himmlische Kaiser". Seine Funktion beschränkte sich jedoch auf die eines religiösen Oberhauptes, während die eigentliche Regierungsgewalt durch den Shogun, den militärischen Oberbefehlshaber, ausgeübt wurde. Der Shogun war auch der oberste Lehnsherr der *Daimyo*, der etwa 250 mächtigen Territorialfürsten des Landes, die gemeinsam mit der ihnen unterstehenden Kriegerkaste, den *Samurai*, die gesellschaftliche Führungsschicht bildeten. In den unteren Klassen versammelte sich der mit rund 80 Prozent weitaus größte Teil der Bevölkerung, die Bauern, gefolgt von den Handwerkern sowie den gesellschaftlich wenig geachteten Kaufleuten.

Seit 1603 lag der erblich gewordene Shogunatstitel in den Händen der Familie *Tokugawa*, der es gelungen war, das Land nach langen Machtkämpfen zwischen den Territorialfürsten unter ihre Herrschaft zu bringen. Sie verlegten die Shogunatsverwaltung, das *Bakufu*, nach Edo (das spätere Tokio) und errichteten einen straff zentralisierten Verwaltungs- und Militärstaat. Ihre Macht basierte auf ihrem umfangreichen Territorialbesitz, der etwa ein Viertel des gesamten japanischen Bodens und die damit verbundenen Einkünfte umfasste. Die Kontrolle über das Land gewährleistete ein strenges Überwachungssystem und die enge Lehensbindung der Daimyo an das Shogunat.

Politik des „geschlossenen Landes"

Die Tokugawa suchten das bestehende Herrschaftssystem nicht nur nach innen, sondern auch nach außen zu sichern. Seit 1534 erstmals portugiesische Schiffbrüchige an der japanischen Küste gestrandet waren, hatte Japan ein Jahrhundert lang Handel mit Portugal, Spanien, den Niederlanden und England getrieben, die christliche Mission zugelassen und mit großem Interesse westliche Kunst und Technik, ja sogar europäische Kleidung, Traditionen und Sitten rezipiert. Aus Furcht vor den wachsenden westlichen Einflüssen schlossen die Tokugawa das Inselreich jedoch zwischen 1633 und 1639 mit einer Reihe von Gesetzen für mehr als 200 Jahre nahezu vollständig gegenüber der Außenwelt ab. Fortan war den Japanern jeder weitere Außenhandel und Reisen in das Ausland untersagt. Alle europäischen Kaufleute und Missionare wurden des Landes verwiesen und das Christentum bei Todesstrafe verboten. Lediglich über die kleine künstliche Insel Deshima vor Nagasaki blieb es noch den Niederländern erlaubt, Handel mit Japan zu treiben, der allerdings massiven Beschränkungen unterlag.

Während die Abschließungspolitik Japans gegenüber dem Westen wachsendes Misstrauen und beiderseitige Geringschätzung zur Folge hatte, sorgte sie im Land für stabile politische Verhältnisse und ein rasches Wirtschaftswachstum. Es entstanden große Städte und mit ihnen entwickelten sich Handel und Gewerbe. Manufakturbetriebe kamen auf und die Kapital- und Warenwirtschaft gewann zunehmend an Bedeutung. Demgegenüber gingen die Erträge der Landwirtschaft, dem Grundpfeiler des alten Feudalsystems, immer mehr zurück.

Ende des 18. Jahrhunderts geriet das Land in eine schwere Wirtschafts- und Finanzkrise. Steuererhöhungen, Missernten und Hungersnöte verschärften die Lage und führten seit den 1830er-Jahren zu sozialen Unruhen und zahlreichen Bauernaufständen. Das Bakufu reagierte zwar mit einigen Reformversuchen, die jedoch nur oberflächlich und daher wirkungslos blieben.

Die erzwungene „Öffnung" Japans

Zu den inneren Krisen kam in der Mitte des 19. Jahrhunderts eine zunehmende äußere Bedrohung. Seit der Wende vom 18. zum 19. Jahrhundert kreuzten immer häufiger russische, englische und amerikanische Schiffe vor den Küsten Japans auf, die – vorerst vergeblich – auf eine Öffnung des Landes für den Handel drängten. Die Berichte über die chinesische Niederlage im Opiumkrieg lösten in Japan zwar einen Schock aus, zeigte dies doch, dass jeder militärische Widerstand angesichts der waffentechnischen Überlegenheit der westlichen Mächte aussichtslos sein würde; die Shogunatsregierung rückte jedoch nicht von ihrer Abschließungspolitik ab.

Es waren die USA, die Japan schließlich zur Aufgabe ihrer Isolation zwangen. 1853 wurde ein Flottengeschwader unter Commander *Matthew Calbraith Perry* an die japanische Küste entsandt, um die Regierung nachdrücklich zur Öffnung japanischer Häfen aufzufordern. Die eindrucksvolle Demonstration militärischer Macht, die deutlich die Schwäche des japanischen Staates offenbarte, verfehlte nicht ihre Wirkung: Der völlig unvorbereitete Shogun sah sich erstmals dazu veranlasst, die Daimyo und deren Vasallen zur Beratung aufzurufen. Die Frage der Öffnung des Landes spaltete die japanische Führungsschicht in zwei Lager (▸ M1). Trotz der überwiegend fremdenfeindlichen Haltung und vielfachen Rufen nach militärischem Widerstand willigte die Shogunatsregierung schließlich am 31. März 1854 in den ersten amerikanisch-japanischen „Freundschaftsvertrag" (*Vertrag von Kanagawa*) ein: die Häfen Shimoda und Hakodate wurden für amerikanische Schiffe geöffnet und die gute Behandlung von Schiffbrüchigen sowie die Errichtung eines amerikanischen Konsulates zugesagt. 1858 erreichten die USA zudem einen Handelsvertrag, der ihnen weitergehende Rechte einräumte. Durch diesen und weitere „ungleiche Verträge" mit Großbritannien (1854), Russland (1855), den Niederlanden (1856), Frankreich und Preußen (1861) sah sich Japan dem wachsenden Einfluss der westlichen Mächte ausgesetzt. Ebenso wie China verlor es seine Zollhoheit und musste den Ausländern Extraterritorialität garantieren, so dass diese nicht der japanischen Gerichtsbarkeit, sondern der ihres eigenen Landes unterstanden.

„Verehrt den Tenno – vertreibt die Barbaren!"

Die als Demütigung empfundenen „ungleichen Verträge", mit denen immer mehr westliche Kaufleute und Missionare in das Land strömten, lösten eine Welle der Fremdenfeindlichkeit aus. Da der Shogun die Verträge ohne die Zustimmung des Tenno unterschrieben hatte, nutzten dies die Shogun-Gegner, um nun offen gegen seine ausländerfreundliche Politik vorzugehen. Unter der Führung der mächtigen Fürstentümer aus dem Südwesten formierte sich eine nationalistische, fremdenfeindliche Front, die mit der populistischen Losung „Verehrt den Tenno – vertreibt die Barbaren" für die Wiederherstellung der Kaisermacht und den Sturz des Shogunats eintrat. Es kam zu gewaltsamen Ausschreitungen gegen die Ausländer; in den Häfen liegende westliche Schiffe wurden beschossen. Erst als die überlegenen westlichen Flotten daraufhin Kagoshima und Shimonoseki bombardierten, änderten die Gegner der Öffnungspolitik ihre Haltung: Beeinflusst durch eine Gruppe junger, reformfreudiger Samurai gelangten sie zu der Einsicht, dass der imperialistischen Bedrohung nur durch eine Modernisierung und Militarisierung des Landes nach westlichen Vorbildern zu begegnen sei.

Die Auseinandersetzungen zwischen den kaisertreuen Reformern und den Anhängern der Tokugawa brachten Japan an den Rand eines Bürgerkrieges. Schließlich wurde der

Japans Weg in die Moderne　**121**

letzte Shogun zum Rücktritt gezwungen und die kaiserliche Macht wiederhergestellt. Am 3. Januar 1868 erklärte der erst 15-jährige Kaiser *Mutsuhito* (1867–1912) das Shogunat offiziell für abgeschafft und proklamierte den Beginn der neuen Regierung, die nun in den Händen junger Reformer und den Angehörigen des alten Hofadels lag. Die Jahrhunderte alte Institution des Tenno verlieh ihnen dazu die nötige Legitimation.

Modernisierung und Wandel: die „Meiji-Reformen"

Mit der Regierungsübernahme leiteten die neuen Machthaber eine Ära umfassender Modernisierung – die nach der kaiserlichen Herrschaftsdevise benannte *Meiji-Ära* („erleuchtete Herrschaft") – ein, in der sich Japan in weniger als 30 Jahren von einem Feudalstaat zu einer industrialisierten Großmacht entwickelte. Durch die Schaffung eines starken, modernen Zentralstaates sollte der Bedrohung durch den Westen begegnet und eine Aufhebung der „ungleichen Verträge" erreicht werden. Deshalb führte die Regierung in den folgenden Jahren eine radikale Reformpolitik „von oben" durch. Zunächst wurden die Privilegien der Territorialfürsten und Samurai abgeschafft, eine Bodenreform durchgeführt und die Gewerbefreiheit sowie die allgemeine Schulpflicht erlassen. Durch die Zentralisierung des Steuersystems gelang es, die drückende Finanzkrise zu überwinden. Staatliche Investitionen und der Ankauf westlicher Technologien setzten zudem einen rasanten Industrialisierungsprozess in Gang: Eisenbahnen wurden gebaut, Fabriken, Bergwerke und Banken gegründet und ein modernes Post- und Kommunikationswesen entwickelt. Von großem Vorteil erwies sich dabei, dass der allgemeine Bildungsstand in Japan hoch und das Gewerbe bereits weit entwickelt war. Die große Nachfrage auf dem Weltmarkt nach Tee, Baumwolle und Seidenprodukten ließ Japan bald selbst als Exporteur tätig werden.
Unter der Devise „Reiches Land, starke Armee!" bemühten sich die Meiji-Reformer insbesondere um die Neuorganisation von Armee und Flotte sowie um den Aufbau eines schlagkräftigen Heeres. Dafür erließen sie eine allgemeine Wehrpflicht, richteten eine Offiziersschule ein und forcierten den Aufbau einer eigenständigen Rüstungsindustrie. Allerdings verliefen die Reformen und der mit ihnen verbundene Aufschwung nicht ohne soziale und ökonomische Probleme. Die Lage der neu entstandenen Arbeiterschaft war zeitweise noch verheerender als im Europa der Frühindustrialisierung. Soziale Bestimmungen existierten nicht und alle Selbstorganisationen der Arbeiter wurden rigoros unterdrückt.

Japan lernt vom Westen

Von Anfang an folgte die Meiji-Regierung bei ihrem Modernisierungsprogramm dem Grundsatz, soviel vom Westen zu lernen, wie möglich, ohne dabei jedoch die traditionellen japanischen Lebensgewohnheiten, Moral- und Wertvorstellungen aufzugeben.
Bereits in der Zeit der Abschließung war von einer kleinen Gruppe japanischer Gelehrter über die Holländer westliches Wissen gesammelt und – vom Staat strengstens beaufsichtigt – „westliches Lernen" („Hollandwissenschaften") praktiziert worden. Nach der Öffnung des Landes schickte sogar die Shogunatsregierung bereits vereinzelte Delegationen ins westliche Ausland. Die Meiji-Reformer zogen nun systematisch westliche Berater heran und sandten Regierungsmitglieder, Wissenschaftler, Ingenieure und Militärs nach Europa und in die USA, um diese dort all das kopieren zu lassen, was für das

China und Japan im Zeitalter des Imperialismus

eigene Land nützlich erschien (▶ M2). So folgte Japan im Justizwesen dem französischen, bei der Flottenrüstung dem britischen und in Verwaltung und Militär dem preußisch-deutschen Vorbild. Auch die konstitutionelle Verfassung (*Meiji-Verfassung*), die der Kaiser 1889 verkündete und ein Jahr später in Kraft setzte, orientierte sich am preußischen Modell. Aber anders als der deutsche Kaiser erhielt der als heilig und unverletzlich erklärte Tenno eine größere Machtfülle, die seine nach der japanischen Shinto-Ideologie „gottähnliche" Stellung nun auch verfassungsrechtlich festschrieb. Demgegenüber blieb der Einfluss des Parlamentes und vor allem der des japanischen Volkes begrenzt, von dem nur etwa ein Prozent und damit rund 450 000 Männer wahlberechtigt waren. Die Verfassung entsprach dem Ziel, einerseits die Grundlagen eines neuen, auf den Kaiser fixierten Nationalismus zu festigen und andererseits die von den Westmächten geforderten „zivilisatorischen" Voraussetzungen zu erfüllen, die für die angestrebte Revision der „ungleichen Verträge" notwendig waren (▶ M3).

Imperialistische Expansion und Großmachtstreben

Nur etwa 20 Jahre, nachdem Japan selbst zum Opfer imperialistischer Expansionspolitik geworden war, fühlte sich das Land bereits stark genug, die Methoden des Westens zu übernehmen und sich diesem auch außenpolitisch gleichzustellen. Ziel des japanischen Expansionsstrebens war das asiatische Festland mit seinen reichen Rohstoffvorkommen, die für die eigene Industrie und die rasch wachsende Bevölkerung gesichert werden sollten.

Bereits 1875 annektierte Japan die Kurilen, 1876 die Ryuku-Inseln und erzwang noch im selben Jahr mit einem „ungleichen Vertrag" die Öffnung Koreas. 1894/95 gelang es Japan, das Kaiserreich China in einem kurzen Krieg zu besiegen und sich damit die Vorherrschaft in Korea zu sichern (▶ M4). Einem weiteren japanischen Ausgreifen auf den Kontinent stellten sich jedoch Russland, Frankreich und das Deutsche Reich entgegen, die ihre eigenen Interessen gefährdet sahen. Dennoch brachte der Sieg über China weitere Erfolge: Die hohen Kriegsentschädigungen, zu denen China verpflichtet wurde, ermöglichten eine Sanierung der japanischen Staatsfinanzen und trieben die Industrialisierung mit erhöhter Geschwindigkeit voran. Auch das Aufrüstungsprogramm wurde erheblich erweitert.

Den Erfolgen seiner modernen Armee verdankte Japan schließlich 1894 auch die Aufhebung fast aller „ungleichen Verträge" durch die westlichen Großmächte, die es zunehmend als gleichberechtigten „Juniorpartner" in ihren Reihen anerkannten. 1902 fand sich zudem Großbritannien zu einem Bündnis bereit, um Japan als polisches und militärisches Gegengewicht zum wachsenden russischen Expansionsstreben in Ostasien zu nutzen. Damit erhielt Japan die nötige Rückendeckung, die es für ein Ausgreifen auf den Kontinent benötigte. 1904 überfiel Japan ohne Kriegserklärung die russische Flotte in Port Arthur und brachte ihr bei *Tsushima* eine verheerende Niederlage bei. 1905 kapitulierte die russische Regierung. Korea gelangte nun endgültig in japanischen Besitz, hinzu kamen Südsachalin und die südliche Mandschurei. Der überraschende Ausgang des *Russisch-Japanischen Krieges*, bei dem erstmals ein asiatischer Staat über eine europäische Großmacht gesiegt hatte, löste im Land nationale Begeisterung aus (▶ M5). Japan war endgültig zu einem ernstzunehmenden imperialistischen Machtfaktor aufgestiegen, der einen Führungsanspruch über ganz Ostasien zu erheben begann.

Japans Weg in die Moderne

Methoden-Baustein: Karikaturen

▲ „Le grand duel jaune et blanc" (Das große Duell zwischen Gelb und Weiß), T. Bianco, Frankreich, Ansichtskarte um 1900.

Karikaturen als gezeichnete Geschichte

Karikaturen (von ital. *caricare* für „überladen", „übertreiben") sind historische Quellen, die zu aktuellen politischen oder gesellschaftlichen Ereignissen, Entwicklungen, Zuständen oder Personen kritisch-ironisch Stellung beziehen. Mit den Mitteln der Parodie, der Komik und des Witzes werden zentrale Aspekte oder bestimmte Wesensmerkmale bewusst hervorgehoben, vereinfacht oder auch bis zur Lächerlichkeit verzerrt dargestellt, um der zeitgenössischen Öffentlichkeit politische oder soziale Missstände, Fehler oder Mängel vor Augen zu führen.

Im Unterschied zu anderen bildlichen Darstellungsformen wie Zeichnungen, Gemälden oder Fotografien bilden Karikaturen das Zeitgeschehen daher nicht nur ab, sondern kommentieren es. Auf diese Weise erhält der heutige Betrachter einen besonders anschaulichen und authentischen Eindruck der zeitgenössischen Meinungen.

In der Regel legen kurze Texte den gezeichneten Figuren Worte in den Mund oder geben als plakative Unterschriften Hilfen für Deutung und Reflexion. Es gibt aber auch viele Karikaturen, die auf einen Text verzichten. Um die Aussage einer Karikatur zu entschlüsseln, bedarf es daher der genauen Interpretation und Analyse. Probleme ergeben sich daraus, dass Karikaturen die Kenntnis des dargestellten Sachverhalts, der karikierten Personen und der für Karikaturen typischen Symbol- und Bildersprache (z.B. Waage für Gerechtigkeit, „Germania" für die Deutschen oder „Uncle Sam" für die USA) beim zeitgenössischen Publikum als bekannt voraussetzen. Es ist deshalb besonders wichtig, zunächst den Bildinhalt und die Darstellungsmittel (z.B. Symbole) möglichst genau zu beschreiben und deren Bedeutung zu erläutern. Bildunterschriften, Text oder Daten sind dabei wichtige Erschließungshilfen. Um Karikaturen interpretieren zu können, gilt es, den historischen Kontext zu bestimmen, den Standpunkt des Zeichners zu beschreiben, wenn möglich Informationen über ihn zu ermitteln und zu berücksichtigen, für wen die Karikaturen wo und wie veröffentlicht worden sind. Auf dieser Grundlage können Aussagen über ihre Intention sowie ihre damalige und auch heutige Wirkung getroffen werden.

▲ „Making him ‚sit up'" (Ihn Männchen machen lassen), Großbritannien, Ansichtskarte, datiert vom 31.3.1905.

M3

▲ „Le Rêve" (Der Traum), George Bigot, Frankreich, Ansichtskarte, datiert vom 11.7.1904.

Gelb gegen Weiß – das westliche Japanbild um 1900 in der Karikatur

Der Boxeraufstand 1900 in China und Japans Krieg gegen Russland in den Jahren 1904/05 machten in den westlichen Staaten das Schlagwort von der „Gelben Gefahr" populär. Gemeint war die Bedrohung Europas und Nordamerikas durch das Erstarken der „gelben Rasse" in Ostasien.

Bis dahin hatte weder Japans Vordringen nach Korea 1876 noch sein Sieg über das riesige China 1895 größere Beachtung gefunden. Der rasche Aufstieg des kleinen Inselstaates wurde vielmehr mit wohlwollender Verwunderung zur Kenntnis genommen.

Als Japan jedoch 1904 den russischen Hafen Port Arthur (Lüshun) angriff, ganz Korea besetzte, in die Mandschurei eindrang und Russland in der Seeschlacht von Tsushima besiegte, war der Westen geschockt: Das „Gelbe" trat erstmals als Aggressor auf und bedrohte die von den europäischen Großmächten kontrollierten Machtverhältnisse in Fernost. Gleich serienweise griffen vor allem französische und britische Karikaturisten fortan die Kriege Japans auf in großer Zahl produzierten Ansichtskarten auf. Neben den weitverbreiteten satirischen Zeitschriften waren Postkarten in den ersten Jahrzehnten des 20. Jahrhunderts ein überaus populäres Medium, das die Karikatur einer großen Öffentlichkeit bekannt machte.

1. Beschreiben Sie in M1 bis M4 genau, wer und was wie dargestellt ist. Erläutern Sie die Titel der Karikaturen.
2. Identifizieren Sie in M1 auch die Personen im Hintergrund und beachten Sie ihre Haltung zum Geschehen.
3. M3 und M4 enthalten zahlreiche Symbole. Deuten Sie diese einzeln und im Zusammenhang.
4. Überlegen Sie, warum in Frankreich und Großbritannien zu Beginn des 20. Jahrhunderts besonders viele Karikaturen zu Japan erschienen sind.
5. Vergleichen Sie jeweils die Darstellung Japans und die der anderen Mächte. Achten Sie dabei sowohl auf das Herkunftsland der Karikatur als auch auf den historischen Kontext. Was lässt sich hinsichtlich des Japanbildes feststellen?
6. Karikaturen bedienen Vorurteile und reproduzieren Klischees. Prüfen Sie diese These und suchen Sie weitere Beispiele.

M4

▲ „L'ogre d'Orient" (Der östliche Menschenfresser). „Il rend le jaune pour avaler le blanc" (Es speit das Gelbe aus, um das Weiße zu verschlingen), T. Bianco, Frankreich, Ansichtskarte um 1905.

Karikaturen 125

Die japanische Großmacht bis 1945

Als der Meiji-Tenno 1912 starb, war der Umbau Japans zu einer militärischen Großmacht weitgehend abgeschlossen. Die Beteiligung am Ersten Weltkrieg eröffnete weitere Expansionsmöglichkeiten: Als Verbündeter der Entente eroberte Japan die deutschen „Schutzgebiete" in China und im Pazifik und forderte die chinesische Regierung 1915 zu weit reichenden wirtschaftlichen und politischen Zugeständnissen auf. Da die europäischen Mächte durch die Kriegshandlungen in Europa gebunden waren, nutzte es zudem den Rückgang der europäischen Exporte, um sich auf den asiatischen Märkten zu etablieren. Die japanische Wirtschaft nahm einen deutlichen Aufschwung. Bis 1920 entwickelte sich der vormals agrarisch geprägte Inselstaat endgültig zu einer modernen Industriegesellschaft mit über 55 Millionen Einwohnern.

Eine vollständige Gleichstellung mit den westlichen Großmächten erreichte Japan durch den Krieg jedoch nicht. Dies zeigte sich bei den internationalen Nachkriegskonferenzen, wo Japan zwar einen ständigen Sitz im Völkerbund sowie die ehemaligen deutschen Südseeinseln als Mandatsgebiet[1] erhielt, jedoch auf seine Ansprüche in China verzichten und weit reichende Rüstungsbeschränkungen akzeptieren musste. Dies und insbesondere die demütigende Ablehnung der japanischen Forderung nach Gleichstellung aller Rassen schürte im Land einen *Ultra-Nationalismus*, durch den sich Japan gegenüber den Westmächten zunehmend in eine außenpolitische Isolation manövrierte. Die 1920er-Jahre hatten zwar mit einer Ausweitung des Wahlrechts, Gewerkschaften und einer ersten bürgerlichen Regierung eine innenpolitische Liberalisierung gebracht; geschwächt durch gleichzeitig aufkommende Wirtschaftskrisen, Arbeitslosigkeit und sich ausbreitende Armut geriet die Politik jedoch immer stärker unter den Einfluss radikal-nationalistisch gesinnter Militärs, die auf den Erwerb weiterer Einflussgebiete drängten und die als „unjapanisch" verteufelten demokratischen Elemente gewaltsam bekämpften.

1931 siegten endgültig die Expansionisten: Die Armeeführung besetzte, ohne die Regierung zu konsultieren, die restliche Mandschurei und wandelte sie zu dem Satellitenstaat *Mandschukuo* um (▶ M6, M7). 1937 entfesselte Japan einen zweiten großen Krieg gegen China und dehnte seine Aggressionspolitik auf ganz Ostasien aus. Das Zeitalter des japanischen Imperialismus wurde schließlich im Zweiten Weltkrieg durch den Abwurf der beiden US-amerikanischen Atombomben auf Hiroshima und Nagasaki (6./9. August 1945) beendet. Bis 1951/52 verlor Japan seinen gesamten Kolonialbesitz.

▲ *Japanische Truppeneinheiten kurz nach der Einnahme des Bahnhofs von Shanghai, Foto vom November 1937.*

---

[1] vgl. dazu S. 134 f.

China und Japan im Zeitalter des Imperialismus

5. Das Ende des Kolonialzeitalters

1945
In der Charta der Vereinten Nationen (UNO) wird das Selbstbestimmungsrecht der Völker zum Grundsatz erklärt

1945–1965
Die meisten Kolonien erlangen ihre Unabhängigkeit

1955
Auf der Konferenz von Bandung artikulieren die blockfreien Staaten erstmals ihre gemeinsamen Interessen

1974
Die Forderung der „Entwicklungsländer" nach einer neuen Weltwirtschaftsordnung wird in mehreren UN-Dokumenten festgeschrieben

Seit 1995
Die Welthandelsorganisation WTO schafft mit der Beseitigung von Handelshemmnissen entscheidende Voraussetzungen für den Globalisierungsprozess

▲ *Julius Nyerere, erster Präsident der Republik Tanganjika, feiert die Bekanntgabe der Unabhängigkeit seines Landes, Foto von 1961. 1964 wurde Tanganjika unter seiner Präsidentschaft mit der Insel Sansibar zur Vereinigten Republik Tansania zusammengeschlossen.*

M1
Selbstbestimmung der Völker

Bereits während des Zweiten Weltkrieges gestand die Atlantik-Charta vom 14. August 1941 allen Völkern das Recht zu, ihre Regierungsform frei wählen zu können. Am 26. Juni 1945 unterzeichnen in San Francisco 51 Staaten die Charta der Vereinten Nationen (United Nations Organization, UNO), die unter anderem den Grundsatz der Gleichberechtigung und Selbstbestimmung der Völker festschreibt. In Artikel 73 heißt es in Bezug auf die Kolonien:

Das Wohl der Einwohner [in den Kolonien] aufs Äußerste zu fördern; zu diesem Zweck verpflichten sie sich,

a) den politischen, wirtschaftlichen, sozialen und
5 erzieherischen Fortschritt, die gerechte Behandlung und den Schutz der Völker gegen Missbräuche unter gebührender Achtung vor ihrer Kultur zu gewährleisten;

b) die Selbstregierung zu entwickeln, die politi-
10 schen Bestrebungen dieser Völker gebührend zu berücksichtigen und sie bei der fortschreitenden Entwicklung ihrer freien politischen Einrichtungen zu unterstützen, und zwar je nach den besonderen Verhältnissen jedes Ho-
15 heitsgebietes [...].

Peter J. Opitz / Volker Rittberger (Hrsg.), Forum der Welt. 40 Jahre Vereinte Nationen, Bonn 1986, S. 329

1. *Beurteilen Sie die Zielsetzung der Erklärung. Was lässt sich in Bezug auf den Status der Kolonien feststellen?*

2. *Informieren Sie sich über die Entwicklung der Vereinten Nationen und recherchieren Sie, welche Rolle die UNO für die Unabhängigkeit der kolonialisierten Staaten spielte. Tragen Sie Ihre Ergebnisse vor.*

M2
Hunger und Abhängigkeit: Ist der Kolonialismus schuld?

Die amerikanischen Landwirtschaftsforscher Joseph Collins und Frances Moore Lappé äußern sich 1978 zu den Folgen der Kolonisation in der afrikanischen Sahelzone, wo in den 1970er- und 1980er-Jahren etwa eine Million Menschen an den Folgen von Dürre und Hungersnot starben:

Das sahelische Mali war einst als Brotkorb Afrikas bekannt. Man konnte immer damit rechnen, dass es Getreide verkaufen konnte, wenn die Nachbarn es brauchten. Vor der Kolonialzeit war es im Sahel Gewohnheit, bei den Bauern und in 5 Dörfern Getreidekammern zu bauen und dort Hirse für Mehl und in einigen Fällen auch für den Verbrauch von mehreren Jahren zu lagern, weil man genau wusste, dass Jahre mit geringen Ernten zu erwarten waren. [...] Was geschah mit 10 dem System, das über Jahrhunderte weg mit der periodischen Trockenheit fertig werden konnte? Welche Ursachen kann man feststellen? Erstens einmal – noch vor der französischen Eroberung Ende des 19. und zu Beginn des 20. 15 Jahrhunderts – waren diese Zivilisationen bereits durch zwei Jahrhunderte der Entvölkerung schwer untergraben worden, als Millionen der jüngsten und stärksten Menschen als Sklaven nach der Neuen Welt gebracht wurden. Dann ka- 20 men die Franzosen, und mit ihnen die Jahre blutiger Kämpfe. Nachdem die Franzosen das Sahel erobert hatte, entschieden sie, dass das nördliche Gebiet ideal für den Export von Baumwolle geeignet sei (zu einer Zeit, als die Engländer die 25 meisten anderen Rohstoffquellen für die Spinnereien beherrschten) sowie für Erdnüsse (die einen billigen Ersatz für Walnussöl bildeten). Die erzwungene Produktion von Exporterzeugnissen unter dem Kolonialismus untergrub die selbst- 30 versorgende Landwirtschaft [...]. Die Techniken des Kolonialismus und ihre verheerenden Auswirkungen auf das Land und seine Bewohner sind schwerlich Realitäten nur der Vergangenheit. Während die sahelischen Länder 35 1960 formell ihre Unabhängigkeit erreichten, haben die Nachfolgeregierungen in der Erzwingung von Exportproduktionen die Franzosen häufig

Das Ende des Kolonialzeitalters

noch übertroffen. [...] Höhere Steuern und fallende Exportpreise zwingen die Bauern, die Produktion von Exporterzeugnissen zu steigern. Seit den Kolonialzeiten bis einschließlich der letzten Trockenheiten konnte die Steigerung nur durch einen zerstörerischen Raubbau erreicht werden. [...] Der Daueranbau laugt schnell den Boden aus und zwingt zu einer immer größeren Ausweitung des Exportanbaus auf Kosten des Acker- und Weidelandes. Kunstdünger, der früher die Erträge von einigen Exporterzeugnissen [so] steigerte, dass die Ausweitung der Anbaufläche weniger dringlich war, ist jetzt so teuer, dass die Bauern noch mehr Land für die Exporterzeugnisse bepflanzen müssen. Da sie zudem weniger Getreide anbauen, können sie weniger gegen Milch bei den Nomadenhirten eintauschen. Wie man sich denken kann, ist das Ergebnis Hunger für die Bauern wie für die Hirten, der Hungertod für Tausende von Tieren – und eine „heranrückende Wüste". Neuere Studien bestätigen die Auswirkung des Anbaus für Export auf den Hunger. [...]

Wie erklären diejenigen, die der Trockenheit und dem Heranrücken der Wüste im Sahel-Gebiet die Schuld geben, die großen Mengen landwirtschaftlicher Erzeugnisse, die selbst während der schlimmsten Jahre der Trockenheit aus dem Gebiet exportiert wurden? Schiffe im Hafen von Dakar, die „Lebensmittelhilfen" brachten, fuhren mit Vorräten von Erdnüssen, Baumwolle, Gemüse und Fleisch wieder ab. Von den Agrarprodukten im Wert von Hunderten Millionen Dollar, die das Sahel-Gebiet während der Trockenheit exportierte, gingen über 60 % in Länder in Europa und Nordamerika und an den Rest der Eliten in anderen afrikanischen Ländern, besonders an die Elfenbeinküste in Nigeria. Die Vermarktungskontrolle – und die Profite – befinden sich immer noch zum großen Teil in Händen ausländischer – vor allem französischer – Gesellschaften. Viele Exporte aus dem Sahel-Gebiet stiegen während der Trockenheit tatsächlich an – einige kletterten sogar in Rekordhöhen.

Joseph Collins / Frances Moore Lappé, Vom Mythos des Hungers. Die Entlarvung einer Legende: Niemand muß hungern, Frankfurt am Main 1978, S. 124 ff.

Stellen Sie dar, wie Collins und Lappé die Zusammenhänge zwischen den Folgen des Kolonialismus, dem Fortbestehen von wirtschaftlichen Abhängigkeiten und den späteren Problemen der Sahelzone in Afrika beurteilen.

▶ Fotografie der Dürrekatastrophe in der afrikanischen Sahelzone 1973/74.

Das Ende des Kolonialzeitalters

M3
Teufelskreis der Armut

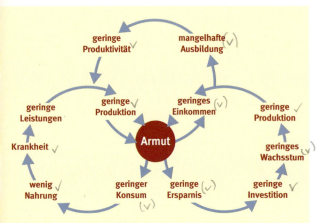

1. Beschreiben Sie die ablaufenden Prozesse in einem unterentwickelten Land.
2. Beschaffen Sie statistische Daten und Informationsmaterial zu einem (afrikanischen) „Entwicklungsland" ihrer Wahl. Vollziehen Sie anhand Ihrer Auswertungen in Arbeitsgruppen die Grafik nach.

M4
Fortdauer des Imperialismus in neuer Gestalt?

1974 hält der algerische Staatschef Houari Boumedienne als Fürsprecher der dekolonisierten Völker auf der 6. UNO-Sondergeneralversammlung über „Rohstoffe und Entwicklung" folgende Rede:

Darum müssen wir zuerst feststellen, dass gegenwärtig alle Schalthebel der Weltwirtschaft in den Händen einer Minderheit von hoch entwickelten Ländern sind. Diese Minderheit setzt aufgrund ihrer Machtvorstellung allein fest, wie – unter Berücksichtigung ihrer Bedürfnisse – die Rohstoffe aufgeteilt werden. Aus dieser Situation konnte sich, gewissermaßen als universelles Gesetz, eine Dynamik entwickeln, derzufolge die einen immer reicher und die anderen immer ärmer werden. Der Wille, die Rohstoffe der ganzen Welt in Besitz zu bekommen und zu behalten, bildete die Richtschnur für die imperialistischen Großmächte. Kolonialismus und Neo-Kolonialismus haben zwar im Verlauf der Geschichte verschiedene Formen angenommen, drehten sich im Grunde aber immer darum, dass die Stärkeren – zum Schaden der Schwächeren – den Besitz der Rohstoffquellen anstrebten. Tatsächlich hielten sich die kolonialistischen und imperialistischen Mächte immer dann erst an das Grundrecht der Völker auf Selbstbestimmung, wenn es ihnen gelungen war, Strukturen und Mechanismen einzuführen, mit denen das Ausbeutungssystem aus Zeiten der Kolonialherrschaft aufrechterhalten werden konnte.

Die hoch entwickelten Länder halten den Hauptanteil an Rohstoffmärkten in Händen, sie verfügen über das Quasi-Monopol der Fabrikation von Manufakturwaren und Ausrüstungsgütern ebenso wie über Kapital- und Dienstleistungsmonopole: Sie können darum ganz nach ihren Bedürfnissen die Preise für Rohstoffe festsetzen, die sie auf dem Weg der Entwicklungshilfe von den Ländern beziehen, wie auch die Preise für Güter und Dienstleistungen, die sie an jene liefern. Auf diese Weise können Sie zu ihrem Nutzen durch eine Vielzahl von Kanälen die Bodenschätze aus den Ländern der Dritten Welt herauspumpen. So sieht also das Fundament der bestehenden Wirtschaftsordnung aus. In den Augen der überwiegenden Mehrzahl der Menschen stellt sie sich als eine Ordnung dar, die ebenso ungerecht und veraltet ist wie die Kolonialordnung, aus der sie sich entwickelt hat und ihre Inhalte bezieht. Weil die Weltwirtschaftsordnung weiter besteht, sich konsolidiert und aufblüht [...] bildet sie das Haupthindernis für jede Aussicht auf Entwicklung und Fortschritt für alle Länder der Dritten Welt.

Volker Matthies, Neue Weltwirtschaftsordnung.
Hintergründe – Positionen – Argumente, Opladen 1980, S. 105

1. Benennen Sie die Argumente, mit denen Boumedienne die These eines Neo-Kolonialismus der westlichen Industriestaaten begründet.
2. Erörtern Sie, welche Forderungen sich aus der Rede Boumediennes ergeben und stellen Sie Überlegungen zu deren möglicher oder erfolgter Umsetzung an.

M5

Warum sind wir reich?
Warum sind die anderen arm?

Gerhard Drekonja-Kornat, Professor für außereuropä-
ische Geschichte an der Universität Wien, zieht 2002
Bilanz über Theorien zur Ungleichheit in der Welt:

Die Frage, warum wir in den reifen Industriestaaten reich sind, während eine ganze Reihe
von Gesellschaften in Afrika, Asien und Lateinamerika arm bleiben, kann jetzt nicht mehr mit
5 der These der imperialistischen Ausbeutung der
Dritten Welt bequem beantwortet werden. Stattdessen ist vielschichtig zu argumentieren. [...]
Warum also sind wir reich? Vom lieben Gott
kommt das „europäische Wunder" bestimmt nicht
10 [...]: Seit rund eintausend Jahren war die jüdisch-
christliche Denkweise, welche die westliche Zivilisation gebar, die treibende Kraft auf dem Kontinent, dank ihres geradlinigen Vorwärtsdenkens
[...], dem technische, institutionelle und geistige
15 Errungenschaften entsprangen. [...] Unterm Strich:
Geografie ist nützlich; Ressourcen helfen; jedoch
entscheidend ins Gewicht fällt die Kulturökono-
mie einer Gesellschaft, die erzieht, ausbildet,
Freiräume für Kritik gewährt, ein Minimum an
20 Gleichheit garantiert und Bürokratie und Korruption unter Kontrolle hält. [...] Zwischen 20 000
und 30 000 Dollar beträgt heute das Pro-Kopf-
Einkommen in den reichen Industriestaaten,
während die erfolgsarmen Teilstücke der Dritten
25 Welt bei 4000 und weniger dahindümpeln. Drit-
te-Welt-Staaten blieben arm, weil sie (Hypothek
des Kolonialismus) Nachzügler waren, Bürgerkriege ausfochten, Caudillos[1] und Diktatoren aus-
geliefert blieben, der Korruption nie Herr wurden,
30 kein unternehmerisches Bürgertum entwickelten, bei Ausbildung versagten, Gleichheit verga-
ßen, keine autonome Wissenskultur aufbauten.
Daher konnten auch vier Dekaden mit Entwicklungshilfe nichts ausrichten, weil gute Gaben
35 keine effiziente Modernität herbeizaubern können. Erst die Eigenanstrengung bringt qualitati-
ve Sprünge. Solche Einsichten stechen besonders
ins Auge, wenn man bedenkt, dass einige starke
Leistungen in der Dritten Welt nicht etwa mit

Entwicklungshilfe, sondern ohne sie oder gar ge- 40
gen den Widerstand aus den Metropolen gelangen, nämlich bei Raketentechnologie oder Atom-
rüstung, wie die Beispiele des Irak, Argentiniens
und Brasiliens und neuerdings auch von Indien
und Pakistan bezeugen: In diesen verbotenen 45
Bereichen wurden Kräfte konzentriert, Wissen
gebündelt, vorwärtsschauend gehandelt – und
plötzlich sind Hochleistungen auch in der Dritten Welt möglich! [...] Nach fünfhundert Jahren
Modernitätsschöpfung, die auf Kosten der Peri- 50
pherie geht, gibt es massiven Hass. Und erstmals
Gegenschläge aus dem fundamentalistischen Islam. [...] Jetzt wird die Entscheidung fällig: Entweder wir „Westler" wehren uns entschieden,
igeln uns ein [...]; oder wir bemühen uns ernst- 55
haft um European values und versuchen, im Rahmen ernsthafter postkolonialer Politik die besten
Elemente unseres Erbes – Freiheit, Gleichheit,
Brüderlichkeit – allen zugänglich zu machen.
Angesichts des grimmigen Hasses auf unsere sä- 60
kulare Modernität mag es für die zweite Möglichkeit allerdings schon zu spät sein [...].

Blätter für deutsche und internationale Politik, Heft 1,
47. Jg. (2002), S. 85 ff.

1. *Vergleichen Sie Drekonja-Kornats Argumenta-*
   tion mit M2 und M4 und nehmen Sie Stellung
   zu den jeweiligen Standpunkten.
2. *Auf dem G8-Gipfel vom Juni 2002 in Kanada*
   wurde von den Regierungschefs der größten
   Industriestaaten ein „Aktionsplan für Afrika"
   verabschiedet, der eine Ausweitung der Ent-
   wicklungshilfe und den Ausbau rechtsstaat-
   licher Strukturen in den afrikanischen Staaten
   vorsieht. Afrikanische und Nicht-Regierungs-
   Organisationen kritisieren diesen Plan als
   „karitativen Symbolismus". Informieren Sie
   sich über Einzelheiten dieses Plans und bewer-
   ten Sie die Maßnahmen vor dem Hintergrund
   von Drekonja-Kornats Ausführungen.
3. *Diskutieren Sie, welche politischen und ökono-*
   mischen Konsequenzen für eine Entwicklungs-
   politik aus M 5 abgeleitet werden können.
4. *Untersuchen Sie, ob eine solche Entwicklungs-*
   politik geeignet ist, den in M3 dargestellten
   „Teufelskreis der Armut" zu durchbrechen.

---
[1] *spanischer Begriff für „Führer", oft gleichgesetzt mit „Diktator"*

Das Ende des Kolonialzeitalters

M6
Was hat der Kolonialismus gebracht?

Der Historiker Wolfgang Reinhard gibt 1996 ein Resümee des Kolonialismus:

Ökonomisch bedeutete Kolonialismus zunächst einmal Ausbreitung europäischer und dann auch von Europa vermittelter amerikanischer Kulturpflanzen über die ganze Erde, wobei Erdräume,
5 die bislang nur extensiv von Jägern und Nomaden genutzt wurden, intensiver landwirtschaftlicher Nutzung durch sesshafte Bewohner zugeführt werden konnten. Was für Europa die Kartoffel, sind Mais und Maniok für Afrika, Mais
10 und Süßkartoffel für China usf. Eine Steigerung der Nahrungsmittelproduktion für die Menschheit war die Folge. Dazu kam zweitens die Ausbeutung der Bodenschätze vom Silber Spanisch-Amerikas über Gold, Diamanten und Erze
15 Afrikas zum heute wichtigsten Primärprodukt, dem Erdöl. Dritte Säule der Kolonialwirtschaft war die Erzeugung hochwertiger tropischer Agrarprodukte wie Zucker, Kaffee, Tee auf kapitalintensiven Großbetrieben. Solche Innovationen
20 gingen häufig mit brutaler Ausbeutung nicht-europäischer Arbeitskraft einher [...]. Für alle Bereiche wurde diese Einbindung in den von Europa und Nordamerika beherrschten Weltmarkt zur entscheidenden Tatsache. Da die Kolonialherren
25 es meistens unterlassen haben, in ihren Kolonien Industrie zu entwickeln, ist eine einseitige Abhängigkeit der Rohstoffproduzenten vom Weltmarkt entstanden, die nur für das strategische Erdöl zeitweise ins Gegenteil verkehrt werden
30 konnte.
Man sollte freilich strukturelle Fehlentwicklungen und Abhängigkeit nicht [...] als irreversible[1] Unterentwicklung interpretieren. Die Kolonisierten waren alles andere als hilflose Opfer des Ko-
35 lonialismus, sondern wussten sich die gegebenen Verhältnisse häufig sehr geschickt und erfolgreich zunutze zu machen. Die wirtschaftlichen Erfolge Koreas und Taiwans in nachkolonialer Zeit werden nicht zuletzt auf Unternehmer zu-
40 rückgeführt, die sich bereits unter japanischer Kolonialherrschaft erfolgreich in wirtschaftlichen

---
[1] nicht umkehrbare

Nischen etabliert hatten. Außerdem beweisen gerade die wirtschaftspolitischen Fehlentscheidungen der nachkolonialen Staaten, dass ihnen bei aller strukturellen Abhängigkeit doch ein be- 45 achtlicher Operationsspielraum geblieben ist.
Der moderne Staat westlichen Zuschnitts mit seiner Gesetzgebung, Verwaltung und Justiz, seinem Militär und seinem Bildungswesen ist die ausschlaggebende Hinterlassenschaft des Kolo- 50 nialismus auf dem Felde der Politik. Dass sich seine demokratische Variante in der nachkolonialen Welt nicht besonders bewährt hat, sollte man schon deswegen nicht überbewerten, weil schließlich der Staat in Europa selbst die längste 55 Zeit keinen besonders demokratischen Charakter hatte. Wichtiger ist zu beachten, dass die nachkolonialen Staaten selten an vorkoloniale Gemeinwesen anknüpfen können, sondern allzu häufig die Erben der kolonialen Herrschaftsfor- 60 men und Grenzen sind. [...]
Damit sind wir bei der meines Erachtens ausschlaggebenden, der soziokulturellen Hinterlassenschaft des Kolonialismus. Er hat überall ganz neue gesellschaftliche Gruppen westlichen Zu- 65 schnitts hervorgebracht: Arbeiter und Unternehmer, Lehrer und Freiberufler, Beamte und Berufssoldaten sowie als deren gemeinsames Milieu die moderne Großstadt und ein Verkehrs- und Kommunikationswesen westlichen Zuschnitts. 70 Dazu kommen neue Rollen für die Frauen, nicht selten mit Emanzipation von den bisherigen Verhältnissen verbunden. Das alles beruht auf westlicher Naturwissenschaft und Technik, Medizin und Ökonomie sowie auf Ideen und Ideologien 75 wie Rationalismus und Individualismus, Rechtsstaatsprinzip und Menschenrechten, Christentum und Sozialismus, die mehr oder weniger westlicher Herkunft, inzwischen aber Allgemeingut der Menschheit geworden sind, die oh- 80 ne sie nicht mehr auskommen kann. Insofern ist es wenig sinnvoll, historisch nachzuweisen, dass diese oder jene Errungenschaft irgendwo schon vorhanden war, bevor sie von den Europäern gebracht wurde [...]. Wichtiger ist, dass die Ande- 85 ren sich nach dem Ende des Kolonialismus alle diese Dinge längst vollständig angeeignet haben, sodass die Rede von der „Europäisierung der Erde" als Inbegriff der Hinterlassenschaft des Ko-

lonialismus zwar richtig ist, aber nur noch im
historischen Sinne. Man kann von der „Europäisierung der Erde" nur noch sprechen wie von
der „Romanisierung" Frankreichs, womit ja auch
nicht unterstellt wird, dass es heute in Frankreich
noch etwas „Römisches" gäbe außer Ruinen.

Wolfgang Reinhard, Kleine Geschichte des Kolonialismus,
Stuttgart 1996, S. 342 ff.

1. *Stellen Sie heraus, auf welche Bereiche sich der*
Kolonialismus in welcher Form ausgewirkt hat.
2. *Sammeln Sie Argumente, die für oder gegen*
die These von der Europäisierung der Erde
sprechen. Fassen Sie die Ergebnisse der
Diskussion in einem Protokoll zusammen.

M7
Vom Imperialismus zur „Einen Welt" – Versuch einer Gesamtschau

Der Historiker Herbert Lüthy urteilt 1961 über den
Zusammenhang von Imperialismus und der Entste-
hung der „Einen Welt":

Die Kolonisierung der Welt durch Europa ebenso wie all die Teilkolonisierungen, die ihr voran-
gingen, war weder eine Kette von Verbrechen
noch eine Kette von Wohltaten: Sie war die qual-
volle Geburt der modernen Welt. Keines der ehemaligen Kolonialvölker erinnert sich ihrer mit
Dankbarkeit, denn sie war eine Fremdherrschaft;
aber keines von ihnen möchte die Uhr zurück-
stellen, und das ist ihre historische Rechtfertigung. „Kolonialismus" kann abgeschafft, ver-
urteilt und gerächt werden. Aber wenn man
versucht, die Kolonisation aus der Geschichte zu
streichen, wird man entdecken, dass sie nicht ein
Kapitel, sondern das ganze Buch ist: die verwor-
rene und gewaltsame Genesis einer Welt, die
zum ersten Mal erfährt, dass sie eine Welt ist, deren Gesichtskreis nicht mehr am sichtbaren Hori-
zont endet.
[...] Die Geschichte der „europäischen Ära" ist
nicht einfach europäische Geschichte und auch
nicht die Geschichte der europäischen Hegemo-

nien. Sie ist jetzt Teil der Geschichte aller Länder
der Welt. Die Vereinigten Staaten so gut wie Brasilien oder Nicaragua, Indien so gut wie Ghana,
Nigeria oder der Kongo können nicht einmal ihre eigene Geschichte als nationale Einheiten beschreiben ohne sie auf einen kolonialen Grün-
dungsakt zurückzuführen. Die beiden großen
Ausnahmen – wenn wir Russland als das betrachten, was es ist, als eine der großen koloni-
sierenden europäischen Nationen – sind die fern-
östlichen Imperien, die nie eine europäische
Herrschaft erlebt haben. Das eine, Japan, ist das
hervorragende Beispiel einer erfolgreichen Ant-
wort auf die Herausforderung der aggressiven
westlichen Zivilisation und einer revolutionären
Integration ihrer assimilierbaren Elemente in das
System eines stark organisieren Staates. Das andere, China, ist das erschütternde Beispiel dafür,
was mit einem großen Land geschah, das gewaltsam aus seiner Isolierung herausgerissen,
aber nicht kolonisiert wurde, dessen alte Ordnung durch den erzwungenen Kontakt mit dem
Westen zerbrach, für das aber niemand die Ver-
antwortung übernahm [...]. Viele Kapitel dieses
gewaltigen historischen Prozesses müssen noch
geschrieben werden. Aber meiner Auffassung
nach können sie nur angemessen geschrieben
werden, wenn man sie als Teil der Entstehungs-
geschichte der modernen Menschheit im letzten
halben Jahrtausend betrachtet.

Herbert Lüthy, Kolonialismus und die Einheit der Geschichte,
in: Hans-Ulrich Wehler (Hrsg.), Imperialismus, Königstein/Ts.
³1979, S. 42–55, hier S. 53 f.

1. *Stellen Sie heraus, mit welchen Argumenten*
Lüthy den Kolonialismus in die Geschichte der
Menschheit einordnet. Was verbindet er mit
der „Einen Welt"?
2. *Diskutieren Sie folgende These: Angenommen,*
es hätte Kolonialismus und Imperialismus
nicht gegeben – wie könnte die Welt heute
aussehen? Sammeln Sie Ideen und begründen
Sie diese.

Das Ende des Kolonialzeitalters

Die Kolonialreiche bis 1914 – eine ökonomische Bilanz

Mehr als zwei Jahrzehnte hatte der Wettlauf um Kolonien und Einflusszonen die internationale Politik bestimmt – ein Rivalitätskampf, der mit dem Ersten Weltkrieg sein Ende fand. Ob sich rückblickend die politischen und finanziellen Aufwände für die Kolonialmächte gelohnt haben, kann sicherlich nicht mit einer einfachen Kosten-Nutzen-Rechnung beantwortet werden, da auch Faktoren wie Machtpolitik und Prestigedenken eine große Rolle spielten. Mit Sicherheit lässt sich jedoch sagen, dass die gesamtwirtschaftliche Bilanz der Kolonien vor dem Ersten Weltkrieg eher negativ ausfiel. Abgesehen von wenigen bedeutenden Ausnahmen wie Britisch-Indien oder den niederländisch-ostindischen Inseln blieben die Kolonien für die europäischen Staaten vor dem Ersten Weltkrieg ein Verlustgeschäft. Weder die Industrialisierung noch das rapide Wachstum des Welthandels vor 1914 setzte Kolonialbesitz voraus, wenngleich sich dieser sicherlich begünstigend auf die Entwicklung ausgewirkt hat. Mehr als zwei Drittel des Welthandels konzentrierte sich bis 1914 auf die großen Industrienationen untereinander. Der größte Teil des restlichen Drittels verteilte sich auf Regionen, in denen die Industrialisierung bereits begonnen hatte. Hierzu gehörten die lateinamerikanischen Staaten sowie die britischen Dominions Kanada, Australien und Neuseeland.

Vor allem die afrikanischen Kolonien stellten in den ersten Jahrzehnten nach der Besitznahme volkswirtschaftlich eine Enttäuschung dar und blieben zumeist Zuschussunternehmen, die aus europäischen Steuergeldern finanziert wurden. Die europäischen Staaten mussten zunächst umfangreiche Infrastrukturmaßnahmen wie den Bau von Straßen, Häfen, Brücken oder Eisenbahnen finanzieren, weil privates Kapital hierfür nicht zu gewinnen war. Auch die „Befriedung" der Kolonien, wie etwa die militärische Besetzung und die Niederschlagung von Aufständen, verschlang enorme Geldsummen. Dies schloss nicht aus, dass demgegenüber einzelne große Firmen oder Interessengruppen große Gewinne aus den Kolonien zogen. Kritiker des Imperialismus sprachen deshalb von einer Privatisierung der Gewinne und einer Sozialisierung der Verluste.

Die Kolonien im Ersten Weltkrieg und in der Zwischenkriegszeit

Mit dem Ersten Weltkrieg war zwar das Zeitalter des Imperialismus zu einem Ende gekommen – die Kolonialreiche bestanden jedoch weiter und erreichten sogar in der Zwischenkriegszeit ihre größte Ausdehnung. Während des Ersten Weltkrieges hatten sich die Kriegsziele sowohl bei den Mittelmächten als auch den Entente-Staaten mit der Hoffnung auf weitere Annexionen in Übersee verbunden. Vor allem das Deutsche Reich strebte nach einer Ausdehnung seines Kolonialbesitzes. Im Mittelpunkt der imperialen Vorstellungen stand dabei ein geschlossenes Territorium in Mittelafrika, das Britisch-Indien an Bedeutung gleichkommen sollte. Der Kriegsverlauf in Übersee verlief allerdings wenig erfolgreich: Mit der Ausnahme kleiner Teile Ostafrikas wurden alle deutschen Kolonien von den Engländern erobert. Der Versailler Friedensvertrag von 1919 besiegelte schließlich die vollständige Abtretung der deutschen Besitzungen. Auf den *Pariser Friedenskonferenzen* wurden die deutschen Kolonien wie auch die nichttürkischen Teile des ehemaligen Osmanischen Reiches nicht in die Selbstständigkeit entlassen, sondern als *Mandatsgebiete* des 1919 gegründeten Völkerbundes unter den alliierten Siegermächten aufgeteilt. Der Völkerbund begründete die „Vormundschaft" über die betreffenden Gebiete

Das Ende des Kolonialzeitalters

damit, dass diese noch nicht zur Selbstregierung imstande seien und deshalb vor einer späteren Unabhängigkeit vorerst den „fortgeschrittenen Nationen" unterstellt werden müssten.

In der Zwischenkriegszeit blieben deshalb nicht nur in den Kolonialreichen, sondern auch in den Mandatsgebieten die kolonialen Herrschaftsstrukturen bestehen, zumal sich die britische indirekte Herrschaft wie auch die französische Assimilationspolitik sehr gut mit der auf spätere Selbstregierung zielenden Idee der Treuhandschaft rechtfertigen ließ. Durch die Lasten des Ersten Weltkrieges und später vor allem durch die *Weltwirtschaftskrise*[1] geschwächt, wurden die Kolonien für die europäischen Mutterländer wichtiger als zuvor und intensiv als Absatzmärkte und Rohstofflieferanten genutzt. Einerseits begannen in der Zwischenkriegszeit einige Kolonien erstmals profitabel zu werden; andererseits trat vielerorts aber auch eine Veränderung der Abhängigkeitsverhältnisse ein: Im Ersten Weltkrieg hatten die Mächte ihre Industrien vollständig auf

▲ *Fotografie von Senegalschützen 1916 beim Marsch nach Verdun.*
Mehrere Millionen kolonialer Untertanen wurden für den Krieg als Soldaten oder Arbeitskräfte mobilisiert. Unter den britischen und französischen Truppen befanden sich jeweils allein eine Million Inder und Schwarzafrikaner. Bei den afrikanischen Soldaten der französischen Kolonien waren die Verluste besonders hoch, da sie häufig in gefährlichen Frontabschnitten eingesetzt wurden.

die Kriegsproduktion umgestellt und kaum noch Waren für den Export produziert. Da sich die Importe aus Europa und den USA deutlich verminderten, reduzierten sich auch die ökonomischen Abhängigkeiten. Einigen lateinamerikanischen Ländern gelang es, eigene Industrieunternehmen aufzubauen, Informal Empire lösten sich auf bzw. wurden in Teilen von den USA übernommen. Auch in China wurde der ökonomische Einfluss der Europäer zurückgedrängt, jedoch nach dem Ersten Weltkrieg von den Japanern abgelöst.

Vor allem aber hatte der Erste Weltkrieg wie ein Katalysator auf Unabhängigkeitsbewegungen in den afrikanischen und asiatischen Kolonien gewirkt. Allerorts begann sich ein einheimischer Nationalismus zu entwickeln, der sich gegen die Kolonialherrschaft richtete und den Zusammenhalt der Kolonialreiche auf Dauer zu sprengen drohte. Darüber hinaus forderten einige Kolonien nun eine Gegenleistung für ihren Kriegseinsatz, die sie sich in Form der Unabhängigkeit versprachen. Der von US-Präsident Woodrow Wilson vertretene Grundsatz der Selbstverantwortung und -bestimmung aller Völker sowie die Ziele des Völkerbundes lieferten ihnen dafür die programmatische Grundlage.

---

[1] *Die Weltwirtschaftskrise wurde durch den New Yorker Börsenkrach am 24. Oktober 1929 ausgelöst. Sie war die Folge der ungelösten ökonomischen Probleme des Ersten Weltkrieges, die im Zusammenspiel mit einem auf Krediten basierenden Spekulationsfieber sowie einer Überproduktionskrise das gesamte amerikanische Finanz- und Wirtschaftssystem zusammenbrechen ließ. Um zahlungsfähig zu bleiben, zogen die US-amerikanischen Banken ihre Kredite aus Europa zurück. Gleichzeitig erhöhten die Industriestaaten zum Schutz der eigenen Wirtschaft ihre Einfuhrzölle, was zu einem radikalen Einbruch des Welthandels führte. Produktionsrückgänge, Firmenzusammenbrüche, Bankenschließungen und massive Arbeitslosigkeit waren die Folge.*

◀ *Mohandas Karamchand Gandhi (1869–1948), dem das indische Volk den Ehrentitel „Mahatma" („große Seele") verliehen hatte, gilt als bedeutendste Gestalt der politischen Geschichte Indiens. Im Frühjahr 1930 erreichte die indische Unabhängigkeitsbewegung mit dem von ihm initiierten „Salzmarsch" einen Höhepunkt: Als Zeichen der Auflehnung gegen das britische Salzgewinnungsmonopol wanderte Gandhi zusammen mit seinen Anhängern an die Küste, um dort Salz aus dem Meer zu gewinnen. In ganz Indien folgte man seinem Beispiel.*

• *Informieren Sie sich über das Leben und politische Wirken Mahatma Gandhis und verfassen Sie dazu ein Referat.*

In Indien hatten sich bereits im 19. Jahrhundert Widerstandsbewegungen gegen die britische Herrschaft gebildet, die jedoch vor allem an den sozialen und religiösen Gegensätzen in der Bevölkerung gescheitert waren. Nach dem Ersten Weltkrieg wurde der indische Freiheitskampf unter der Führung *Mahatma Gandhis* mithilfe des passiven Widerstands fortgesetzt. Gandhis gewaltfreie Maßnahmen des „zivilen Ungehorsams", die etwa in großen Boykottbewegungen gegen die britischen Waren, die britische Rechtsprechung oder die Bildungseinrichtungen bestanden, mobilisierten das gesamte Land und bereiteten in Verbindung mit parlamentarischen Mitteln die lang ersehnte Unabhängigkeit vor.

Der Weg in die Unabhängigkeit: die Entkolonialisierung

Zwar hatten bereits in den 1930er-Jahren einige Länder im arabischen Raum, so der Irak (1930), Ägypten (1922/36) und Saudi-Arabien (1932), ihre Unabhängigkeit erhalten, das Zeitalter der *Entkolonialisierung*, auch Dekolonisation genannt, setzte jedoch erst nach dem Ende des Zweiten Weltkrieges ein und mündete in der Gründung einer Vielzahl von neuen Staaten. Bereits im Jahre 1965 hatte sich ein Großteil der Kolonialreiche aufgelöst.

Diesem Prozess, der sich keinesfalls immer friedlich, jedoch gemessen an der Dauer der Kolonialreiche in einem atemberaubenden Tempo vollzog, lagen zwei entscheidende Triebkräfte zugrunde: Einerseits wuchs der Druck der Nationalbewegungen und die Forderungen nach Selbstregierung in den Kolonien immer stärker an. Andererseits hatten die Kolonialmächte durch die Vorgänge im Zweiten Weltkrieg nicht nur einen erheblichen Macht- und Prestigeverlust erlitten, sondern mussten auch den zunehmenden moralischen Bedenken in der eigenen Bevölkerung Rechnung tragen, für die eine Fortsetzung der Kolonialherrschaft nun zunehmend unvereinbar mit den eigenen humanitären, liberalen und demokratischen Grundsätzen erschien. Hinzu kam die fehlende Bereitschaft und Fähigkeit, die für die Unterdrückung des kolonialen Widerstands erforderlichen Kosten aufzubringen.

Unterstützung fanden die Unabhängigkeitsbewegungen bei den 1945 gegründeten *Vereinten Nationen (UNO)*. In Nachfolge des gescheiterten Völkerbundes[1] errichteten

---

[1] vgl. S. 93

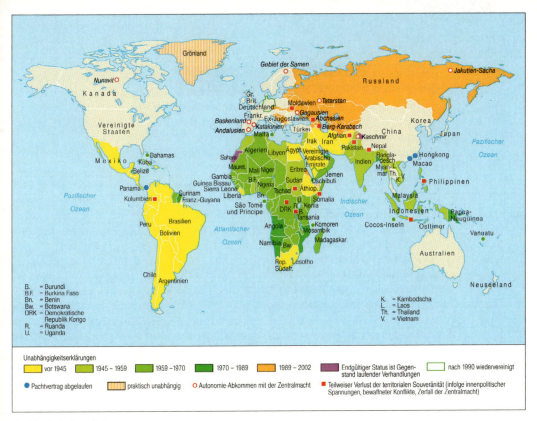

▲ Die Entkolonialisierung.

sie für die Verwaltung der Mandatsgebiete ein *Treuhandsystem* und setzten sich unter Berufung auf das Selbstbestimmungsrecht der Völker für die Interessen der Kolonien ein (▶ M1). Begünstigend wirkte sich nach Kriegsende auch die betont antikoloniale Haltung der USA und der Sowjetunion aus. So stellten diese sich dem Versuch der Niederlande, ihr Kolonialreich in Indonesien wiederzuerrichten, wie auch der Besetzung der Kanalzone in Ägypten 1956 durch Großbritannien und Frankreich (*Suezkrise*) mit massivem Druck entgegen. Zugleich dienten die weltweiten Eingriffe der Großmächte, die oft erst zur Entstehung oder Verschärfung von Konflikten führten, vor dem Hintergrund des *Ost-West-Konfliktes* nicht zuletzt dazu, den eigenen Einflussbereich auszuweiten.

Der Entkolonialisierungsprozess ging von Asien aus, wo in den Jahren 1947/48 zunächst Indien, Pakistan und Ceylon, 1949 auch Indonesien und 1954 Indochina ihre Selbstständigkeit erhielten. In einer zweiten Phase folgten seit den 1950er-Jahren die afrikanischen Kolonialgebiete. Dort, wo die Kolonialmächte nicht freiwillig das Feld räumten, waren wie in den französischen Kolonien Indochina (1946–1954) und Algerien (1954–1962) lange Befreiungskriege die Konsequenz, deren mittel- und langfristige Folgen eine schwere Erblast für die neuen Staaten darstellten.

Von einigen Ausnahmen abgesehen war die Dekolonisation in der Mitte der 1970er-Jahre abgeschlossen, als die Portugiesen ihre letzten großen afrikanischen Kolonien Angola und Mozambique aufgaben. Das Ende der Sowjetunion 1991, mit dem das riesige über Jahrhunderte gewachsene russische Landimperium zerfiel, kann freilich als letzte große Dekolonisationswelle gelten. Heute gibt es noch vereinzelte in der Welt verstreute Überreste der alten Kolonialreiche, die als Militärbasen, Finanzplätze oder Steuerparadiese genutzt werden und wo etwa 10 Millionen Menschen leben.

Das Ende des Kolonialzeitalters

Von der Kolonie zum „Entwicklungsland"?

Für die meisten ehemaligen afrikanischen Kolonien erfüllte sich mit der politischen Unabhängigkeit die Hoffnung auf wirtschaftlichen Wohlstand, Demokratie und Einhaltung der Menschenrechte nicht. Vielen der selbstständig gewordenen Länder gelang es bis heute nicht, den Entwicklungsrückstand gegenüber den fortschrittlicheren Industrienationen aufzuholen; sie gelten als *Entwicklungsländer*.

Angesichts ihrer wirtschaftlichen und sozialen Probleme, der offenkundigen Diskrepanz zu den westlichen Industriestaaten sowie dem wachsenden Einfluss des Ost-West-Konfliktes schlossen sich viele der in die Unabhängigkeit entlassenen Länder zusammen, um ihre Position zu stärken und ihren Forderungen mehr Nachdruck zu verleihen. 1955 wurde auf der *Konferenz von Bandung* (Indonesien) von 29 unabhängigen afrikanischen und asiatischen Staaten die Gruppe der *Blockfreien* gegründet. Dieser „dritte Weg" zwischen den Blöcken gab den Blockfreien bald den Namen *Dritte Welt*, der später allgemein zur Abgrenzung der Entwicklungsländer gegenüber der „Ersten Welt", den Industrienationen, und der „Zweiten Welt", den sozialistischen Ländern, benutzt wurde.[1]

Letztlich ist die Kluft zwischen dem reichen, industrialisierten „Norden" und dem armen „Süden" (*Nord-Süd-Konflikt*) eine Hinterlassenschaft der Kolonialzeit. Die Kolonialmächte hatten häufig den Aufbau eigenständiger Industrien verhindert bzw. hinausgeschoben, die heimischen Branchen bewusst zerstört, um den konkurrenzlosen Absatz ihrer Produkte zu gewährleisten und überlieferte Anbaumethoden durch Monokulturen (z.B. Kaffee, Kakao) ersetzt. Die damit einseitig auf den Export in die Mutterländer ausgerichtete Wirtschaft ließ die Kolonien auf den Status abhängiger Rohstofflieferanten absinken, den sie häufig auch nach ihrer Unabhängigkeit beibehielten (▸ M2).

Den neuen Staaten blieb in der Regel keine andere Möglichkeit, als mit ausländischen Krediten ihre wirtschaftliche Entwicklung in Gang zu bringen. Mit den Schulden entstanden jedoch neue Abhängigkeiten, die durch den internationalen Wettbewerb noch verstärkt wurden: Während die Preise für die Exportgüter der Entwicklungsländer aufgrund des Überangebotes auf dem Weltmarkt immer weniger Erlöse brachten, stiegen die Kosten für die Kredite und die Importe aus den Industriestaaten (Waffen, Maschinen, Medikamente, Dünger). Kriege, Dürren und Seuchen sowie die wachsende Zahl der Flüchtlinge und Vertriebenen ließen Staatseinnahmen und Wirtschaftswachstum weiter zurückgehen. Einige Staaten der Dritten Welt sind in einen Teufelskreis der Armut geraten, aus dem kein Entrinnen möglich scheint (▸ M3). Heute leben fast vier Milliarden Menschen und damit mehr als drei Viertel der Weltbevölkerung in Ländern, die nur ein Fünftel der Weltwirtschaftsleistung erbringen.

Vonseiten der Entwicklungsländer werden neben der kolonialen Vergangenheit vor allem die ungleichen ökonomischen und politischen Machtverhältnisse innerhalb des bestehenden Weltwirtschaftssystems als eigentliche Ursache ihres unzureichenden Lebensstandards angeführt. An die Stelle der direkten Herrschaft wäre ein an den wirtschaftlichen Bedürfnissen der Industriestaaten ausgerichtetes indirektes Herrschaftssystem in Form eines *Neokolonialismus* getreten, das ein effektives Funktionieren ihrer Volkswirtschaften verhindere. Daraus ergab sich die gemeinsam vorgetragene Forderung nach einer *Neuen Weltwirtschaftsordnung (NWWO)*, die 1974 von der UNO als ein Ziel internationaler Zusammenarbeit festgeschrieben wurde (▸ M4).

---

[1] *Nach dem Zerfall des Kommunismus und dem Ende des Kalten Krieges ist der Begriff eigentlich nicht mehr verwendbar, er wird jedoch trotzdem bis heute zur Kennzeichnung von Entwicklungsländern benutzt.*

▲ Zaire 1994, Foto von Sebastião Salgado. Ruandische Flüchtlinge warten in einem Flüchtlingslager stundenlang auf die Wasserausgabe an einem Tanklastwagen.
1994 wurden in Ruanda nach UN-Schätzungen fast eine Million Menschen, vor allem Tutsi, von extremistischen Hutu ermordet. Um den Demokratisierungsprozess und eine Machtübernahme der Exil-Tutsi zu verhindern, riefen die radikalen Führer der Hutu-Mehrheit öffentlich zur Vernichtung der Tutsi-Minderheit auf. Hunderttausende flüchteten innerhalb des Landes oder in die Nachbarländer. Erst durch den militärischen Sieg der Exil-Tutsi nahm der Völkermord (Genozid) ein Ende.

Die seit den 1970er-Jahren diskutierte Neuorientierung der internationalen Wirtschafts- und Entwicklungspolitik hat in den Industrienationen dazu geführt, weniger die lang zurückliegende koloniale Vergangenheit als vielmehr die aktuellen Verhältnisse in den Entwicklungsländern in den Blick zu nehmen (♦ M5). Grenzkriege und ethnische Konflikte zwischen rivalisierenden Volksgruppen, aber ebenso Fehlinvestitionen sowie Missbräuche bei der Verwendung von Krediten, korrupte Staatsverwaltungen, Diktaturen und Militärregime, die ihr eigenes Volk rücksichtslos ausplündern, zerstören jede Aussicht auf wirtschaftlichen Wohlstand. Die USA und die ehemaligen britischen Dominions sowie auch einige asiatische und afrikanische Länder wie Südkorea, Taiwan, Hongkong, Südafrika oder Kenia dienen hingegen als Belege dafür, dass eine erfolgreiche Dekolonisation möglich ist. Einigen Staaten gelang es, den Anschluss an den industrialisierten Westen aus eigener Kraft zu finden, andere wiederum scheiterten aufgrund der eigenen wirtschaftlichen oder politischen Fehlentwicklungen.

Das Ende des Kolonialzeitalters

Das Werden der „Einen Welt": globale Folgen des Imperialismus

Die globalen Folgen von Kolonialismus und Imperialismus sind seit Jahren Gegenstand historischer und politischer Kontroversen, wobei die verschiedenen Standpunkte nicht immer wertfrei vertreten werden. Zahlreiche Aspekte des Zeitalters des Imperialismus – ob gut oder schlecht – wirken bis heute nach und können nicht mehr rückgängig gemacht werden (▶ M6).

Am deutlichsten sind wohl die kulturellen Folgen des Imperialismus sichtbar. Dabei wird die spätestens im 19. Jahrhundert einsetzende „Verwestlichung" der Welt heute – je nach Standpunkt – sowohl begrüßt, als auch bedauert. Kritiker verstehen darunter die Vereinheitlichung aller kulturellen Werte unter der Vorherrschaft des Englischen und einer amerikanischen Massenkultur, verkörpert durch Coca Cola und McDonald's, auf Kosten traditioneller Vielfalt und Identität. Befürworter wiederum betonen die universelle Bedeutung der „westlichen Werte": Auch wenn sich der Westen oft selbst nicht an seine eigenen moralischen und ideologischen Vorstellungen gehalten hat und gerade die imperialistische Herrschaft als das herausragendste Beispiel gelten kann, so gilt die Abschaffung von Folter, Sklaverei und Menschenhandel sowie die Durchsetzung von Demokratie und Menschenrechten doch als universelles Anliegen, das die gesamte Menschheit betrifft. Bei allen Nachteilen, die der Imperialismus in den ehemaligen Kolonien hinterlassen hat, müssen in einer Aufrechnung nicht zuletzt auch jene Aspekte Berücksichtigung finden, die erst den Weg weiter Teile der Welt in die Moderne möglich machten. Durch den Aufbau von Infrastrukturen, die verkehrstechnische Erschließung durch Eisenbahn-, Kanal- oder Hafenbauten sowie die Einbeziehung der Länder in die Weltwirtschaft drangen die Errungenschaften der Industriellen Revolution in nahezu jeden Winkel der Welt vor.

Zusammenfassend lässt sich in jedem Fall feststellen, dass das Zeitalter des Imperialismus als eine Etappe des fortschreitenden Globalisierungsprozesses und wichtiger Teil der Geschichte der heutigen „Einen Welt" anzusehen ist (▶ M7). Damit verändert sich auch der Blick auf die Probleme der Dritten Welt. Dieser ist heute weniger auf die Frage nach den Ursachen und Schuldigen, als vielmehr auf die Lösung dieser Aufgabe gerichtet. In Zeiten der Globalisierung, in der ökonomische und politische Entwicklungen in einem Teil der Welt zunehmend Einfluss auf Politik und Wirtschaft der anderen nimmt und regionale Probleme zu globalen Problemen werden lässt, sieht sich eine gemeinsame „Weltordnungspolitik" (*Global Governance*) vor neue Herausforderungen gestellt.

◀ *US-amerikanische Reklame an einer Bushaltestelle in Ho-Chi-Minh-Stadt in Vietnam, Foto von Philip Jones Griffiths, 2002.*

Das Ende des Kolonialzeitalters

Grundbegriff: Globalisierung ⋯⟶ Der Begriff „Globalisierung" ist seit den 1990er-Jahren populär geworden. Er charakterisiert die rapiden wirtschaftlichen Wandlungsprozesse, die seit dem Ende des Ost-West-Konfliktes die Welt prägen. Allgemein kann unter Globalisierung ein Prozess verstanden werden, in dem sich Wirtschafts- und Gesellschaftssysteme über die Grenzen der Nationalstaaten und Kontinente hinaus in ökonomischer, aber auch sozialer und kultureller Hinsicht immer stärker miteinander vernetzen.

Ein Länder und Kontinente übergreifender Handel ist zwar schon 3000 Jahre v. Chr. zwischen Nordafrika und Innerasien nachweisbar, und auch die griechischen und römischen Handelswege der Antike umspannten die damals bekannte Welt. Eine ganz neue Dimension erreichten die ökonomischen Verflechtungen jedoch, als sich Welthandel, Verkehr und vor allem die internationalen Finanzströme erheblich verdichteten. Der Beginn der Globalisierung fällt deshalb zeitlich zum einen mit dem Durchbruch der Industriellen Revolution in Europa und zum anderen mit dem Zeitalter des Imperialismus zusammen, als nahezu alle Regionen der Welt in ein immer dichter werdendes Netz von wirtschaftlichen, politischen und verkehrstechnischen Strukturen und Kommunikationszusammenhängen einbezogen wurden.

Der Ausbruch des Ersten Weltkrieges 1914 mit seinen verheerenden ökonomischen Folgen führte zum Abbruch der Globalisierung. Erst nach dem Ende des Zweiten Weltkrieges begannen die Staaten der westlichen Welt, an die Zeit vor 1914 anzuknüpfen. Neu war in dieser Periode, dass staatliche Souveränitätsrechte zunehmend an übernationale Organisationen übertragen wurden, welche die wirtschaftlichen Verflechtungen zwischen den Industrienationen aktiv herbeiführten. Hierzu gehörten vor allem die 1944 gegründete *Weltbank* und der *Internationale Währungsfonds (IWF)*. 1948 trat das *Allgemeine Zoll- und Handelsabkommen (General Agreement on Tariffs and Trade, GATT)* in Kraft, aus dem 1995 die *Welthandelsorganisation (WTO)* hervorging. Beide, GATT und WTO, haben mit der Beseitigung von Handelshemmnissen entscheidende Voraussetzungen für den Globalisierungsprozess geschaffen. Das seit dem Zweiten Weltkrieg verfolgte Ziel, durch den Ausbau des Freihandels die weltwirtschaftliche Entwicklung und den Wohlstand zu fördern, lag auch dem 1957 erfolgten Zusammenschluss mehrerer westeuropäischer Staaten zur *Europäischen Wirtschaftsgemeinschaft (EWG)* zugrunde, die 1992 zur *Europäischen Union (EU)* erweitert wurde.

Die Frage, ob Globalisierung die Angleichung der weltweiten Rahmenbedingungen und damit den Wohlstand fördere oder lediglich das Ungleichgewicht zwischen den Industriestaaten und der Dritten Welt verstärke, ist Gegenstand heftiger Diskussionen. Neben den positiven Auswirkungen auf Produktivität und Fortschritt heben Befürworter der Globalisierung hervor, wie unwahrscheinlich Kriege zwischen den Industriestaaten durch die engen ökonomischen Verflechtungen geworden sind. Gegner bemängeln hingegen, dass sich die freigesetzte ökonomische Dynamik kaum steuern oder kontrollieren lässt und vor allem multinationale Konzerne von der Globalisierung profitieren. Befürchtet wird zudem, dass die Globalisierung den Strukturwandel zulasten der ärmeren Länder verschärft und diese in die Unterentwicklung drängt.

Das Ende des Kolonialzeitalters

Kompetenter Umgang mit Quellen

Auf den folgenden vier Seiten finden Sie kompakt und übersichtlich einige grundlegende Hinweise zur methodischen Arbeit im Geschichtsunterricht.

Eine schriftliche Quelle analysieren und interpretieren

☑ Klären Sie zunächst Ihnen unbekannte oder unklare Begriffe.

☑ Sammeln Sie Hinweise und Informationen über
  - den Autor: seine Funktion, seinen Beruf, seine soziale Stellung und Lebensumstände, seine politische Haltung, seinen Bezug zum Thema,
  - die Entstehungszeit der Quelle, die Einordnung in den historischen Kontext (Anlass, Umstände),
  - die Gattung der Quelle (primär: Urkunde, Vertrag, Rede, Brief, Tagebuch, Flugblatt, Denkschrift, Biografien (Lebenserinnerungen), Zeitungsartikel; sekundär: nachträglich verfasste Beschreibung eines Ereignisses oder einer Person; wissenschaftliche Arbeit) und deren spezifische Kennzeichen sowie ihre begrifflichen und sprachlichen Besonderheiten,
  - die Intentionen (Absichten), die Perspektive der Darstellung, die Interessenlage und den Standort des Verfassers, seine Wertungen, Belege, Lücken, Glaubwürdigkeit und Urteilsfähigkeit,
  - die Adressaten des Textes (eventuelle Beeinflussungsversuche durch den Autor?).

☑ Erarbeiten Sie aus Ihren Notizen strukturiert und prägnant
  - die formalen Merkmale der Quelle, beschreiben Sie in eigenen Worten den Aufbau und Gang der Argumentation,
  - die inhaltlichen Aussagen, um das Verständnis zu klären, und belegen Sie Ihre erläuternden Aussagen mit wichtigen, markant formulierten Zitaten aus der Vorlage. Ziehen Sie ein Fazit.

☑ Prüfen Sie abschließend kritisch den Gehalt, nennen Sie erkannte Probleme. Ordnen Sie die Ergebnisse Ihrer Quellenanalyse in den historischen Kontext ein.

Mit wissenschaftlichen Texten (Sekundärliteratur) arbeiten

☑ Bestimmen Sie nach dem ersten Lesen das Problem, um das es dem Autor geht, und seine Absicht.

☑ Gliedern Sie den Text. Unterstreichen Sie wichtige Aussagen. Beschränken Sie sich dabei weitgehend auf das Markieren einzelner Wörter (Schlüsselbegriffe). Fassen Sie in eigenen Worten die wesentlichen Aussagen zusammen. Zitieren Sie dabei kurze, besonders aussagestarke Textstellen und erläutern Sie diese. Formulieren Sie ein abstrahierendes Fazit ohne Wiederholungen.

☑ Prüfen Sie die Art der Darstellung: Überwiegen Thesen und Beispiele oder werden Argumente sorgfältig entwickelt? Was wird festgestellt? Was wird erklärt? Was will der Autor zeigen? Werden die Aussagen belegt? Ist die Darstellung multiperspektivisch? Wie wird gewertet? Welche Kriterien sind dem Autor dabei wichtig? Formulieren Sie Einwände gegen die Darstellung, falls es Ihnen notwendig erscheint.

Quellen/Texte

Eine Statistik auswerten [1]

- ☑ Sammeln Sie zunächst Aussagen zu Thema, Zeit, Raum, Messgrößen sowie ihre Beziehung zueinander.
- ☑ Ermitteln Sie die Art der verwendeten Daten. Achten Sie auf Prozentwerte oder Indexierungen (Verhältniszahlen, die sich auf einen gleich 100 gesetzten Wert eines Ausgangsjahres beziehen).
- ☑ Vergleichen Sie die Angaben in den einzelnen Zeilen und Spalten miteinander. Achten Sie auf besonders hohe und niedrige Werte. Suchen Sie nach Schwerpunkten und Trends. Beschreiben und erläutern Sie die Veränderungen. Ermitteln Sie Gründe.
- ☑ Stellen Sie Ihre Erkenntnisse in den Zusammenhang mit anderen Informationsquellen. Vergleichen Sie die Aussagen miteinander.
- ☑ Fassen Sie Ihre Arbeitsergebnisse in einem strukturierten Text prägnant und so klar nachvollziehbar zusammen, dass sie für andere ohne Blick auf das bearbeitete Material verständlich sind.

> **TIPP** Sie können Statistiken sich selbst und anderen veranschaulichen, indem Sie diese in Diagramme umwandeln. Für den Vergleich absoluter Werte eignen sich Säulen, für langfristige Entwicklungen bieten sich Kurven an und in Kreisen lassen sich gut prozentuale Teile eines Ganzen zeigen.

Historische Karten lesen

Geschichtskarten berücksichtigen räumliche, chronologische, thematische und quantitative Aspekte. Sie setzen geografische Bedingungen in eine Beziehung zu historischen Zuständen und Entwicklungen.

- ☑ Worüber informiert die Karte? Auf welche Region und Zeit beziehen sich ihre Aussagen? Zeigt sie einen Zustand oder eine Entwicklung? Welche Bedeutung haben die Zeichen der Legende? Was ist wann wo in welchem Ausmaß vorhanden?
- ☑ Formulieren Sie anschließend, welche Schlussfolgerungen sich ziehen lassen, wenn Sie die einzelnen Fakten miteinander verknüpfen und im Zusammenhang betrachten. Ziehen Sie bei Bedarf andere Quellen heran, um Ihre Erkenntnisse abzusichern oder zu erweitern.

---

[1] vgl. Methoden-Baustein: Statistiken ▶ S. 20 f.

Statistiken/Karten

Kompetenter Umgang mit Quellen

Bildquellen interpretieren

Karikaturen[1]

Karikaturen sind gezeichnete Kommentare. Sie gehen von der Realität aus, die sie jedoch subjektiv vereinfachen und verzerrt wiedergeben, um einen zentralen Aspekt hervorzuheben. Sie zeigen Schwächen von Personen, kritisieren Zustände und Entwicklungen, wollen sie vielleicht verändern.

Meist finden Sie unter dem Bild eine kurze Textzeile, beispielsweise die Aussage einer Person, eine bekannte Redewendung, ein mehrdeutiges Stichwort.

- ☑ Klären Sie zunächst den Bildinhalt.
- ☑ Erläutern Sie dann seinen historischen Kontext, bevor Sie schließlich
- ☑ die Intention bestimmen und
- ☑ die Wirkung kommentieren.

Plakate

Plakate sollen Aufmerksamkeit wecken und müssen auf den ersten Blick wirken. Sie vereinfachen deshalb eine beabsichtigte Aussage.

- ☑ Beschreiben Sie die bildliche Darstellung. Achten Sie auf dominierende Farben, die mit ihnen verbundenen Assoziationen und auf Symbole.
- ☑ Erläutern Sie den Text und stellen Sie eine Beziehung zwischen ihm und dem Motiv her. Berücksichtigen Sie die Entstehungszeit und den Ort der Veröffentlichung.
- ☑ An welche Adressaten wendet sich das Plakat? Wer hat es entwerfen lassen? In welcher Absicht?

> **TIPP**
> Schließen Sie aufgrund Ihrer Kenntnisse aus anderen Materialien auf die Mentalität der Zielgruppen. Berücksichtigen Sie dabei den „Zeitgeist".

Fotos

- ☑ Beschreiben Sie möglichst genau, was das Bild zeigt (Personen, Objekte, Umgebung).
- ☑ Handelt es sich um eine (zufällige) Amateur- oder um eine (geplante / bestellte) Profiaufnahme?
- ☑ In welcher Absicht wurde fotografiert? Für wen? Beachten Sie den Kontext (Entstehungszeit und -ort).
- ☑ Entdecken Sie Hinweise auf Manipulationen (Retuschen, Montagen, unpassende Übergänge und Perspektiven)?

---

[1] *vgl. Methoden-Baustein: Karikaturen ▸ S. 124 f.*

Bildquellen

Gemälde

☑ Ausgangspunkt ist wie bei jeder Bildquelle die genaue Beschreibung des Kunstwerks (Formen, Farben, Bildaufbau, Personen, Gegenstände, Raumbeziehungen, Größenverhältnisse, Perspektive).

☑ Erklären und deuten Sie danach die verwendeten bildlichen Elemente vor dem historischen Hintergrund des Dargestellten.

☑ Bestimmen Sie schließlich die Bildaussage des Künstlers (Intention).

☑ Hatte der Künstler einen Auftraggeber? Aus welchem Anlass und für welchen Zweck entstand das Kunstwerk?

☑ Berücksichtigen Sie bei jedem Arbeitsschritt Ihre im Kunstunterricht erworbenen spezifischen Kenntnisse oder informieren Sie sich aus der Literatur über Kennzeichen jener Epoche, der das Bild zuzuordnen ist.

Filme

☑ Fassen Sie zunächst den Gang der Handlung knapp zusammen. Nennen Sie dabei besonders Ort und Zeit. Wird fortlaufend „erzählt" oder gibt es Sprünge?

☑ Charakterisieren Sie die wichtigsten Personen. Bestimmen Sie ihre Beziehung(en) zueinander.

☑ Ermitteln und erläutern Sie zeittypische Merkmale des Films. Berücksichtigen Sie allgemeine Grundsätze filmischer Gestaltung. Ziehen Sie ein Filmlexikon zu Rate, um Ihren Blick zu schärfen.

☑ Informiert der Film sachlich? Prüfen Sie kritisch politische oder ideologische Aussagen vor dem Hintergrund der Entstehungszeit des Films.

☑ Gab es Reaktionen auf den Film, die Ihnen bei der Interpretation helfen?

> **TIPP** Ist der Film ein historisches Dokument? Erläutern und begründen Sie Ihr zusammenfassendes Urteil.

Bauwerke

Wir gehen hier davon aus, dass Sie gelegentlich mit Abbildungen von Bauwerken arbeiten. Deshalb zählen wir sie zu den *Bild*quellen.

☑ Wer war der Auftraggeber des Gebäudes / Bauwerks?

☑ Welchen Zwecken sollte das Bauwerk dienen?

☑ Wurde der Bau verwirklicht? Wie lange wurde von wem an dem Bauwerk gearbeitet? Wer bezahlte es?

☑ Was kennzeichnet das Bauwerk (Stilelemente, Form, Größe, Platzierung, Besonderheiten)?

☑ In welchem Zusammenhang stehen Stil und Funktion des Baus? Ziehen Sie bei Bedarf für architekturgeschichtliche Aspekte ein Fachbuch oder Speziallexikon heran.

☑ Welche Reaktionen auf das Bauwerk gab es? Wurde es später verändert? Warum?

Gemälde/Filme/Bauwerke

Literaturhinweise

Quellen

Toku Bälz (Hrsg.), Erwin Bälz. Das Leben eines deutschen Arztes im erwachenden Japan. Tagebücher, Briefe, Berichte, Stuttgart ³1937

Urs Bitterli (Hrsg.), Die Entdeckung und Eroberung der Welt. Dokumente und Berichte, 2 Bde., München 1980–89

Horst Gründer (Hrsg.), „... da und dort ein junges Deutschland gründen." Rassismus, Kolonien und kolonialer Gedanke vom 16. bis zum 20. Jahrhundert, München 1999

Mechthild Leutner (Hrsg.), „Musterkolonie Kiautschou". Die Expansion des Deutschen Reiches in China. Deutsch-chinesische Beziehungen 1897–1914. Eine Quellensammlung, bearbeitet von Klaus Mühlhan, Berlin 1997

Wolfgang J. Mommsen (Hrsg.), Imperialismus. Seine geistigen, politischen und wirtschaftlichen Grundlagen. Ein Quellen- und Arbeitsbuch, Hamburg 1977

Wolfgang Reinhard, Geschichte der europäischen Expansion, 4 Bde., Stuttgart 1983–1990

Herbert Schambeck / Helmut Widder / Marcus Bergmann (Hrsg.), Dokumente zur Geschichte der Vereinigten Staaten von Amerika, Berlin ²2007

Eberhard Schmitt (Hrsg.), Dokumente zur Geschichte der europäischen Expansion, 5 Bde., München / Wiesbaden 1984–2003

Gertrude C. Schwebell (Hrsg.), Die Geburt des modernen Japan in Augenzeugenberichten, München ²1981

Übergreifende Darstellungen

Rudolf von Albertini, Europäische Kolonialherrschaft 1880–1940, Zürich / Freiburg i. Br. ³1987

Boris Barth / Jürgen Osterhammel (Hrsg.), Zivilisierungsmissionen. Imperiale Weltverbesserung seit dem 18. Jahrhundert, Konstanz 2005

Asmut Brückmann, Die europäische Expansion. Kolonialismus und Imperialismus 1492–1918, Stuttgart ²2002

Christoph Buchheim, Industrielle Revolution. Langfristige Wirtschaftsentwicklung in Großbritannien, Europa und Übersee, München 1994

Carlo M. Cipolla / Knut Borchardt (Hrsg.), Europäische Wirtschaftsgeschichte, Bd. 3: Die industrielle Revolution; Band 4: Die Entwicklung der industriellen Gesellschaften, Stuttgart u.a. 1985

Horst Gründer, Eine Geschichte der europäischen Expansion, Stuttgart 2003

Eric J. Hobsbawm, Das imperiale Zeitalter 1875–1914, Frankfurt am Main 2004

Paul Kennedy, Aufstieg und Fall der großen Mächte. Ökonomischer Wandel und militärischer Konflikt von 1500 bis 2000, Frankfurt am Main ⁵2005

Wolfgang J. Mommsen (Hrsg.), Das Zeitalter des Imperialismus (Fischer Weltgeschichte, Bd. 28), Frankfurt am Main ²²2005

Wolfgang J. Mommsen, Imperialismustheorien. Ein Überblick über die neuen Imperialismusinterpretationen, Göttingen ³1987

Herfried Münkler, Imperien. Die Logik der Weltherrschaft – vom Alten Rom bis zu den Vereinigten Staaten, Berlin 2005

Jürgen Osterhammel, Kolonialismus. Geschichte – Formen – Folgen, München ⁵2006

Wolfgang Reinhard, Kleine Geschichte des Kolonialismus, Stuttgart 1996

Gregor Schöllgen, Das Zeitalter des Imperialismus (Oldenbourg Grundriss der Geschichte, Bd. 15), München ⁴2000

Immanuel Wallerstein, Das Moderne Weltsystem, Bd. 3: Die große Expansion. Die Konsolidierung der Wirtschaft im 18. Jahrhundert, Frankfurt am Main 2004

Großbritannien, Indien

Kurt Kluxen, Geschichte Englands. Von den Anfängen bis zur Gegenwart, Stuttgart [5]2001

Michael Maurer, Kleine Geschichte Englands, Stuttgart 2002

Gottfried Niedhart, Geschichte Englands im 19. und 20. Jahrhundert, München [3]2004

Dietmar Rothermund, Geschichte Indiens. Vom Mittelalter bis zur Gegenwart, München 2002

Claudia Schnurmann, Vom Inselreich zur Weltmacht. Die Entwicklung des englischen Weltreichs vom Mittelalter bis ins 20. Jahrhundert, Stuttgart 2001

The Oxford History of the British Empire, Bd. 3: Andrew Porter (Hrsg.), The Nineteenth Century, Oxford 1999; Bd. 4: Judith M. Brown / Wm. Roger Louis (Hrsg.), The Twentieth Century, Oxford 1999

Peter Wende, Großbritannien 1500–2000 (Oldenbourg Grundriss der Geschichte, Bd. 32), München 2001

Deutsches Reich

Horst Gründer, Geschichte der deutschen Kolonien, München [5]2004

Hans-Martin Hinz / Christoph Lind (Hrsg.), Tsingtau. Ein Kapitel deutscher Kolonialgeschichte in China 1897–1914, Berlin 1998

Birthe Kundrus, Moderne Imperialisten. Das Kaiserreich im Spiegel seiner Kolonien, Köln 2003

Dirk van Laak, Über alles in der Welt. Deutscher Imperialismus in 19. und 20. Jahrhundert, München 2005

Winfried Speitkamp, Deutsche Kolonialgeschichte, Stuttgart 2005

Jürgen Zimmerer / Joachim Zeller (Hrsg.), Völkermord in Deutsch-Südwestafrika. Der Kolonialkrieg (1904–1908) in Namibia und seine Folgen, Berlin 2003

Frankreich

Dieter Braunstein, Französische Kolonialpolitik 1830–1852. Expansion – Verwaltung – Wirtschaft – Mission, Wiesbaden 1983

François Caron, Frankreich im Zeitalter des Imperialismus. 1851–1918, Stuttgart 1991

USA

Willi Paul Adams, Die Vereinigten Staaten von Amerika (Fischer Weltgeschichte, Bd. 30), Frankfurt am Main [15]1999

Willi Paul Adams, Die USA vor 1900 (Oldenbourg Grundriss der Geschichte, Bd. 28), München 2000

Willi Paul Adams, Die USA im 20. Jahrhundert (Oldenbourg Grundriss der Geschichte, Bd. 29), München 2000

Walter L. Bernecker u.a. (Hrsg.), Handbuch der Geschichte Lateinamerikas, 3 Bde., Stuttgart 1992–1996

Jürgen Heidcking / Christoph Mauch, Geschichte der USA, Tübingen / Basel [4]2006

Detlef Junker, Von der Weltmacht zur Supermacht: Amerikanische Außenpolitik im 20. Jahrhundert, Mannheim 1995

Klaus Schwabe, Weltmacht und Weltordnung. Amerikanische Außenpolitik von 1898 bis zur Gegenwart. Eine Jahrhundertgeschichte, Paderborn 2006

Hans-Ulrich Wehler, Grundzüge der amerikanischen Außenpolitik 1750–1900, Frankfurt am Main 1984

Literaturhinweise

Literaturhinweise

Afrika

Franz Ansprenger, Geschichte Afrikas, München 2002

Inge Grau u.a. (Hrsg.), Afrika. Geschichte und Gesellschaft im 19. und 20. Jahrhundert, Wien 2000

Leonhard Harding, Geschichte Afrikas im 19. und 20. Jahrhunderts, München 2005

Christoph Marx, Geschichte Afrikas. Von 1800 bis zur Gegenwart, Paderborn 2004

China, Japan

Eva-Maria Auch / Stig Förster (Hrsg.), „Barbaren" und „Weiße Teufel". Kulturkonflikte und Imperialismus in Asien vom 18. bis zum 20. Jahrhundert, Paderborn 1997

Sabine Dabringhaus, Geschichte Chinas 1279–1949 (Oldenbourg Grundriss der Geschichte, Bd. 35), München 2006

John King Fairbank, Geschichte des modernen China 1800–1985, München [2]1991

Kiyoshi Inoue, Geschichte Japans, aus dem Japanischen mit einem Vorwort von Manfred Hubricht, Frankfurt am Main [3]2001

Gottfried Kindermann, Der Aufstieg Ostasiens in der Weltpolitik 1840–2000, München 2001

Thoralf Klein, Geschichte Chinas. Von 1800 bis zur Gegenwart, Paderborn 2007

Jürgen Osterhammel, China und die Weltgesellschaft. Vom 18. Jahrhundert bis in unsere Zeit, München 1989

Manfred Pohl, Japan, München [4]2002

Helwig Schmidt-Glintzer, China. Vielvölkerreich und Einheitsstaat, München 1997

Jonathan D. Spence, Chinas Weg in die Moderne, München 1995

Reinhard Zöllner, Geschichte Japans. Von 1800 bis zur Gegenwart, Paderborn 2006

Weltwirtschaft, Globalisierung, Dritte Welt

Christopher A. Bayly, Die Geburt der modernen Welt. Eine Globalgeschichte 1780–1914, aus dem Englischen von Thomas Bertram und Martin Claus, Frankfurt / New York 2006

Knut Borchardt, Globalisierung in historischer Perspektive, München 2001

Le Monde diplomatique (Hrsg.), Atlas der Globalisierung. Die neuen Daten und Fakten zur Lage der Welt, Berlin 2006

Dieter Nohlen (Hrsg.), Lexikon Dritte Welt. Länder, Organisationen, Theorien, Begriffe, Personen, vollständig überarbeitete Neuausgabe, Reinbek 2002

Jürgen Osterhammel / Niels P. Petersson, Geschichte der Globalisierung. Dimensionen – Prozesse – Epochen, München [3]2005

Rolf Walter, Geschichte der Weltwirtschaft. Eine Einführung, Köln 2006

Internet-Tipps

http://www.bbc.co.uk/history/british/

http://www.britishempire.co.uk

http://victorianweb.org/history/empire/empireov.html

http://www.deutscher-kolonialismus.de

http://www.dhm.de/lemo/html/kaiserreich/aussenpolitik/kolonien/

http://www.lwg.uni-hannover.de/wiki/Portal:Afrikanische_Geschichte

http://www.embjapan.de/geschichte-japans.html

http://www.chinaseite.de/china-kultur/china-geschichte.html

http://www.un.org/Depts/dpi/decolonization/

http://www.globalisierung-online.de

Personenregister

Adams, John Quincy 72, 76
Arliss, George 26

Bälz, Erwin 114–116
Bebel, August 63
Belloc, Hilaire 59
Bentham, Jeremy 8
Bismarck, Otto von 52, 53, 69
Blaine, James G. 79
Bolívar, Simón 15
Boone, Daniel 71
Boumedienne, Houari 130
Brandt, Otto 109
Bülow, Bernhard von 46, 53, 55

Chamberlain, Joseph 38
Cixi 108, 109
Collins, Joseph 128, 129
Crosby, Ernest 85
Crowder, Michael 64
Curtin, Philip 9
Curzon, George Nathaniel 30, 31

Dabringhaus, Sabine 97
Darwin, Charles 66
Disraeli, Benjamin 23, 26–28, 36–38
Drekonja-Kornat, Gerhard 131

Edward VII. 55
Fabri, Friedrich 66
Fukuzawa Yukichi 113–115

Gallagher, John 35
Gandhi, Mohandas Karamchand (Mahatma) 136
Gilpin, William 74, 75
Gladstone, Ewart 27, 28, 36–38
Guangxu 95, 108

Hanotaux, Gabriel 58
Hartmann, Rudolf 117
Hildebrand, Klaus 48
Hobson, John A. 63
Hobson, Rolf 47
Holstein, Friedrich von 48

Ikeda Nagaaki 112
Ito Hirobumi 114
Iwakura Tomomi 113

Jefferson, Thomas 76
Jevons, William Stanley 24
Jinmu 115

Kang Youwei 108
Ketteler, Klemens Freiherr von 103
Kiderlen-Waechter, Alfred von 55
Kipling, Rudyard 84, 85, 90

Krupp, Alfred 113
Kume Kunitake 113, 114

Lappé, Frances Moore 128, 129
Leopold II. 50, 67
Liang Qichao 99, 100, 108
Lüderitz, Adolf 52
Lugard, Frederick D. 58, 65, 68
Lüthy, Herbert 133

Mahan, Alfred Thayer 81, 82, 88, 90
Maharero, Samuel 61, 70
Malet, Sir Edward 51
Mandela, Nelson 67
Martin, Bernd 116, 117
Matsudaira Keiei 111
Maxim, Hiram 59
McKinley, William 82, 83
Mill, James 65
Moltke, Helmuth von 48
Mommsen, Wolfgang J. 11, 12, 89
Monroe, James 73, 77
Mutsuhito (Meiji-Tenno) 114, 115, 126

Nachtigal, Gustav 52
Napoleon I. 15
Nasmyth, James 19
Nyerere, Julius 127

O'Sullivan, John L. 74
Osterhammel, Jürgen 9, 10, 35

Palmerston, Lord Henry John Temple 24
Paxton, Joseph 34
Perry, Matthew Calbraith 111, 121
Peters, Carl 45, 50
Platt, Orville H. 83
Prévost-Paradol, Lucien-Anatole 44

Qianlong 96

Ranavalona III. 69
Reinhard, Wolfgang 41, 132, 133
Rhodes, Cecil J. 44, 45, 50
Richthofen, Ferdinand von 100
Robinson, Ronald 35
Rohrbach, Paul 60
Roosevelt, Theodore 80, 83, 86–88, 90, 91
Rosthorn, Arthur von 101

Salisbury, Robert A. 59
Sampson, William Thomas 82
Savorgnan de Brazza, Pierre 50
Schley, Winfield Scott 82

Schlieffen, Alfred Graf von 61
Seeley, John Robert 29, 38
Seitz, Konrad 98, 99
Semple, James 74, 75
Seward, William H. 79
Shionoya Toin 111
Sun Yatsen 109

Taft, William H. 87
Tanaka Giichi 118, 119
Thacher, Solon O. 81
Tirpitz, Alfred von 47, 54
Trotha, Lothar von 60, 61, 70
Turner, Frederick Jackson 78

Viktoria I. 23, 33, 40, 58

Washington, George 72, 77
Wehler, Hans-Ulrich 10, 11, 79
Wilhelm II. 53–55, 102, 103, 109
Wilson, Woodrow 93, 135

Sachregister

Afrika 5, 11, 14–16, 22, 24, 32, 34, 42–45, 49–53, 58–70, 78, 104, 128, 129, 131, 132, 134, 135, 137–139
Ägypten 11, 23, 38, 42, 43, 48, 49, 53, 136, 137
Alldeutscher Verband 54, 55
Amerika, Vereinigte Staaten von Amerika, USA 5, 7, 8, 11, 12, 14–17, 22, 24, 25, 29, 31, 34–36, 38, 44, 51, 54, 66, 71–93, 106, 110–113, 116–119, 121, 122, 126, 129, 132, 133, 135, 137, 139, 140
Anti-Imperialist League 90
Apartheid *siehe* Rassentrennung
Asien 5, 12, 14, 15, 22, 27, 32, 33, 42, 46, 50, 51, 54, 66, 68, 79, 88, 89, 91, 95–126, 131, 135, 137–139
Assimilationspolitik 68, 69, 135
Assoziierung 69
Atlantik-Charta 127, 128
Australien 12, 24, 30, 41, 42, 134

Baksar, Schlacht bei 39
Bakufu 111, 112, 120
Belgien 16, 50, 52, 67
Berliner Westafrikakonferenz *siehe* Kongo-Konferenz
Big Stick Policy 80, 86, 91
Blockfreie 127, 138
Boxeraufstand 95, 101–103, 109, 125
Britisch-Indien *siehe* Indien
(British) Commonwealth of Nations 8, 41
Buren, Burenrepublik 38, 63
Bürgerkrieg, amerikanischer 76, 78
Büro der Amerikanischen Republiken 79

Chartered Companies *siehe* East India Company (EIC) und Vereenigde Oostindische Compagnie (VOC)
Chiefs 42, 58, 64, 69
China 5, 12, 16, 24, 33, 79, 87, 91, 95–111, 115–119, 121, 123, 125, 126, 132, 133, 135
Chinesisch-Japanischer Krieg 95, 99, 102, 107, 108, 110, 115, 116
chinesische Revolution 109
Compradoren 106

Daimyo 111, 120, 121
Dekolonisation (Entkolonialisierung) 15, 136, 137, 139
Deutscher Flottenverein 54
Deutsches Reich 16, 17, 28, 36, 43, 45–48, 50, 52–56, 60–63, 66, 69, 93, 95, 103, 107, 109, 117, 123, 134

Deutsch-Ostafrika 52, 67
Deutsch-Samoa 52
Deutsch-Südwestafrika 52, 60, 62, 67, 69, 70
Dollar Diplomacy 87, 91
Dollar-Imperialismus 91
Dominions 25, 41, 134, 139
drain theory 32, 39
Dritte Welt 5, 12, 20, 21, 130, 131, 138, 140, 141

East India Company (EIC) 15, 23, 24, 33, 39, 40, 42
Emire 42
Empire, britisches 5, 10, 16, 23–38, 41, 44, 68, 88, 94
Entente 93, 126, 134
Entente cordiale 43, 48, 53–55
Entkolonialisierung *siehe* Dekolonisation
Entwicklungsländer 10, 11, 127, 130, 131, 138, 139
Erster Weltkrieg 16, 43, 47, 48, 55, 56, 80, 91, 93, 126, 134–136, 141
Europäische Expansion 7, 9, 14–16, 77
Europäische Union (EU) 141
Europäische Wirtschaftsgemeinschaft (EWG) 141
Extraterritorialität 98, 106, 116, 117, 121

Faschoda-Krise 53
Finanzimperialismus 107
Flottenpolitik 47, 54, 88
formelle (direkte) Herrschaft 10, 35, 38, 41, 50, 52, 64, 138
Frankreich 11, 14–17, 24, 28, 34, 38, 39, 43, 44, 46–50, 52–56, 58, 64, 68, 69, 76, 93, 95, 106, 112, 121–123, 128, 129, 133, 135, 137
Französische Revolution 15
Freihandel 17, 23, 24, 32, 35, 36, 39, 52, 141
Freihandelsimperialismus 24, 35
Frieden von Paris 89
Frieden von Versailles (1783) 15
Frontier, Frontier-Bewegung 71, 78
Fürstenstaaten, indische 39–42

GATT 141
Global Governance 140
Globalisierung 5, 127, 140, 141
Großbritannien, England 7, 8, 10, 11, 14–18, 23–45, 46–56, 58, 59, 64–69, 72, 77–79, 84, 88, 90, 93, 95, 96, 98, 100, 105, 106, 111, 112, 115, 116, 117, 119–123, 128, 134–137, 139

Guerillakriege 70, 89, 110
Handelsimperium, Handelskolonie 14, 15, 33, 67, 69
Herero-Aufstand 60, 61, 63, 70
Hochimperialismus 7, 11, 12, 16, 56

Imperialismus 5, 9, 10, 11, 16, 17, 20, 58, 66, 94, 106, 110
    britischer 23–45, 49, 50, 53, 57–59, 64, 65, 68, 95, 98, 99, 105, 106, 107, 109, 123, 134, 135
    deutscher 43, 45, 46–48, 50, 52–55, 57, 60–63, 69, 70, 95, 103, 107, 109, 123, 134
    französischer 43, 44, 49, 50, 53, 55, 57, 58, 64, 68, 69, 95, 105, 107, 109, 123, 134, 135
    japanischer 95, 99, 106, 107, 109, 110, 116–119, 123–126, 109, 135
    Kritik am 27, 28, 32, 36, 79, 90
    russischer 99, 106, 109, 123
    US-amerikanischer 71–93, 99, 106, 109–112, 121, 135
Imperium, Imperien 10, 16, 26, 29, 41, 93, 94, 133
Indianer 78
Indien 7, 8, 15, 16, 18, 19, 23, 26–28, 30–33, 38–42, 49, 65, 68, 100, 104–106, 117, 118, 131, 133, 134, 136, 137
Indienpolitik, britische 30–32, 39–42
Indischer Nationalkongress (INC) 32, 40
Industrielle Revolution, Industrialisierung 7, 10, 11, 12, 16–18, 20, 22, 24, 32, 33, 36, 88, 105, 122, 123, 134, 140, 141
informelle (indirekte) Herrschaft, Informal Empire 35, 36, 41, 49, 64, 67, 68, 91, 92, 106, 135, 138
Internationaler Währungsfonds (IWF) 141
Italien 16, 17, 50, 54

Japan 5, 12, 16, 17, 54, 71, 79, 87, 91, 93, 95, 104, 106–107, 110–126, 132, 133, 135

Kanada 12, 24, 31, 41, 134
Kanagawa, Freundschaftsvertrag von 110, 121
Kanonenbootdiplomatie 35
Kap-Kairo-Linie 50, 53
Karibik 15, 16, 42, 87, 91, 92
Kolonialkriege 59–62, 70
Kolonialismus 5, 9, 10, 16, 89, 128, 130–133, 140

150   *Sachregister*

Konferenz von Algeciras 55
Konferenz von Bandung 127, 138
Konfuzianismus 97, 105, 106, 108
Kongo-Konferenz 51–53
Konzentrationslager 63
Korea 16, 96, 104, 107, 110,
  115–117, 123, 125, 132, 139
Kuba 15, 79, 82, 83, 89, 90
Kulturimperialismus 66

Lateinamerika 14, 15, 35, 77–81, 86,
  88, 90–92, 131, 132, 134, 135
Louisiana Purchase 76

Mandatsgebiete 126, 134, 135
Mandschu-Dynastie, Mandschu-
  Kaiser *siehe* Qing-Dynastie
Mandschukuo 110, 126
Mandschurei 87, 95, 105, 110, 118,
  119, 123, 125, 126
Manifest Destiny 71, 74, 78
Marokkokrise, erste und zweite
  43, 48, 55
Meiji-Ära 110, 114, 116, 122, 126
Meiji-Verfassung 114, 115, 122
men on the spot 50
Menschenrechte 132, 138, 140
Mexikanisch-Amerikanischer Krieg
  71, 76
Mission, christliche 9, 14, 15, 18,
  38, 40, 50, 52, 66, 95, 98, 100,
  101, 105, 107, 109, 120, 121
Moguldynastie, Mogulkaiser 39, 40
Mongolei 105, 118, 119
Monroe-Doktrin 71, 73, 77, 80, 86,
  87, 90

Nama 70
Napoleonische Kriege 7, 15, 34
Nationalismus 18, 38, 47–49, 65,
  66, 121, 123, 126, 135
Navalismus 88
Neokolonialismus 130, 138
Neue Weltwirtschaftsordnung
  (NWWO) 127, 130, 138
Niederlande 14, 15, 17, 112,
  120–122, 134, 137
Nigeria 42, 58, 64, 65, 68, 133
Nord-Süd-Konflikt 138

Open Door Policy 80, 87, 91
Opium, Opiumkrieg (erster und
  zweiter) 33, 95, 98, 105, 106,
  111, 121
Osmanisches Reich 51, 65, 100, 134
Österreich-Ungarn 54, 55, 93
Ost-West-Konflikt 137, 138, 141

Panamakanal 81, 87, 90, 91
Panamerikanische Union 79
Panthersprung nach Agadir 48, 55
Pariser Friedenskonferenzen 134
Pax Britannica 34, 35
Pax Romana 34
Philippinen 15, 84, 89, 90, 119
Pioniergeneration 78
Plassey, Schlacht bei 39
Platt Amendment 83, 89
Portugal 7, 14, 15, 17, 50, 52, 120,
  137
Protektionismus 35
Protektorat 42, 55
Puritaner 78

Qingdao (Tsingtau) 100, 107
Qing-Dynastie 98, 99, 105–109

Rassentrennung 42, 67, 78
Rassismus 5, 9, 18, 38, 44, 60, 61,
  66–69, 90
Republik China 95, 109
Residenten, britische 42
Rheinische Missionsgesellschaft 66
Roosevelt Corollary 86, 90
Russisch-Japanischer Krieg 110,
  117, 118, 123, 125
Russland 16, 17, 28, 38, 46, 52, 54,
  79, 87, 93, 95, 106, 112, 116–119,
  121, 123, 125, 133, 137

Samurai 117, 120–122
Schlacht am Waterberg 70
Schutzgebiete 42, 50, 52, 62, 63, 69,
  126
Schutzverträge 39, 51
Seeschlacht von Trafalgar 16
Seeschlacht von Tsushima 123, 125
Selbstbestimmungsrecht der Völker
  127, 128, 130, 135, 136
Sepoy-Aufstand (Mutiny) 23, 40,
  41, 68
Shogun, Shogunat 111, 114,
  120–122
Siebenjähriger Krieg 34
Siedlungskolonien 41, 67
Sklaven, Sklavenhandel 8, 14, 34,
  52, 78, 140
Sozialdarwinismus 66, 67, 88
Sozialimperialismus 18
Spanien 7, 14–16, 24, 48, 50, 72, 76,
  80, 84, 89, 90, 120
Spanisch-Amerikanischer Krieg 80,
  82, 83, 89, 90
Splendid Isolation 34
Subimperialismus 50

Südafrika 16, 18, 24, 25, 35, 38, 41,
  42, 63, 67, 139
Suez-Kanal 19, 23, 38, 49, 112
Suezkrise 137

Taiping-Aufstand 95, 106
Tenno 116, 120–122, 126
Tokugawa 120, 121
Tories, Tory-Partei (Konservative
  Partei) 26, 27, 36
Treuhandsystem (Mandatsgebiete)
  137

Unabhängigkeitsbewegung der
  Kolonien in Amerika 7, 8, 15
ungleiche Verträge 35, 95, 98, 99,
  105, 106, 112, 113, 116, 117,
  121–123
United Fruit Company 92
UNO *siehe* Vereinte Nationen

Vereenigde Oostindische Compagnie
  (VOC) 15
Vereinte Nationen 127, 128, 130,
  136, 138
Versailler Friedensvertrag 93, 134
Vertrag von Nanjing (Nanking)
  95, 98, 99, 101, 105
Vertrag von Shimonoseki 95, 107,
  117
Völkerbund 93, 126, 134, 136
Völkermord (Genozid) 61, 70, 139

Weltbank 141
Welthandel, Weltwirtschaft, Welt-
  markt 10–13, 17–22, 32, 34, 46,
  122, 127, 130, 132, 134, 135, 138,
  140, 141
Welthandelsorganisation (WTO)
  141
Weltwirtschaftskrise 135
Westexpansion der USA 71, 74–78,
  88
Whigs (Liberale Partei) 27, 36
Widerstand, antikolonialer 15, 49,
  50, 60, 61, 70, 90, 136
Wiener Kongress 16, 34
Witwenverbrennung (Sati) 65

Yihetuan *siehe* Boxeraufstand

Zivilisierungsmission, kulturelle
  Mission 9, 18, 38, 58, 63, 65, 66,
  68, 74, 75, 78, 88, 90
Zwangsarbeit 60, 63, 67, 69
Zweiter Weltkrieg 110, 126, 128,
  136, 141

Sachregister 151

Bildnachweis

Titel	Archiv für Kunst und Geschichte, Berlin
S. 7	Herzog August Bibliothek Wolfenbüttel
S. 9	Archiv für Kunst und Geschichte, Berlin
S. 13	Ullstein-Bild, Berlin
S. 14	Ullstein-Bild – Granger, Berlin
S. 15	Museo de América, Madrid
S. 19	Science Museum, London
S. 22	Montage aus Eileen Tweedy/Trustees des Science Museum, London und Musée Royal de l'Afrique Centrale, Tervuren (Belgien)
S. 23	Ullstein-Bild – Granger, Berlin
S. 24	Victoria and Albert Museum, London
S. 26	Turner Entertainment Co, Atlanta
S. 28	Archiv für Kunst und Geschichte, Berlin
S. 30	BBC Hulton Picture Library, London
S. 31	W.W. Hooper/John Hillelson Collection, London
S. 33	Victoria and Albert Museum, London
S. 34	Archiv für Kunst und Geschichte, Berlin
S. 37	Ullstein-Bild – Granger, Berlin
S. 38	Archiv für Kunst und Geschichte, Berlin
S. 40	Verlagsarchiv
S. 41	Ullstein-Bild – Granger, Berlin
S. 43	Roy Douglas, Great nations still enchained. The cartoonists' vision 1848–1914, London / New York 1993, S. 62
S. 44	Roy Douglas, Great nations still enchained. The cartoonists' vision 1848–1914, London / New York 1993, S. 141
S. 47	Archiv für Kunst und Geschichte, Berlin
S. 49	Nach: Ruth Weiss / Hans Mayer, Afrika den Europäern! Von der Berliner Kongokonferenz 1884 ins Afrika der neuen Kolonisation, Wuppertal 1984, S. 89
S. 51	Archiv für Kunst und Geschichte, Berlin
S. 53	Wehrgeschichtliches Museum, Rastatt
S. 55	Archiv für Kunst und Geschichte, Berlin
S. 56	Bildarchiv Preußischer Kulturbesitz, Berlin / R. Dazy
S. 57	Bayerische Staatsbibliothek, München
S. 58	Ullstein-Bild – Granger, Berlin
S. 59	Eileen Tweedy / The Rotunda Museum, Woolwich
S. 60	Bildarchiv Preußischer Kulturbesitz Berlin (Foto von J. M. Santos)
S. 61	Jürgen Zimmerer / Joachim Zeller (Hrsg.), Völkermord in Deutsch-Südwestafrika. Der Kolonialkrieg (1904–1908) in Namibia und seine Folgen, Berlin 2003, S. 117
S. 62	Nationalarchiv Namibia, Windhoek
S. 63	Nationalarchiv Namibia, Windhoek
S. 65	Roy Douglas, Great nations still enchained. The cartoonists' vision 1848–1914, London / New York 1993, S. 120
S. 67	Archiv für Kunst und Geschichte, Berlin
S. 68	BBC Hulton Picture Library, London
S. 69	Brockhaus. Die Bibliothek. Die Weltgeschichte, Bd. 5, Leipzig / Mannheim 1999, S. 274
S. 71	Archiv für Kunst und Geschichte, Berlin
S. 72	Pennsylvania Academy of the Fine Arts, Philadelphia; Nachlass von William Bingham

S. 73	Ullstein-Bild – Granger, Berlin
S. 75	Library of Congreß, Washington D.C.
S. 76	Oakland Museum, Oakland/Cal.
S. 77	Verlagsarchiv
S. 79	Imanuel Geiss (Hrsg.), Chronik des 19. Jahrhunderts, Dortmund 1993, S. 756
S. 80	Verlagsarchiv
S. 82	Museum of the City of New York
S. 83	Archiv Gerstenberg, Frankfurt
S. 84	British Library, London
S. 85	National Archives and Records Administration, College Park/USA
S. 86	Ullstein-Bild – Granger, Berlin
S. 88	Archiv für Kunst und Geschichte, Berlin
S. 89	The Granger Collection, New York
S. 91	Verlagsarchiv
S. 92	Verlagsarchiv
S. 95	Archiv für Kunst und Geschichte, Berlin
S. 96	Ullstein-Bild – Granger, Berlin
S. 98	Ullstein-Bild – Granger, Berlin
S. 101	Bildarchiv Preußischer Kulturbesitz, Berlin
S. 102	Stiftung Haus Doorn, Utrecht
S. 103	Archiv für Kunst und Geschichte, Berlin
S. 104	Bildarchiv Preußischer Kulturbesitz, Berlin
S. 108	Verlagsarchiv
S. 109	Archiv für Kunst und Geschichte, Berlin
S. 110	British Museum/E.T. Archive, London
S. 111	Honolulu, Academy of Arts
S. 112	Rijksmuseum-Stichting Amsterdam
S. 113	Peter Pantzer (Hrsg.), Die Iwakura-Mission. Das Logbuch des Kume Kunitake über den Besuch der japanischen Sondergesandtschaft in Deutschland, Österreich und der Schweiz im Jahre 1873, München 2002, S. 447
S. 115	Metropolitan Museum of Art, New York
S. 118	Verlagsarchiv
S. 124	Sepp Linhart, „Niedliche Japaner" oder gelbe Gefahr? Westliche Kriegspostkarten 1900–1945, Wien / Münster 2005, S. 56, 61
S. 125	Sepp Linhart, „Niedliche Japaner" oder gelbe Gefahr? Westliche Kriegspostkarten 1900–1945, Wien / Münster 2005, S. 66, 72
S. 126	Ullstein-Bild, Berlin
S. 127	KEYSTONE Pressedienst, Hamburg
S. 129	dpa Picture-Alliance, Frankfurt
S. 135	Brockhaus. Die Bibliothek. Die Weltgeschichte, Bd. 5, Leipzig / Mannheim 1999, S. 484
S. 136	Archiv für Kunst und Geschichte, Berlin
S. 137	Verlagsarchiv
S. 139	Sebastião Salgado, Paris
S. 140	Daniel Schwartz (Hrsg.), Geschichte der Globalisierung, Göttingen 2003, S. 208/209 (Foto von Philip Jones Griffiths)

Trotz entsprechender Bemühungen ist es uns nicht in allen Fällen gelungen, den Rechtsinhaber ausfindig zu machen. Gegen Nachweis der Rechte zahlt der Verlag für die Abdruckerlaubnis die gesetzlich geschuldete Vergütung.

Die Kolonialreiche um 1914

S. 376   3

377   7

378   11,14

385   5